의대
생기부
필독서
50

필독서
시리즈
15

의대 합격생만 1,000명 이상 배출한

의대 전문 컨설턴트가 공개하는

의대
생기부
필독서
50

MUST-READ FOR
MEDICAL SCHOOL

신진상 지음

센시오

의대 교수들은 생기부에서
어떤 책을 보고 싶어 할까?

대한민국에서 의대 열풍이 거세게 불고 있습니다. 게다가 2025년도 입시부터 의대 정원이 늘어나면서 상위권들의 의대 러시는 더욱 가속화될 전망이고, 이는 수시 학종 전형의 증가로 이어질 예정입니다. 이미 전국의 주요 의대가 수시 학종 선발 인원을 늘리고 정시를 더 줄이기 시작했죠. 33명에서 29명으로 줄어드는 경희대를 제외하면, 연세대, 이화여대, 한양대, 중앙대, 순천향대, 한림대 등의 대학들이 25년도부터 의대 수시 학종 인원을 늘리기로 결정했습니다. 2,000명 증원이 확정된 2025년도 의대 입시에서, 다른 대학 역시 우선적으로 수시 학종 전형에 인원을 배치할 것입니다.

의과대학은 왜 학종을 좋아할까요? 그 이유를 한마디로 압축하면, 학종으로 들어온 학생들이 가장 똑똑하기 때문입니다. 또한 의대를 위해 비교과를 준비하는 과정에서 학생들은 독서를 포함해 다양한 활동을 하게 되는데, 이는 인격의 성숙과 질병에 대한 이해, 사회와 인간에 대한 관심으로 연결되죠. 24년부터 생기부에 독서 활동이 직접적으로 반영되지는 않지만, 여전히 의대는 세특과 창체에 적힌 독서 활동을 꼼꼼히 봅니다. 의사로서의 소통 능력과 환자들의 질병과 고통을 감지하는 능력이 책을 읽는 문해력과 비례 관계에 있다는 사실을 의대는 잘 알고 있습니다.

그렇다면 의대에 합격한 학생들은 어떤 책들을 읽고 어떻게 활용했을까요? 저는 대한민국에서 가장 많은 의대 합격생을 배출한 의대 전문 입시 컨설턴트입니다. 물론 의대 외에 치대, 약대, 수의대, 한의대 학생도 상담하지만, 이들 역시 고등학교 때 의대를 가려고 준비하다가 내신이 조금 부족해 소위 의학 계열로 방향 전환을 한 케이스가 많습니다. 그때마다 학생들이 "의대에서 치대로 바꾸려고 하는데 의대 생기부가 통하나요?"라는 질문을 해 오는데, 저는 단언합니다. 의대 생기부는 모든 의학 계열 생기부에 다 통할 수밖에 없다고요. 그러므로 의학 계열을 포함, 의대를 준비하는 가장 확실한 방법은 의대 생기부를 자신의 경쟁력으로 만드는 겁니다. 기본적인 수학 능력으로 시작해 독서로 완성하는 거죠. 이 책은 그 방법을 제시하는 국내 최초의 의대 입시 전문서입니다.

의대에 합격하는 학생들은 거의 예외 없이 독서광이며 의대 교수들이 매력적으로 생각하는 의대 생기부에는 필연적으로 독서 활동이 포함돼 있습니다. 의대 생기부 필독서라고 해서 반드시 어려운 책을 의미하지는 않습니다. 저는 쉬운 책과 어려운 책을 일부러 섞었는데, 중요한 건 책의 난이도와 유명세가 아니라 의대에 적합한 인재임을 책을 통해 얼마나 잘 보여 주는가입니다. 세특과 창체의 특성에 잘 맞는 활동을 책에서 도출할 수 있도록 철저하게 전략적으로 접근한 것이죠.

책의 구성을 소개하겠습니다. 먼저 도입부에서는 현재 의대 입시와 앞으로 3년 동안의 의대 입시를 핵심만 짚어 드립니다. 특히 학종은 수시로 의대를 갈 수밖에 없는 현역들이 가장 신경 써야 하는 제도이므로, 이에 대한 진실을 알려 드립니다. 그다음 장부터는 저와 독서 수업을 하면서 실제 생기부에 반영해 의대에 합격한 학생들의 데이터를 바탕으로, 의대 준비생들이 읽으면 좋을 책 50권을 '인문/사회/기초 의과학/의사라는 직업/미래의 의학' 순으로 골라 소개합니다.

저는 의대 준비생들에게 《이기적 유전자》나 다윈의 진화론을 다룬 책들, 《멋진 신세계》 같은 책을 권하지 않습니다. 이 책들이 좋지 않다는 게 아닙니다. 이제는 너무 흔해져서 초등학생들도 읽는 책이 됐다는 게 문제죠. 생명과학에 치우친 독서보다는 소설이나 사회과학 등 다양한 분야를 접하고, 오래된 고전부터 최신 트렌드를 반영하는 신간까지 폭넓게 읽는 것이 중요합니다. 그래서 저는 의대 교수들이 서류 평가를 할 때 "고등학생이 이런 책을 읽었어? 이 책 흥미로운데 나도 시간 되면 읽어 봐야겠군" 하며 궁금해 할 그런 책들을 골랐습니다. 그렇게 고른 책을 입시의 관점과 의학적 관점에서 동시에 리뷰한 뒤, 생기부에 창의적으로 녹이는 방법을 담았습니다. 모든 책에는 창체의 3대 활동인 자율, 동아리, 진로를 각각 담았고, 세특에서는 가장 유리한 교과목을 2과목 내지 3과목 선정해 효과의 극대화를 노렸습니다. 생명과학이나 물리, 화학 같은 과학 과목이나 수학 외에도 국어, 사회, 영어, 기술, 정보 등 거의 모든 고등학교 교과를 포함하고 있습니다. 특히 실험에서 영재고 학생들을 절대 이길 수 없는 일반고 의대 희망 학생들은 이공계열보다도 독서로 차별화된 생기부를 만들기 위해 훨씬 더 노력해야 한다는 점을 기억했으면 합니다.

제가 책 여러 군데서 강조한 부분이지만, 의사란 직업은 수학 못지않게 인문학이나 사회과학에 대한 관심을 기대합니다. 그동안 상담하면서 숱하게 본 사례가 '수학과 과학은 내가 전교 1등이니까 무조건 의대에서 뽑아 줄 거야'라며 현역 때 수시 학종으로 의대를 썼다가 고배를 마신 학생들입니다. 이런 학생들은 전 과목을 고루 잘하면서, 비교과를 토론, 글쓰기, 독서 등으로 골고루 챙긴 학생들에 밀리곤 하죠. 의사란 직업은 아픈 사람을 고치는 직업이지만, 고친다는 건 치료만 포함하는 게 아니라 치유의 행위입니다. 전문성 못지않게 도덕성이 중시되는 직업이 의사이며, 의대 교수들은 이런 생각을 공유하는 집단입니다.

그래서 여러분이 이 책을 읽을 때는 인문 필독서부터 시작해서 순차적으로 읽기를 추천하지만, 이런 방식의 독서법도 가능합니다. 먼저 의사라는 직업을 이해하기 위해 의사들이 쓴 직업 이야기를 모아 놓은 파트 5부터 읽은 뒤, 파트 4에서 기초 의과학에 대한 지식을 높이고, 파트 3에서 한국 사회를 의료라는 관점에서 해부하는 작업도 괜찮습니다. 질병에만 매몰되지 않고 인간적인 의사가 되기 위해 파트 2에 소개한 인문서들을 읽은 다음, 마지막으로 의공학, 뇌과학, 의료 AI가 손잡고 함께 나아갈 미래의 의학 편을 읽는 방법도 나쁘지 않습니다.

부끄러운 말이긴 하지만, 저는 이런 책을 쓸 수 있는 사람이 대한민국에서 저밖에 없다는 자부심을 가지고 있습니다.

아마도 대한민국에서 의대 생기부를 가장 많이 본 컨설턴트가 아닐까 싶은데요, 많을 때는 한 해에만 수시로 서울의대 합격생을 10명 이상 배출했고, 지금까지 누적 의대 합격생은 1,000명이 넘습니다. 제가 이렇게 의대 전문 컨설턴트로서 대치동을 넘어 전국구로 살아남을 수 있었던 이유는 의료 분야 외에 IT, 인문학, 사회학, 경제학, 정치학, 지정학, 소설, 생명과학, 뇌과학, 물리학, 양자역학 등 전 분야를 가리지 않고 1년에 수백 권의 책을 읽는 다독가이기 때문입니다.

사실 저는 필독서라는 말을 강제성 때문에 싫어합니다. 그런데 책을 골라 놓고 리뷰를 쓰며 현장에서 경험한 내용을 학교 활동에 적용하다 보니, 이 책들이야말로 필독서라는 말이 잘 어울린다는 생각이 들더군요. 의대 생기부 필독서가 의대에 반드시 합격하는 길을 열어 줄 거라 확신합니다.

PART 2

의대 합격을 위한 생기부 필독서 ① 인문 편
: 내가 어떤 사람인지 책으로 증명하라

PART 3

의대 합격을 위한 생기부 필독서 ② 사회 편
: 어떤 사회를 꿈꾸는지 책으로 말하라

PART 4

의대 합격을 위한 생기부 필독서 ③ 기초 의과학 편
: 의대에 맞는 과학책은 따로 있다

PART 5

의대 합격을 위한 생기부 필독서 ④ **의사라는 직업 편**
: 의사라는 직업을 책으로 먼저 체험하라

PART 6

의대 합격을 위한 생기부 필독서 ⑤ 의학의 미래 편
: 뇌과학과 의공학, 데이터에 관심을 가져라

MUST-READ FOR
MEDICAL SCHOOL

PART 1

현역으로
인서울 의대를 가려면
학종과 독서가 답이다

정시 40%는 의대에서
통하지 않는 가이드라인이다

다음 장에 소개하는 표는 25년도 의대 입시 전형 일부를 표로 정리해 본 것입니다. 표를 보면 바로 알 수 있듯이, 25년도 수시에서는 학생부 종합 전형에서 가장 많은 인원을 뽑습니다. 아예 수시 전부를 학생부 종합 전형으로 뽑는 의대들도 있죠. 서울대와 울산대, 이화여대, 한양대, 한림대, 원광대가 그렇습니다. 25년도 수시를 전국적으로 확대해 볼 때, 2025 의대 학생부 종합 전형은 사상 처음으로 900명을 돌파해 모두 905명을 뽑습니다. 수능 성적으로 뽑는 정시 인원(1089명)과 별 차이가 없습니다. 게다가 일부 대학들은 학생부 교과 전형임에도 불구하고 서류 평가가 들어갑니다.

　지난 정부에서 대통령이 직접 나서며 정시 40% 가이드라인을 제시했지만, 이 기준이 의대 정시 40%를 의미한 것은 아니었습니다. 그렇다면 정시 40% 가이드라인을 적용받는 서울대와 성균관대는 어떨까요? 서울대 의대 전체 정원은 139명이지만 정시 인원은 일반과 지역 39명에 농어촌 1명, 저소득 2명, 특수교육북한이탈주민 2명 등 총 44명입니다. 그리고 성균관대는 40명 인원 중에서 정시 인원이 단 10명입니다. 그조차도 성균관대 의대는 24학년도부터 정시 인원을 15명에서 10명으로 줄였습니다. 서울의 빅5 대학에 포함되는 울산대 의대의 경우, 병원은 서울 아산병원이지만 대학은 울산에 위치하고 있어 정시 40% 가이드라인을 지킬 의무가 없습니다. 이 학교도 역시 정시 인원은 10명으로 25%밖에 안 됩니다. 서울권에서 정시 40% 인원을 넘기는 대학들은 이화여대, 한양대, 중앙대, 경희대 단 4곳이죠. 전국으로 확대해도 정시 40% 이상을 선발하는 대학들은 단국대천안, 충북대, 제주대, 한림대, 영남대, 고신대 등 모두 10개 대학밖에 안 됩니다. 39개 의대 중 29개 의대가 수시에서 60% 이상의 인원을 선발하고 있는 것입니다.

대한민국 의대는 정시보다 수시를 선호하고 있습니다. 수시 중에서도 진로 활동, 동아리 활동, 각 과목별 세부 능력 및 특기 사항까지 모두 볼 수 있는 학생부 종합 전형을 가장 선호한다는 것은 그 누구도 부정할 수 없는 명백한 진실입니다.

2025년 생기부가 반영되는 의대 전형

대학	전형명	전형 특징	모집 인원	24년도 인원	증감 현황
가천대	가천의약학	수시 학종	20	20	0
가톨릭대	학교장추천	수시 학종	25	25	0
	가톨릭지도자추천	수시 학종	2	2	0
가톨릭관동대	가톨릭지도자추천	수시 학종	2	2	0
강원대	미래인재	수시 학종	9	0	9
	미래인재II(면접)	수시 학종	8	9	−1
건국대(글로컬)	Cogito 자기추천	수시 학종	12	12	0
경북대	지역인재	수시 학종	40	39	1
	학생부교과지역	수시 교과	15	12	3
	일반학생	수시 학종	23	22	1
경상국립대	일반학생	수시 학종	2	2	0
	지역인재	수시 학종	3	3	0
경희대	네오르네상스	수시 학종	29	33	−4
	지역균형	수시 교과	22	18	4
고려대	학교장추천	수시 교과	18	18	0
	계열적합형	수시 학종	15	15	0
	학업우수형	수시 학종	29	29	0
단국대(천안)	DKU 면접	수시 학종	15	15	0
대구가톨릭대	지역인재종합	수시 학종	4	3	1
동국대(와이즈)	지역인재	수시 학종	11	9	2
	참사랑	수시 학종	5	7	−2
동아대	지역인재	수시 학종	10	10	0
부산대	지역인재	수시 학종	30	30	0
	지역인재교과	수시 교과	30	30	0
	일반전형	정시 수능	25	0	25
	지역인재	정시 수능	20	0	20
서울대	지역균형	수시 학종	39	39	0
	일반전형	수시 학종	49	60	−11
	지역균형	정시 수능	10	10	0
	일반전형	정시 수능	29	29	0

대학	전형명	전형 특징	모집 인원	24년도 인원	증감 현황
성균관대	탐구형(학과)	수시 학종	25	25	0
순천향대	학생부종합일반	수시 학종	12	6	6
	학생부종합지역	수시 학종	18	7	11
아주대	ACE전형	수시 학종	20	20	0
연세대	활동우수	수시 학종	45	42	3
연세대(미래)	학교생활우수자	수시 학종	15	15	0
	강원인재(일반)	수시 학종	21	18	3
울산대	지역인재 특별	수시 학종	15	15	0
	잠재역량	수시 학종	14	14	0
원광대	지역인재(지역)	수시 학종	33	33	0
	지역인재(호남)	수시 학종	10	10	0
	학생부종합	수시 학종	26	26	0
이화여대	미래인재	수시 학종	18	13	5
인하대	인하미래인재	수시 학종	16	16	0
전남대	고교생활우수자	수시 학종	10	12	−2
전북대	큰 사람	수시 학종	5	5	0
조선대	면접	수시 학종	10	10	0
중앙대	CAU융합형	수시 학종	10	11	0
	CAU탐구형	수시 학종	15	11	4
충남대	일반	수시 학종	10	19	−9
	서류	수시 학종	6	6	0
충북대	학종 I	수시 학종	4	4	0
	학종 II	수시 학종	4	4	0
한림대	지역인재	수시 학종	19	16	3
	학교생활우수자	수시 학종	25	21	4
한양대	추천형	수시 학종	25	0	25
	서류형	수시 학종	30	0	30

*의대 증원에 따라 최종 인원은 2024년 5월 발표, 이 숫자는 크게 늘 수 있음.

전국 의대 설치 및 정원 현황 국립, 사립, 의전원 포함 40개교 총 정원 3,058명

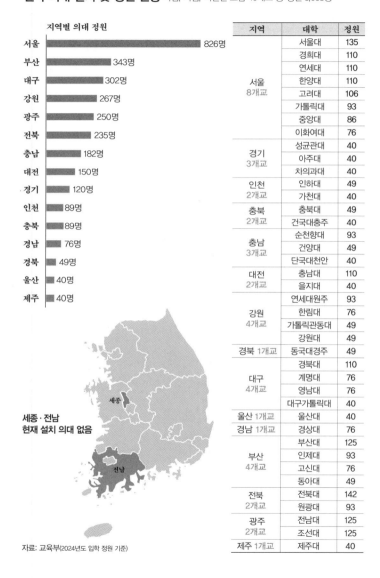

지역별 의대 정원

지역	정원
서울	826명
부산	343명
대구	302명
강원	267명
광주	250명
전북	235명
충남	182명
대전	150명
경기	120명
인천	89명
충북	89명
경남	76명
경북	49명
울산	40명
제주	40명

세종 · 전남
현재 설치 의대 없음

자료: 교육부(2024년도 입학 정원 기준)

지역	대학	정원
서울 8개교	서울대	135
	경희대	110
	연세대	110
	한양대	110
	고려대	106
	가톨릭대	93
	중앙대	86
	이화여대	76
경기 3개교	성균관대	40
	아주대	40
	차의과대	40
인천 2개교	인하대	49
	가천대	40
충북 2개교	충북대	49
	건국대충주	40
충남 3개교	순천향대	93
	건양대	49
	단국대천안	40
대전 2개교	충남대	110
	을지대	40
강원 4개교	연세대원주	93
	한림대	76
	가톨릭관동대	49
	강원대	49
경북 1개교	동국대경주	49
대구 4개교	경북대	110
	계명대	76
	영남대	76
	대구가톨릭대	40
울산 1개교	울산대	40
경남 1개교	경상대	76
부산 4개교	부산대	125
	인제대	93
	고신대	76
	동아대	49
전북 2개교	전북대	142
	원광대	93
광주 2개교	전남대	125
	조선대	125
제주 1개교	제주대	40

전국의 의대는
어떻게 학생들을 뽑고 있는가?

25년도부터 27년까지 의대를 가는 길은 크게 4가지가 있습니다. 첫째, 수능을 잘 봐서 정시로 가는 방법, 둘째, 수능 최저 등급을 채워서 내신만 평가받는 방법(학생부 교과 전형), 셋째, 내신과 생활기록부(이후 '학생부' 또는 '생기부'로 표기)를 모두 합쳐서 평가받는 방법(학생부 종합 전형, 이후 '학종'으로 표기) 그리고 넷째, 높은 수준의 수능 최저 등급을 충족시킨 뒤 수학 실력(일부 의대는 과학 실력도 반영)으로 평가받는 논술 전형이 그것입니다.

　　그리고 서울대 의대는 정시에서도 '세부 능력과 특기 사항(이후 '세특'으로 표기)'과 내신을 함께 정성 평가하는 미니 학종을 도입하고 있습니다. 당연히 서울대 의대를 가려는 학생이라면 세특을 신경 쓸 수밖에 없습니다. 서울의대는 학생부 교과나 수능 성적만 반영하는 전형이 없기 때문이죠.

　　지방대 의대까지 포함하면 정시 인원이 가장 많긴 하지만, 서울의대를 포함해 메이저 의대와 '인서울' 의대에 한정 지으면 학생부 종합 전형으로 선발하는 인원이 가장 많습니다. 그리고 앞서 잠시 언급했던 것처럼, 학생부 교과 전형임에도 불구하고 고려대, 경희대, 부산대, 경북대 4곳은 학생들의 학생부 평가를 병행합니다. 학종 100%, 학생부 교과 중 4곳, 정시 중 1곳(서울의대)이 학생부를 평가하면서 학생부의 중요성은 더욱 커졌습니다.

이때 한 가지 중요한 점이 있습니다. 의대는 학생부의 세 가지 요소, 즉 창의적 체험 활동(이후 '창체'로 표기), 세부 능력 및 특기 사항(세특), 행동 특성 및 종합 의견(이후 '행특'으로 표기) 중에서, 압도적으로 세특을 중요하게 여깁니다. 그다음이 창체, 마지막이 행특입니다. 그래서 이 책은 독서가 직간접적으로 영향을 미치는 앞에 2가지를 주로 다루고자 합니다.

수시 학종은 의대를 들어가는 가장 넓은 문이다

2025년은 의대 학생부 종합 전형의 숫자와 학생부 교과 전형으로 선발하는 숫자가 거의 같아지는 해입니다. 즉 수시의 가장 많은 인원을 학생부 종합 전형으로 선발한다는 이야기죠. 의대에 걸쳐 놓고 더 좋은 의대를 가려는 반수생이나 처음부터 재수를 선택한 재수생이 아니라면, 대부분의 고등학생들은 수시 학종 전형을 노리는 게 정상적인 입시 전략입니다.

보통 서울의 모든 의대, 수도권의 모든 의대, 지방 거점 국립 의대 그리고 지방 3룡(한림대, 순천향대, 인제대)을 상위권 의대로 칩니다. 이 중에 단 1곳 인제대를 제외하면, 모든 대학들이 수시에서 학생부 종합 전형으로 가장 많은 인원을 뽑거나 두 번째 비중을 차지합니다. 수시 전원을 학생부 종합 전형으로 선발하는 대학은 가장 많은 학생이 선망하는 서울대 의대와 아산병원을 든든한 베이스로 두고 있는 울산대 의대 그리고 한양대 의대, 이화여대 의대입니다. 모두 인서울 의대죠. 서울대 일반 전형은 49명이나 뽑는데 수능 최저 등급조차 적용하지 않습니다. 인서울 의대 수시는 학종 전형이 전부라고 생각하셔도 무방합니다. 지방 의대 중에서는 3룡 의대인 한림대의대와 전북의 명문 사립 원광대 의대가 수시 전원을 학종으로 뽑습니다.

또 하나 여러분들이 의대 수시 학종에 투자해야 하는 이유는 N수생과 현역의 의대 입학 코스가 전혀 다르기 때문입니다. N수생은 80%가 정시로 의대에 진학합니다. 고 3은 반대입니다. 80%가 수시이고, 그중 학종은 95%가 현역입니다. 49명 뽑는 서울대 일반 전형에 재수생은 1명 정도이고, 39명 뽑는 지균 전형은 N수생이 아예 지원조차 못 합니다. N수생은 수시에서 논술 전형에 가장 강하고 교과 성적만 반영하는 교과 전형에도 강세를 보이는 반면, 비교과를 보는 학종에서는 아주 불리하죠. 여러 이유가 있겠지만 가장 큰 이유는 생기부의 경쟁력입니다. 점점 더 새로워지고 심화되는 학생부의 창체와 세특을 이미 학생부가 완료된 재수생이 따라잡기는 어렵습니다. 예를 들어 22년도에 기재가 끝난 학생들의 학생부는 여전히 코로나로 가득 차 있지만 23년도에 수시를 치른 24년도 합격생은 코로나 외에도 다양한 이슈들로 생기부를 채울 수 있습니다. 물론 생기부가 수능보다 중요하다고는 말하기 힘듭니다. 여전히 의대 입시에서는 수능이 가장 중요하고 그다음이 학교 내신이지만, 현역이라면 당연히 1학년 때부터 생기부를 챙겨야 합니다. 즉 높은 내신과 좋은 생기부를 같이 챙겨야 내가 갈 수 있는 의대의 선택지가 늘어나는 법입니다.

서울대, 고대, 연대는 정시에서도 생기부를 반영한다

수시 학종 때문에만 생기부를 챙겨야 하는 것은 아닙니다. 서울대는 23년도부터 정시에서도 학생부 비교과 중 세특을 반영합니다. 2명의 입학사정관(의대 교수들은 아닌 것으로 알려졌습니다. 수시에는 의대 교수들이 서류 평가에 참여하죠)이 서울의대 정시 지역균형 전형의 모든 지원자와 일반 전형의 수능 성적으로 2배수 안에 드는 학생들의 생기부를 검토하는데요, 성적뿐 아니라 과목 선생님이 써 주는 세특까지 꼼꼼히 읽고 5단계로 평가합니다. 즉 수능만 잘 봐서 서울대 의대를 갈 수 있는 방법은 23년도부터 완전히 사라진 셈입니다.

연세대 의대도 2026년도 정시 신입생부터 학생부를 반영한다고 발표했습니다. 자세한 방법은 2024년 4월 말 발표되는 2026년도 입시 전형 계획에서 공개될 예정입니다. 현재로서는 서울의대처럼 내신 성적 외에 과목 선택 및 세특까지 볼 가능성이 높다고 여겨집니다. 성적뿐 아니라 학교생활의 성실성, 인성, 지성까지 보려고 할 경향이 높죠.

고려대는 연세대보다 먼저 움직였는데요, 2024년도 정시에서 내신 성적을 20% 반영하는 교과 전형을 신설했습니다. 물론 고려대는 서울대와 달리 학생부 비교과의 꽃인 세특을 반영하지는 않았지만, 수능이나 내신의 변별력이 약해지는 순간이 오면 언제든지 비교과라는 카드를 정시에서 꺼낼 수 있을 것으로 보입니다.

저는 이 책을 고등학교 1, 2학년 학생(2024년 기준)을 주 독자로 생각하고 썼습니다. 그들이 재수 삼수를 하면 현재와는 다른 통합 수능과 5등급 내신을 만나게 될 것입니다. 다만 그때에도 서울대와 연세대 외에 많은 의대들이 정시에서 생기부 평가를 시작할 가능성이 높습니다. 그러니 지금 당장은 정시에 생기부가 반영되지 않더라도, 생기부 관리를 철저히 하며 학교

생활과 수업에 임하는 게 좋습니다.

의대 교수들이
생기부를 판단하는 기준

사실 의대 학생부 종합 전형에 의대 교수들이 100% 참여한다
는 것은 정설이지만 몇 명이 어떻게 평가하는지는 공개되어 있
지 않습니다. 어느 의대도 그것을 공개한 적이 없죠. 의대도 다
른 대학처럼 학생의 '학업 역량'과 '진로 역량(24년도부터 이 단
어가 대세가 됐습니다. 그전에는 전공 적합성이라고 불렀습니다)', 인
성으로 보통 알려진 '공동체 역량'을 평가합니다. 여기에 '발전
가능성'이란 보이지 않는 평가 기준도 작용합니다. 즉 의대 교
수들이나 의대 입학사정관이 이 4가지 기준을 토대로 해서, 생
기부에 적힌 숫자와 글자를 검토해 그 정도를 평가하는 게 학
종입니다. 예를 들어 서울의대는 공동체 역량을 ABC 3단계로
평가하고, 학업 역량과 진로 역량은 A+에서 D까지 7단계로 평
가합니다. 특히 학업 역량의 경우, 내신 성적을 기계적으로 평
가하는 게 아니라 지적 호기심과 학업에 대한 태도 등 생기부
에 적힌 모든 글자와 숫자를 함께 고려해 정성 평가를 합니다.
　　다만 제가 여러 루트로 확인한 결과, 의대 교수들은 의대

입학사정관보다 지원자의 진로 역량 즉 전공 적합성을 좀 더 비중 있게 평가하는 것으로 볼 수 있을 듯합니다. 즉 의사만이 알 수 있는 언어로 학생들의 생기부를 본다는 것이죠. 이를 위해 생기부에 암이나 당뇨, 치매 같은 질환 유전자 치료나 줄기세포 치료를 통한 재생의학, 그리고 빅 데이터를 이용한 맞춤 정밀의학 등에 대해 적을 수 있습니다. 이왕이면 새로울수록 좋죠. 또 의대 교수들은 고등학생이 쓸 수 없는 수준의 의학 논문을 생기부에서 발견하면(물론 이제는 적을 수도 없습니다), "이거 의대 교수인 아버지가 도와줬겠군"이라며 부정적으로 봅니다. 고등학교를 뛰어넘는 수준의 실험도 비중 있게 보지 않습니다. 즉 고등학교 수준을 반드시 고려한다는 이야기죠. 그러므로 아주 어려운 실험으로 차별화하기보다는 자신의 적성과 인성을 잘 드러내는 책을 골라 이를 창체나 세특 활동에 녹이는 게 최선의 학종 대비책입니다.

생기부의 세특은
교과 내신을 뒤집을 수 있을까?

학종의 비교과 세특 등에 대해서 비판적인 사람들은 학생의 입학이 선생님의 작문 실력으로 결정이 되는 게 말이 되냐며,

비교과나 세특이 당락에 큰 영향을 미치지 못한다고 주장합니다. 그런데 현장에서 합격자의 학생부를 누구보다 많이 본 저로서는 그 말이 사실이 아니라고 단언할 수 있습니다. 의대 교수들과 의대 입학사정관은 학생들의 생기부를 정말 꼼꼼히 읽습니다.

어떤 전문가들은 비교과가 중요한 게 아니라 학교 프로그램이 중요하다고 주장합니다. 특목고 자사고처럼 내신 따기 어려운 학교에서 좋은 내신을 얻는 것이 가장 좋은 비교과라는 것이죠. 틀린 말은 아닙니다. 그러나 좋은 학교 좋은 내신을 갖고도 부족한 생기부 때문에 상위권 학종에서 떨어진 사례 또한 부지기수로 많습니다. 학종에서 출신 학교를 블라인드 처리해도 어느 정도 학교를 짐작하고 보는 것은 사실이지만, 그것이 곧바로 좋은 학교 후광 효과를 뜻하는 것은 아닙니다.

그렇다면 학교 선생님이 써 준 세특으로 내신 등급이 높은 같은 학교 학생을 이길 수 있을까요? 일단 대부분의 의대는 같은 학교 학생들이 같은 의대에 지원했다는 사실을 바로 알 수 있습니다. 학교 이름은 알 수 없더라도, 같은 학교일 경우 같은 코드 네임을 부여받기 때문이죠. 한 학생은 1등급이지만 평범한 세특입니다. 한 학생은 2등급이지만 차별화되고 특색 있는 세특을 적었습니다. 저는 얼마든지 결과가 바뀔 수 있다고 생각합니다. 물론 그 등급 차가 1등급이 아니라 2~3등급으로 벌어지면 격차를 뒤집기가 어려워지겠지만, 내신 등급이 높다고 해서 무조건 더 유리하다는 것은 아닙니다. 세특은 신경 안 써도 된다는 마음가짐을 가져서는 안 된다는 이야기죠.

특목고와 자사고는 자율 활동과 진로 활동에 독서를 담는다

특목고 자사고 학생의 생기부가 '의대 생기부'라고 평가받는 이유는 여러 가지가 있겠지만, 학교에서 다양한 독서 활동을 자율 활동과 진로 활동에 적을 수 있도록 배려하고, 동아리에서도 토론과 발표의 소재를 독서에서 찾는다는 점에 주목할 필요가 있습니다. 각 과목별로도 교과에서 배운 내용과 연계한 심화 독서를 하나라도 더 보여 주려고 노력합니다. 그래서 특목고 자사고 학생들이 압도적으로 높은 비율로 의대 수시에 더 많이 합격하는 겁니다.

예를 들어 보죠. 외대부고는 독서 토론 활동으로 'R&D'라는 것을 강조합니다. 'Reading & Discussion'의 약자죠. 민사고의 사제동행 독서 프로그램은 지금도 면면히 이어져 오는 전통입니다. 하나고 역시 '집현'이라는 이름으로 집현전 학자들처럼 탐독을 합니다. 상산고에서는 원서 읽기 프로그램이 있습니다.

특목고 자사고 학생들은 독서를 많이 합니다. 일반고 학생들이 '이제 독서 활동 반영이 안 되니 신경 안 써도 되겠지'라며 넋 놓고 있다가 고 3 때 갑자기 세특에 독서를 넣으며 부족한 생기부를 채우려는 모습을 종종 보게 됩니다. 하지만 고 3 때 급조된 생기부는 '손 탄 생기부'라 불리며 의대 교수들에게 부정적인 인상을 주는 것으로 알려져 있습니다. 1학년 때부터 이뤄진 꾸준한 독서가 슬기로운 의대 입학의 비법인 거죠.

특목고 자사고가 의대 지망생에게 독서를 강조하는 이유에는 여러 가지가 있겠지만, 무엇보다 독서가 다음 2가지 역량을 잘 보여 주기 때문이라고 생각됩니다. 하나는 지적 호기심입니다. 독서를 통해 학업 역량을 높이는 경우, 자신의 지적 수준을 최대치까지 끌어올릴 수 있습니다. 또 한 가지는 교과서에서 더 나아가 심화 지식들을 담을 수 있다는 점입니다. 학교 공부와 무관한 독서는 지적 사치가 되겠지만, 학교 공부에 도움이 되는 독서는 플러스이자 알파입니다. 또 어떤 책을 읽었는지는 그 사람이 어떤 사람인지 말해 줍니다. 봉사 활동이 빠진 생기부에서, 독서는 인성과 정체성, 가치관을 보여 주는 좋은 역할을 합니다.

세특에 독서를 담으면
무엇이 유리해지는가?

다음은 서울대가 공개한 좋은 생기부의 사례입니다. 3학년 진로 선택 과목인 고전 읽기에 이렇게 쓴 생기부가 제시됐습니다. 의대 생기부는 당연히 심화국어도 좋아합니다.

평소 책을 자주 읽는 습관을 가지고 있으며 책이나 텍스트를 읽고 깊이 있게 생각하는 자세를 갖추고 있어 의미가 다소 어려운 고전의 내용을 비교적 쉽게 파악함. 고전이 주는 의미의 중요성을 파악하여 이를 자신의 삶에 내면화하려는 모습을 보임. 고전을 학습하며 이해가 어려운 부분에 대해서는 적극적으로 질문하고 교사와 토론함으로써 문제를 해결하는 등 능동적인 학습의 자세를 갖춤. [출처 ①] 연암 박지원의 수필을 학습하면서 작가의 집필 의도를 파악하고 이것이 현대 정보화 사회에서 가지는 의미에 대해 발표함. 이 과정에서 삶의 깨달음을 얻을 수 있다는 고전의 의미를 인식하였다는 소감을 밝힘. [출처 ②] '과학 혁명의 구조(토마스 쿤)'를 학습하고 아무도 의심하지 않는 보편적인 통념이나 가치에 의문을 제기하는 학문적 태도의 중요성에 대해 깊이 공감하게 되었음을 발표함. 특히, 주제가 비슷한 책인 [출처 ③] '일곱 가지 교육 미신'을 소개하며 통념에 갇히지 않고 다양한 각도에서 연구를 진행하고 사회와 교육 발전에 기여하는 교육 정책 연구원이 되겠다는 포부를 밝힘. '남과 다른 아이들'이라는 시를 읽고 학습자들의 고유성을 존중하고 가꾸어 주는 방향으로 교육 정책과 문화를 형성하고픈 소망을 담은 보고서를 제출함.

도대체 한 과목에 몇 권의 책이 언급되고 있는 건가요? 4권이나 적었습니다. 국어 과목이니까 책 이야기를 하기가 좀 더 수월했을 수도 있겠지만 화학이나 생명과학도 분명 이런 식으로 풀어 갈 수 있습니다.

생기부를 독서 활동 중심으로 쓰면 다음과 같은 장점이 있습니다. 일단 지적 호기심을 드러내며 지적 우수성을 보여 줄 수 있습니다. 또한 어떤 분야의 책을 읽는가에 따라 자신이 내세우고 싶은 이미지를 강조할 수 있습니다. 새로운 의학 기술에 관심을 보여 미래지향적으로 자신을 포장할 수도 있고, 시집과 소설로 나의 인문학적 소양과 소통 능력을 어필할 수도 있는 것이죠.

의대생은 청소년기에
어떻게 책을 읽었을까?

제가 그동안 봐 온 의대 합격생들은 고등학생 때 내신 공부와 수능 공부만 하지 않았습니다. 대개의 학생들이 최신 생명과학 기술과 유전 지식 등을 다룬 책을 우선적으로 읽었고, 수학에 신경 써서 미적분과 확률, 통계에 대한 책을 읽었습니다. 그다음에는 의사가 주인공으로 나오는 문학 작품이나 의사가 쓴 자전적 에세이를 통해 의사의 상을 만들어 나갔습니다. 이런 의사가 되고 싶다는 목표도 책으로 전할 수 있죠. 거기에 더해서, 세상 돌아가는 일에 관심을 갖고 사회 이슈를 다룬 책을 읽었습니다.

《이기적 유전자》나 다윈의 진화론을 다룬 책들은 차별화에서 실패할 수밖에 없습니다. 초등학생들이 읽고 독서 토론을 할 정도로 흔한 책이 되었기 때문입니다. 가장 좋은 건 남들이 잘 아는 그런 책들을 피하고 새로운 책을 골라 그에 맞는 활동으로 지적 호기심과 진로 역량을 동시에 보여 주는 전략입니다. 그리고 의대 준비생들이라면 세특이나 창체 때문에 책을 읽는다고 생각해선 안 됩니다. 세특 때문에 독서를 하는 게 아니라 독서 때문에 세특이 풍성해지는 거죠. 독서를 하다 보면 의사라는 직업의 가치를 깨닫게 되고 의사라는 직업을 정말 좋아하게 됩니다. 좋아하다 보면 적성이란 게 자연스럽게 따라 붙게 되어 있습니다. 의대 준비생은 그들이 읽는 책으로 특별해집니다.

자, 이제 다음 장부터는 본격적으로 필독서를 소개하도록 하겠습니다. 의대 입시에 정말 최대한 도움이 되는 책을 균형 있게 골라 학생들의 이해에 최대한 도움이 될 수 있도록 리뷰를 진행한 뒤, 이를 학생부 세특과 창체에 녹이는 구체적인 방법을 들려 드리겠습니다.

PART 2

의대 합격을 위한 생기부 필독서

① 인문 편

: 내가 어떤 사람인지 책으로
증명하라

《죽음의 수용소에서》
빅터 프랭클 *Viktor Emil Frankl*

정신과 의사가
최고의 심리학자인 이유

오스트리아 출신의 신경정신과 의사이자 심리학자 빅터 프랭클이 쓴 《죽음의 수용소에서》는 개인적으로 제 인생의 책 중 하나입니다. 동시에 수많은 의대 합격생 제자들에게 권유해 최고의 극찬을 받은 책이기도 하죠.

저는 이 책 외에도 국내에 출간된 빅터 프랭클의 책을 미친 듯이 탐독했는데요, 그가 60년 동안 썼던 논문들을 모은 책 《빅터 프랭클, 당신의 불안한 삶에 답하다》도 아주 흥미롭게 읽었습니다. 물론 논문을 모은 책이어서 읽기가 쉽지는 않지만, 그의 모든 작품을 통해서 드러나는 양대 축, 즉 의미치료와 로고테라피의 이론적 배경 및 맥락에 대해서 자세한 지식과 통찰력을 얻을 수 있죠. 《죽음의 수용소에서》는 아우슈비츠 생존기가 전반을 차지하고, 후반부는 아우슈비츠 생존을 바탕으로 그가 구상한 로고테라피의 비전을 보여 주는 책입니다.《빅터 프랭클, 당신의 불안한 삶에 답하다》는 속편 격인 책이기 때문에, 로고테라피에 대해 좀 더 알고 싶다면 2권을 같이 읽는 게 좋습니다. 그럼 이 2권의 책을 토대로, 왜 그가 20세기 최고의 신경정신과 의사이며 심리학자로 불리는지 하나씩 살펴보겠습니다.

첫 번째 이유, 빅터 프랭클은 19세 때 첫 논문 〈표정이 말하는 긍정과 부정의 발생〉을 국제정신분석학회지에 기고한 천재였습니다. 그는 이미 중학생 때부터 프로이트와 서신을 주고받았고, 빈 의대 1학년 때는 국제개인심리학회에서 기조연설을 하기도 했죠. 대단하다고밖에 말할 수 없는, 입학사정관제가 있었다면 서울대 의대 수석 합격이 거의 확실시되는 인재라 할 수 있을 겁니다. 하지만 의지를 강조하는 그는 열등감을 강조하던 프로이트의 수석 제자 알프레드 아들러와 갈등을 빚을 수밖에 없었고, 아들러의 입김에 의해 심리학회에서 제명되기에 이릅니다. 그의 나이 23세 때의 일이죠. 믿기 힘들지만 그가 의사가 되겠다고 결심한 나이는 세 살이라고 합니다.

두 번째로 빅터 프랭클의 이론이 울림을 주는 이유는 무엇보다도 아우슈비츠 생존을 통해 증명된 이론이기 때문입니다. 그의 이론의 핵심은 로고테라피와 의미치료이죠. 그는 '내가 왜 사는지 그 이유를 알면 어떤 고통도 이겨 낼 수 있다'는 니체의 말에서 영감을 얻었습니다. 삶의 의미를 아는 인간은 자신에게 주어진 고통을 이겨 낼 수 있는 힘과 의지를 얻습니다. 힘과 의지는 단순한 낙관이나 희망과는 다른 강한 영혼을 전제하죠. 프랭클은 자신의 이론을 삶으로 증명해 낸 셈인데요, 심리학을 철학과 연결시켜 한층 격을 높인 이론가 겸 실천가로 존경받아 마땅합니다.

세 번째 이유, 빅터 프랭클은 프로이트와 아들러 그리고 같은 유대계 오스트리아 출신의 유명한 정신분석가 루돌프 알러스까지, 선배 심리학자들의 사상을 받아들인 뒤 자신의 철학과 경험을 합쳐 20세기 최고의 정신분석 이론으로 승화시켰습니다. 그는 자신의 모든 저서에서 숱한 고전과 다른 논문들을 인용하며 박람강기의 진수를 보여 주는데요, 그의 열정은 이론적 공부로 그치지 않았습니다. 자연과학적 실험에 대한 열정을 끝까지 견지하여 자칫 공허해질 수 있는 이론을 현실에 뿌리 내린 실사구시의 학문으로 바꿔 놓았습니다.

네 번째 이유, 빅터 프랭클은 현대 산업 사회에서 우울증이 대유행할 것을 이미 예견했을 정도로, 놀라운 혜안을 가지고 있었습니다. 우울증은 현대인들의 가장 무겁고 중대한 마음의 질병 중 하나죠. 마음의 감기로 시작해 결국은 마음의 암으로 끝납니다. 전체 우울증 환자의 거의 대부분이 불면을 호소하고 그중에 15%는 자살로 생을 마감합니다. 말기 암이 평균적으로 50%의 치사율을 보이는 상황에서 15%의 치사율은 어마어마한 수치죠. 우울증은 2차세계대전 이전의 인류에는 그리 친숙하지 않은 질병이었습니다. 프랭클의 표현을 빌리면, 우울증이란 실존적 공허로 삶의 의미를 찾지 못하고 모든 면에서 무의미 때문에 괴로워하는 질병입니다. 의미와 무의미의 싸움이 인류에게 가장 큰 숙제가 될 수 있음을 그는 진작에 예상했고, 무의미 그리고 무의미에 언제나 동반하는 불안과 싸우기 위한 완벽한 대안을 제시했습니다. 그의 치료법인 '역설 의도'는 바로 이런 메커니즘입니다. 정신과 환자들이 가장 크게 호소하는 고통이 불면증인데요, 수면제를 처방하기 시작하면 끊기가 힘듭니다. 심지어 용량을 늘리는 끝없는 악순환 속에서 환자의 영혼과 몸은 파괴됩니다. 그래서 그는 불면증 환자를 이렇게 치료했습니다. "오늘 밤부터 절대 밤에 잠을 자지 않겠다고 제 앞에서 맹세하세요. 잠자리에서는 어떻게 하면 잠을 잘 수 있을지 고민하지 말고 반드시 깨어 있겠다고 다짐하시고요. 항상 잠이 들까 봐 걱정하세요. 그러면 불면증은 자연스럽게 치료됩니다."

한편 빅터 프랭클은 도스토옙스키 소설과 니체의 철학 등 인문학에 정통한 사람이었습니다. 인간에게 고통이 어떤 의미가 있는지, 삶의 의미가 인생에서 얼마나 중요한지, 의미는 삶의 목표와 어떤 관계가 있는지 등을 주제로 삼아 인간을 완벽히 이해하고자 했습니다. 인간이 시간과 유한이라는 한계에 어떻게 노출돼 있는지를 깨달은 인물이라 할 수 있죠. 무엇보다그는 인간의 정신적 고통이 몸과 마음에 어떻게 동시에 연결될 수 있는지 깊이 이해하고 있었습니다. 아우슈비츠에서 하루성인 평균 칼로리의 3분의 1도 안 되는 890칼로리로 버티면서, 그는 빵의 굶주림과 의미의 굶주림을 실감할 수 있었죠. 그때 그는 인간이 빵 없이 살 수 없긴 하지만, 빵만 가지고는 살수 없음을 깨달았습니다. 덕분에 그는 인간 존재의 모순성을잘 알고 이를 자신의 치료법에 적용할 수 있었죠. 그보다 더 인간과 인생을 완벽히 이해하는, 경험과 지식과 실험을 통해 자신의 이론을 벼린 인물은 없습니다. 20세기를 끝내고 21세기도 벌써 5분의 1이 지난 지금, 그를 뛰어넘는 정신분석학자를인류가 가질 수 있는지에 대해서 저는 회의적입니다. 그 이유는 빅터 프랭클의 책을 1권이라도 읽어 보면 누구나 알 수 있는 사실이죠.

　마지막으로 그는 회복탄력성을 자신의 삶에 적용시킨 인물입니다. 아우슈비츠 생존율은 5%입니다. 95%가 죽고 겨우5%가 살아남았죠. 생존자들이 아우슈비츠에서 살아남을 수있던 이유는 여러 가지가 있겠지만, 많은 심리학자와 신경정신과 의사들은 인간이 지닌 복원력, 즉 우리가 지금 회복탄력성이라고 이야기하는 역량이 중요하다고 지적합니다. 그는《죽음의 수용소에서》에서 구체적으로 '영의 반발력'이라는 표현을 사용했습니다. 사람은 일생일대의 위기에서 주저앉기 쉽지만 다시 일어날 경우 더 높이 도약할 수 있습니다. 니체의 말대로 우리를 완전히 죽이지 못하는 대상은 인간을 더 강하게 만드는 법이니까요. 니체는 회복탄력성을 이야기한 최초의 철학자이지만, 니체의 삶 자체가 회복탄력성으로 설명이 되지는 않습니다. 즉 삶과 자신의 말을 동시에 일치시킨 심리학자는 빅터 프랭클 외에는 없습니다. 아우슈비츠가 그에게 준 유일한 기쁨은 그를 강하게 만들었다는 정도가 아닐까 싶네요.

POINT 1 │ 이 책을 창체에 녹이는 방법

★자율 활동 : 빅터 프랭클의 키워드로는 의미, 사랑, 희망, 아이러니 등을 꼽을 수 있다. 이런 키워드를 활용해서 다양한 영역에서 이름 짓기 활동을 제안할 수 있다. 예를 들어 학급명을 상황에 맞춰서 월별로 바꾼다면 학급의 분위기를 밝고 긍정적으로 바꿀 수 있다. 모의고사가 어렵게 나와 반 친구들이 좌절감을 크게 느꼈다면, '삶의 아이러니'로 학급명을 바꾸는 식이다.

★동아리 활동 : 이과형, 문과형, 예체능 동아리 모두에서 활용될 수 있다. 예를 들어 이과형 동아리에서는 빅터 프랭클의 로고테라피를 신경정신병리학적 관점에서 탐구해 본다. 문과형 동아리에서는 빅터 프랭클의 책을 같이 읽고 명문장을 골라 이유를 발표하는 시간을 가질 수 있다. 책에는 생기부에 적힐 만한 멋진 문장이 가득한데, 예를 들어 "신은 인간의 목숨을 빼앗아 갈 수 있지만 죽음에 대한 인간의 태도는 신조차 건드릴 수 없는 완벽한 인간의 자유 영역이다" 같은 문장들이다.

★진로 활동 : 진로 활동은 탐구 보고서를 쓰거나 진로 독서를 쓸 수 있는 공간이다. 따라서 이 책을 읽은 뒤, 진로 탐색 보고서를 학년별로 다양하게 쓸 수 있다. 고등학교 1학년 때는 정신과 의사라는 직업에 대해, 2학년 때는 세계적인 정신과 의사들에 대해, 3학년 때는 정신과 의사 중에서 심리학자가 많은 이유 등에 대해 심화된 보고서를 쓸 수 있다. 심리학자라는 직업과 정신과 의사라는 직업의 비슷한 점과 다른 점을 탐구하는 것도 도움이 될 것이다. 예를 들어 우울증이나 불안장애, 강박증 같은 심리적 문제를 하나 정한 뒤, 이를 치료하기 위한 심리학자와 정신과 의사의 접근법이 어떻게 다른지를 비교 분석해 볼 수 있다. 또 다른 방법으로는 빅터 프랭클의 치료 활동을 좀 더 깊이 파고들 수 있다. 빅터 프랭클이 정신병 중 가장 많이 상담한 경우가 불면증 환자이므로,

주요 특징과 원인, 치료 방법 등에 대해서 알아본 뒤 진로 활동에 적을 수 있다. 참고로 실제 서울의대 합격생 중에는 친구들이 잠을 제대로 자는지 불면에 시달리는지 조사해서 그 내용을 학생부에 적은 경우도 있었다.

POINT 2 | 이 책을 세특에 녹이는 방법

★**영어 1** : 빅터 프랭클 관련 다큐나 인터뷰, 테드 영상 등을 유튜브 등에서 원어로 찾아본다. 그다음 원어를 번역하고 그에 대한 자신의 생각을 생기부에 적을 수 있다. 의학에 대한 관심과 영어 실력을 동시에 증명하는 방법이다.

★**생활과 윤리** : 의대 교수 입장에서는 생명과학만큼 중요한 과목이 생활과 윤리이다. 물론 의대 준비생들은 문과 상위권 학생들과 경쟁해서 2등급이 뜰까 걱정이 되어 신청을 안 하는 경향이 있지만, 선택했다는 사실 그 자체와 세특의 내용으로 2등급은 충분히 커버 가능하다. 특히 2단원 삶과 죽음의 윤리에 대해서 배울 때 빅터 프랭클을 활용할 수 있는데, 태어나서 죽음에 이르기까지 어떤 가치관을 기준으로 삼아야 할지를 그의 책에서 충분히 인용할 수 있다.

★**세계사** : 세계사는 일반고에서는 잘 개설되지 않기 때문에, 의대 준비생이 듣는 경우는 많지 않다. 하지만 개설이 되어 있다면 듣는 게 도움이 된다. 세계사는 세계를 움직이는 동력을 권력이라는 키워드로 풀어 가는 교과인데, 그 정점이 되는 2차세계대전이 비중 있게 다뤄지기 때문이다. 그리고 역사학자들은 2차세계대전의 가장 큰 비극 중 하나로 아우슈비츠를 꼽는다. 히틀러는 왜 유대인들을 그렇게 미워하고 학살하려고 했는가? 그럼에도 불구하고 유대인들은 왜 독일인이나 오스트리아인을 미워하지 않는가? 역사적 사실에 담긴 배경을 찾아보는 것은 인문학적 성찰 능력을 보여 주는 데 큰 도움이 된다.

《죽음의 수용소에서》 빅터 프랭클

BOOK 2

《죽음의 중지》

주제 사라마구 *Jose Saramago*

죽음이 사라지면
의사도 사라질까?

노벨상이 SF 작가들에게 비우호적인 편이긴 하지만, SF 작품
을 쓰거나 성향이 있는 작가들 몇몇은 상을 받았습니다. 복제
인간을 다룬 가즈오 이시구로의 《나를 보내지 마》는 분명 SF
소설로 분류될 수 있고, 《눈 먼 자들의 도시》와 《카인》, 《도
플 갱어》 등을 써서 98년 노벨 문학상을 받은 포르투갈의 주
제 사라마구 역시 분명 SF 성향이 강한 작가입니다. 그는 현
실적 리얼리즘과 환상적 리얼리즘을 교묘히 섞어 일종의 사고
실험을 하는 작가인데요, 그런 면에서 그의 작품은 소설과 철
학서의 중간쯤 어딘가에 위치하고 있습니다. 그중 사고 실험을
극한까지 밀어붙여 인간과 생명의 본질에 대해 깊이 성찰한
작품이 2005년 출간된 《죽음의 중지》입니다.

이 작품은 제게 의미가 큽니다. 영재고 출신으로 완전히 이과 성향의 한 학생을 컨설팅했을 때의 일입니다. 당시 저는 이학생에게 서울대 자소서에 넣을 책 3권 모두 인문학적 성찰을 담도록 했습니다. 그렇게 이과적 지식과 문과적 성찰의 균형감을 증명하여 마침내 서울의대에 합격시킬 수 있었는데요, 당시 그 학생이 인문학적 성찰을 담은 책 중 하나가《죽음의 중지》였습니다. '죽음이 중지되면 의사의 역할도 중지될까?' 그는 이질문에 대해 자신의 생각을 밀고 나가면서, 소설 곳곳에 담긴 풍경을 활용했습니다.

그럼 책 내용을 좀 더 살펴보도록 하죠. 어느 날 죽음이 그 기능을 멈춥니다. 전 세계적인 현상은 아니고, 특정한 한 국가에서 일어난 일입니다. 만약에 전 세계에서 이런 일이 일어난다면, 결국 지구는 넘치다 넘쳐 멸망의 길로 접어들 수밖에 없기 때문이죠. 지금 과학 기술 수준에서는 인류가 우주로 나갈 방법이 없으니까요. 한 나라 안에서만 일어나야 제대로 된 사고 실험이 가능해집니다.

인간에게 죽음이 사라지면 어떤 일들이 일어날까요? 업종별로 희비가 엇갈릴 것 같습니다. 보험업계는 속으로 쾌재를 부르겠죠. 계약 파기하자는 소비자들이 빗발치겠고 장의업계는 그 반대로 파리가 날리게 될 겁니다. 파산하기 직전에 처한 그들은 국가의 개입을 요청하겠죠. 국가는 어떨까요? 국가의

《죽음의 중지》 주제 사라마구

구성원들이 죽지 않는다면 반대로 국가는 기능을 멈추게 되는 것 아닐까요? 국가는 인간을 통제하기 위해 만들어진 기구인데, 죽지 않는 인간을 통제할 수 있는 방법은 사실상 없기 때문이죠. 종교는 어떻게 달라질까요? 종교가 가장 큰일입니다. 죽음에 대한 공포 때문에 종교가 생겨난 것이고 특히 기독교는 예수님을 믿는 자만이 천국에 들어갈 수 있다며 사후 천국의 유혹으로 교세를 확장해 왔기 때문이죠. 아무도 죽지 않으니 천국에 들어갈 방법 또한 사라지게 되고 그 순간 종교의 권위 또한 사라지고 맙니다. 이런 일들이 사라마구 특유의 유머러스한 필체로 묘사되고 있는데, 죽음이란 한없이 무겁고 진지한 소재를 다루지만, 웃음을 자아내게 하는 요소들 또한 적지 않습니다. 특히 후반부에 파업을 철회하고 현역에 복귀한 죽음이 낫을 든 해골의 모습으로 나타나 일을 재개할 때는 절로 웃음이 나왔죠. 첼리스트의 죽음을 집행하러 온 죽음이 "첼리스트는 인간의 죄 가운데 가장 용서할 수 없는 죄, 주제넘음의 죄에 빠져들었다"라고 말하는 문장은 인간에 대한 정말 뼈 있는 농담이라는 생각이 들었습니다. 마피아들이 죽고 싶은 혹은 더는 모시고 싶지 않은 늙은 부모를 죽음이 존재하는 이웃국으로 옮겨 주는 비즈니스 모델을 개발해 돈 번다는 발상은 기발하기까지 하죠. 번역자가 후기에서 표현한 것처럼, 이 작품은 늙은 사라마구가 '정색하지 않고 쓴 작품'이며, '정색하지 않은 정색'이라는 말이 딱 어울리겠다 싶을 정도로 가벼우면서도 진지합니다.

이 책에서 시도된 건 아니지만 사라마구에 영감을 받아 저 나름의 사고 실험을 추가해 보았습니다. 세상이 둘로 나뉘어 죽는 세상과 죽지 않는 세상으로 구분된다면 얼마나 많은 사람이 죽지 않는 세상을 택할까요? 부자들 아니면 스탈린 같은 절대 권력자가 아닐까요? 가진 게 많은 사람들 말입니다. 가진 게 많지 않은 저에게 선택지가 주어진다면 죽지 않는 세상은 절대 선택하고 싶지 않을 것 같거든요. 또한 저 개인적으로는 죽음이 있기에 산다는 것 혹은 생명이 의미가 있는 것이라고 생각합니다. 그래서 '흙에서 나온 자 흙으로 돌아가는 것'이 자연의 순환이고 순리라면 그것을 받아들이는 것이 행복의 전제 조건이라고 여기는데요, 그런 의미에서 "행복한 죽음은 영혼에 바르는 연고와 같았다"는 사라마구의 문장은 이 소설 최고의 명문이 아닐까 싶습니다. 사라마구는 2010년 영면에 들었는데요, 자기가 소설에 썼던 이 문장이 진리임을 깨달으면서 죽었을까요 아니면 그 역시 다른 인간들처럼 죽음 앞에서 몸부림치다 강제로 끌려갔을까요? 제가 문학 작품으로 느낀 사라마구는 분명 전자였을 것 같습니다.

마지막으로 '죽음의 중지'가 '의사의 중지'를 뜻하는 것은 아니라는 서울의대 합격생의 생각을 전해 드리겠습니다. 그 학생은 죽음이 중지되어 환자를 살릴 일이 없어지더라도 의사가 필요하다고 썼습니다. 의사의 역할은 죽음과 싸우는 것뿐 아니라 고통과 싸워 환자를 덜 고통스럽게 만드는 것에도 있기 때문이라는 논리였죠. 책 제목이 고통의 중지가 아니라 죽음의 중지임을 잘 이용했다고 할 수 있습니다.

POINT 1 │ 이 책을 **창체**에 녹이는 방법

★자율 활동 : 예전에는 봉사 활동에 들어갔던 또래 상담과 멘토링이 이제는 자율 활동에 속하며, 친구의 학교생활 적응에 도움을 주는 게 또래 멘토링에서 가장 빛나는 활동이다. 그렇다면 상담할 때 주제 사라마구의 책《죽음의 중지》는 어떻게 녹일 수 있을까? 이 책을 읽으면 역설적으로 우리가 사는 삶의 매순간마다 충실해져야겠다는 생각이 자연스레 든다. 이런 내용들을 들려주면서 고민 많은 친구에게 힘을 실어 주도록 한다.

★동아리 활동 : 인문 사회적 동아리에서는 죽음의 사회적 의미와 한국 사회에서 죽음이 어떤 식으로 받아들여지는지에 대해서 각자 알아본 뒤 토론해 보는 시간을 가지면 좋다. 자연과학 동아리에서는 죽음이 갖는 의미, 개체는 죽어도 DNA는 유전되는 생

물학적 특성, 삶과 죽음이 순환될 때 에너지가 보존되는 특징 등에 대해 이야기할 수 있다.

★**진로 활동** : 진로 활동에서는 2가지 방향으로 탐구가 가능하다. 노벨 문학상 수상 작가들의 작품 중에서 의학적으로 연관이 있는 소설들을 찾아 작가와 그들의 작품 세계에 대해서 탐구해 볼 수 있다. 예를 들면 사라마구의 《죽음의 중지》와 알베르 카뮈의 《페스트》를 비교해 보는 식이다. 그리고 역사적으로 살펴보면 죽음을 사신 혹은 저승사자 등으로 의인화해서 부른 사례들이 많은데, 이에 대한 동서양의 공통점과 차이점을 알아보는 것도 진로 활동으로 좋은 아이템이 될 수 있다.

POINT 2 │ 이 책을 세특에 녹이는 방법

★**문학** : 문학 시간에는 주로 한국 문학을 쓰도록 하지만, 개별적으로 읽은 작품들을 세특에 쓸 때가 있다. 그럴 때는 의학 관련 소설 등을 한 학기에 1권 정도 적을 수 있다. 《죽음의 중지》와 김초엽의 단편소설 중 〈관내 분실〉을 함께 읽은 뒤, 죽음 이후에 기억이 보관된다면 이를 영생으로 볼 수 있는가, 기억 보관과 영생에 어떤 차이점이 있는가, 왜 이런 상상을 하게 됐는가 등에 대해 비

교 서평을 써 보자.

★생명과학 2 : 죽음은 세포의 사멸이라 할 수 있는데, 세포의 사멸은 생명과학 2 교과서에서 자세하게 배운다. 세포의 사멸은 자연적인 과정으로, 정상적인 세포 발달과 세포의 균형을 유지하는 데 중요한 역할을 한다. 또한 세포가 손상되거나 노화한 경우에도 사멸을 통해 제거된다. 생명과학 2 교과서에서는 세포 사멸의 종류와 원인, 기능 등에 대해 설명하므로, 이런 자연과학적 특성을 사라마구의 상상력과 비교해 보자. 세포가 사멸하지 않을 경우 어떤 일이 벌어질지에 대해서 추가로 기술하면 문이과 융합적인 생기부가 될 것이다.

★체육 : 간혹 체육 교과 선생님들이 의대 준비생들에게 스포츠 독서를 통해 전공 적합성을 보여 줄 수 있는 기회를 주기도 한다. 그럴 때는 이 책을 활용해 죽음이 중지될 경우 건강을 위해 더욱더 운동과 건강 관리를 할 필요성이 있다고 주장해 보자. 죽음이 중지되고 노화만 진행되면 각종 질병이 엄습할 것이므로, 그때는 고통 속에서 보내는 시간이 한없이 길어지기 때문이다. 이에 운동의 중요성을 더욱 느끼게 되었다고 서술하는 것도 나쁘지 않다.

BOOK 3

《차라투스트라는 이렇게 아팠다》
이찬휘, 허두영, 강지희

질병을 넘어서
환자를 바라보는 마음

놀라운 사실을 알았습니다. 제가 좋아하는 프랑스 장편소설 《고리오 영감》의 작가 오노레 드 발자크의 사인이 커피 중독 이었다네요. 커피를 도대체 얼마나 많이 먹어야 죽는지 궁금해 서 더 알아보니까 발자크는 작가가 된 이후 하루도 빠지지 않 고 하루 50잔(글 쓰는 시간 12시간 기준, 1시간에 4잔꼴)을 마셔 서 총 5만 잔을 마셨답니다. 발자크는 정확히 51세에 죽었습 니다. 하루 50잔씩 마시면 잠이 왔을까요? 그 당시에 수면제 가 있었을 것 같지도 않으니, 아마 그는 40대 중반부터 불면증 에 시달리지 않았을까 싶습니다. 커피를 들이부어 걸작들을 쏟 아 냈다고 해도 틀린 말은 아닐 듯하네요. 발자크가 커피를 하 루에 5잔 이하로 줄였다면 좀 더 오래 살았겠지만《고리오 영감》 같은 걸작은 탄생하지 않았을 수도 있죠.

이 재미있는 에피소드는 SBS 의학 전문 기자를 지냈던 이찬휘 작가가 다른 2명의 작가와 함께 쓴 책 《차라투스트라는 이렇게 아팠다》에 실린 내용입니다. 이 책은 발자크, 마이클 잭슨, 엘리자베스 테일러 등 전 세계 유명인들이 어떤 질병으로 고생했는지 그리고 어떻게 죽었는지를 다루고 있습니다. 그 질병 때문에 겪은 삶의 고통과 고통을 이겨 내기 위해 했던 노력 등을 한 사람당 3페이지씩 할애해 소개하고 있죠. 그런데 접근 방법이 특이합니다. 바로 환자 중심의 접근법을 택한다는 점입니다. 저자는 서문에서 이렇게 말합니다. "이제는 질병 중심을 오히려 걱정해야 할 때다. 아는 게 병이다. 차라리 모르는 게 약이다." 현대 의학은 환자 중심이라고 하는데 환자는 보이지 않고 병만 보인다는 주장입니다.

저자는 책의 독자를 의대 학생부 종합 전형을 준비하는 학생들로 설정한 것처럼 이렇게 말합니다. "죄가 죄인의 것이라면, 병은 환자의 것이다. 교회가 죄인을 진정한 회개로 인도하듯, 병원도 환자를 진정한 성찰로 이끌 수 있어야 한다. 죄인이 죄를 고백하듯, 환자도 질환에 승복할 수 있어야 한다."

좋은 말입니다. 병을 통해 환자들은 고통만 겪는 게 아니라 인격적으로 성숙할 수 있습니다. 병과 싸워서 이겨 내는 것도 중요하지만 때로는 그 병에 승복하고 그 병을 받아들이는 자세 또한 필요합니다. 물론 이런 주장에 학생들은 '의사는 무조건 환자를 살리는 직업 아닌가'라며 의아해할 수 있지만 현대의학으로도 어쩔 수 없는 질병(예컨대 췌장암 등)은 받아들이고 남은 시간을 최대한 의미 있게 쓰는 것, 그 과정에서 멘토가 되는 것도 아주 중요한 의사의 역할입니다.

질병을 넘어 환자를 보게 하는 또 다른 에피소드는 60년 로마 올림픽 마라톤에서 흑인 최초로 우승한 아베베의 이야기입니다. 아베베는 맨발로 뛰면서도 당시 세계 신기록을 세우며 한때 자신의 조국을 정복했던 이탈리아의 로마를 정복했지만, 교통사고로 두 다리를 잃습니다. 아마 보통 사람 같으면 끝없는 좌절 속에서 스스로 파멸의 길을 걸었을 겁니다. 그러나 그는 두 다리가 없으면 두 팔이 있다고 말하며 팔 힘을 길렀고, 이듬해 열린 최초 패럴림픽에서 양궁, 탁구, 눈썰매 등 3개 종목에서 금메달을 땁니다. 그는 이렇게 말합니다. "성공한 사람도 비극을 당할 수 있습니다. 승리를 얻은 것처럼 비극도 우리의 일부로 받아들여야 합니다."

이 책 제목이 패러디한 차라투스트라는 철학자 프리드리히 니체의 책에 등장하는 인물입니다. 그렇다면 니체의 삶은 환자의 관점에서 어땠을까요? 일단 대부분은 니체가 책을 많이 읽었을 거라 짐작하기 쉽습니다. 그러나 그는 지독한 근시였고, 20세를 넘은 뒤에는 시력이 급격히 약화되어 하루 중에 책을 읽을 수 있는 시간이 1시간 정도밖에 되지 않았습니다. 남의 지식으로 머리를 채우는 대신 철학적 사유로 자신의 생각을 발전시켜 나가야 했죠. 하지만 나쁜 시력은 두통을 낳았고, 두통은 뇌종양으로 이어졌습니다. 이에 그는 안경으로 시력을 보완했고, 산책으로 두통을 돌파했으며, 사유로써 뇌종양을 넘어섰습니다.

건강에 대해서 끝없이 염려하는 현대인들은 건강을 위해 금연에 금주에 심지어 정상적인 성관계까지 피하려고 했던 히틀러를 반면교사로 삼을 필요가 있습니다. 히틀러는 감기 걸린 사람과는 말도 하지 않으려고 했고, 하루에 몸을 9번이나 씻었던 건강염려증 환자입니다. 그는 전쟁 막판에 심해진 파킨슨병 외에 대체로 건강이 양호했지만, 죽을 때까지 자신의 건강을 걱정했죠. 건강염려증은 영어로 'Hypochondriasis'라고 합니다. 열심히 인터넷을 뒤져서 마치 의사들처럼 의학 용어를 구사하고, 걱정 말라는 의사의 말을 믿지 않은 채 여러 병원을 돌며 반복적으로 진료를 받습니다. 건강식품이나 민간요법에 빠지기도 합니다. 갈수록 건강염려증 환자들은 늘어나고 있죠.

질병을 앓고 있는 환자는 분명 사람입니다. 하지만 학생들의 생기부를 보면 질병만 보일 뿐 환자가 보이지 않죠. 의대 교수들 입장에서는 이 학생이 나중에 의사가 되면 환자를 어떻게 대할지 궁금할 수밖에 없습니다. 그러니 생기부에는 암, 당뇨, 치매 등 질병만 다룰 게 아니라 질병을 겪는 환자들의 이야기를 직간접적으로 잘 담도록 해야 합니다.

POINT 1 | 이 책을 **창체**에 녹이는 방법

★자율 활동 : 자율 활동으로 가장 많이 쓰는 게 학급 간부 활동이다. 학급 간부로서 같은 반 친구들의 건강 및 역사에 대한 관심을 높이기 위해 이 책을 활용해 볼 수 있다. 책의 에피소드들을 골라 반 친구들이 함께 읽는 시간을 가져 보는 것이다. 히틀러를 빼면 책에 실린 인물들은 대부분 위인전에 실리는 유명인들이다. 그런 이들이 모조리 심각한 질환을 앓았다는 사실에 충격을 받고 건강에 대해 신경을 쓰며 공부를 해야 하겠다는 반응을 친구들로부터 이끌어 낸다면, 리더십을 충분히 인정받을 수 있다.

★동아리 활동 : 자연과학 동아리가 아닌 인문학 동아리, 역사 동아리, 국제 동아리 활동을 하는 학생들도 이 책으로 의대 적합성을 보여 줄 수 있다. 이 책에 실린 역사 속 위인들 중 1명을 골라 그들의 유명세 뒤에 가려진 질병 이야기를 쓴다면, 그 위인을 고른 이유 자체만으로 자신의 가치관을 드러낼 수 있고 남들과 차별화된 생기부를 만들 수 있다.

★**진로 활동** : 책과 함께 유튜브 영상을 검색해서, 이 책에 소개된 사람 외에 다른 유명인들과 그들이 겪었던 질병(상대적으로 책에는 국내 위인보다 외국 위인이 훨씬 많다)을 조사한다. 이를 미니 보고서 혹은 한 권의 책(PDF 또는 e북 등)으로 만들었다는 내용을 쓰면 자신의 특기와 지적 호기심을 동시에 보여 줄 수 있는 좋은 사례가 된다.

POINT 2 │ 이 책을 세특에 녹이는 방법

★**언어와 매체** : 국어 일반 선택 과목 중에 언어와 매체는 의학 관련 내용으로 채울 수 있는 좋은 공간이며, 특히 담화 단원은 주제에 맞는 인터뷰 형식을 이용해 세특에 활용하기 좋다. 예를 들어 이 책에 소개된 인물 중 하나인 장국영의 경우, 고소공포증을 겪다가 고층 빌딩에서 투신한 인물이다. 그와 가상 인터뷰를 진행하면서 왜 그런 선택을 했는지, 화려했던 스타의 길 속에서 무엇이 힘들었는지를 상상력을 발휘해 써 보는 것도 좋은 아이템이다.

★**통합사회** : 이 책에 소개된 인물 중 하나인 오펜하이머 박사는 2차세계대전을 끝낸 영웅이지만, 그 후 20년 동안 자신의 손으로 12만 명의 죄 없는 목숨을 앗아 갔다며 괴로워하던 가운데 후

두암에 걸려 사망했다. 인권 보장과 헌법 단원에서는 오펜하이머 박사를 환자의 시각에서 다루어 본 뒤, 2차세계대전이 인류의 진화와 인권이라는 점에서 어떤 의미가 있는지 적는다. 미래와 지속 가능한 삶 단원에서는 후두암의 원인이 되었던 흡연 문제를 다룰 수 있다.

★**화학 1** : 퀴리 부인은 인류 역사에서 노벨상을 두 번 받은 몇 안 되는 인물이다. 그녀는 물리학자이지만 화학상과 물리학상을 받았다. 하지만 그 대신 그녀는 방사선 중독으로 인한 재생불량성 빈혈에 평생 시달렸다. 주기율표에서 그녀와 관계된 라듐, 우라늄 등에 대해서 알아보고 책에서 읽은 퀴리 부인의 병과 함께 기술할 수 있다. 이는 과목의 특성에도 맞고 의사로서의 전공 적합성을 보여 주는 좋은 기회가 될 것이다.

BOOK 4

《의료인문학이란 무엇인가》
황임경

의학의 어머니는 과학,
아버지는 인문학

의대는 이과일까요? 맞습니다. 여러분 중에서 의대를 문과 학
문으로 생각하는 일은 거의 없을 것 같은데요, 그런 의미에서
《의료인문학이란 무엇인가》는 의료에 인문학이란 말을 붙여
서 눈길을 끕니다. 책의 저자 황임경 교수는 의사입니다. 현재
제주대 의대 교수로 재직 중이죠. 한림대학교 의과대학을 졸업
하고 영상의학전문의로 일하면서, 서울대학교 의과대학 인문
의학교실에서 석사와 박사 학위를 받아 의료인문학 박사가 된
분입니다. 그에 따르면 의사는 치료하는 사람이 아니라 치유하
는 사람이고, 의학은 사람의 몸과 정신을 함께 다루는 과학이
자 인문학입니다. 이렇게 정리할 수 있겠네요. 의학은 과학이
어머니, 인문학이 아버지인 학문이라고요. 이 점이 다른 자연

계와의 차이점입니다. 예를 들어 공대는 물론 물리학이나 화학 심지어 생명과학까지도 학문을 공부할 때 감정을 고려할 이유가 전혀 없습니다. 감정이란 자체가 이들 학문에는 결여되어 있죠. 그러나 의학에서는 환자의 감정을 어떻게 다룰 것인가가 정말 중요한 주제입니다.

의료인문학은 의학과 인문학의 융합을 통해 의학의 인간적인 측면을 연구하는 학문입니다. 의학은 과학적 지식과 기술을 바탕으로 질병을 치료하고 건강을 증진하는 것을 목표로 하지만, 환자의 삶과 고통을 이해하기 위해서는 인문학적 관점이 반드시 필요합니다. 황 교수는 의료인문학의 주요 목표를 다음과 같이 제시하고 있죠.

- 의학의 인간적인 측면을 강화하고, 환자와 의료인의 존엄성을 존중하는 의료를 실현합니다.
- 의학과 사회의 관계를 이해하고, 의료의 사회적 책임을 다합니다.
- 의학의 윤리적 문제를 해결하고, 공정하고 합리적인 의료 정책을 수립합니다.

의료인문학은 현대 의학이 직면한 다양한 문제들을 해결하기 위한 새로운 시각을 제공하고 있습니다. 의료의 인간적인 측면을 강화하고, 환자와 의료인의 존엄성을 존중하는 의료를 실현하기 위해서는 의료인문학의 발전이 필수적이겠죠.

의료인문학이 다소 추상적으로 느껴진다고요? 추상적이다 싶을 때는 쪼개면 됩니다. 주요 분야는 다음과 같습니다.

- 환자와 의료인의 관계 연구: 환자와 의료인 간의 관계를 이해하고, 환자의 삶의 질을 향상시키기 위한 방안을 모색합니다.
- 질병의 사회적 의미 연구: 질병이 개인과 사회에 미치는 영향을 이해하고, 질병의 예방과 치료에 대한 새로운 접근 방식을 개발합니다.
- 생명의료윤리 연구: 생명의 가치와 인간의 존엄성을 존중하는 생명의료윤리 원칙을 정립하고, 윤리적 문제를 해결하기 위한 방안을 모색합니다.
- 의료 문학 연구: 의료와 관련된 문학 작품을 통해 의학의 인간적인 측면을 조명하고, 환자와 의료인의 삶을 이해하기 위한 새로운 시각을 제공합니다.

의료인문학은 의학 교육에도 중요한 역할을 담당하고 있습니다. 의료인문학 교육을 통해 의료인들은 환자의 삶과 고통에 대한 이해를 높이고, 공감과 배려의 정신을 함양하는 것이죠. 또한 의료 행정과 정책 등에도 중요한 영향을 미치고 있습니다.

책에서 저자는 같은 의사이자 작가인 미국의 다니엘 오프리의 책을 의료인문학의 전형적 사례로 상찬합니다.《의사의 감정》이란 이 책은 감정이 어떻게 의사에게 영향을 끼치는지 특히 의사 결정에 얼마나 중요한지를 강조하고 있죠. 의사가 되려면 생기부에 이 책 외에도 다양한 사람들의 감정이 드러나는 소설을 적는 게 도움이 될 수 있습니다.《의료인문학이란 무엇인가》를 읽고 나면 자연스럽게 소설이 읽고 싶어질 겁니다.

POINT 1 │ 이 책을 **창체**에 녹이는 방법

★**자율 활동** : 자율 활동에는 학급 자치회와 임원 활동 그리고 학교 행사와 각종 모둠 활동을 적는 게 가능하다. 이 책은 리더십, 인성, 전공 적합성까지 폭넓게 활용할 수 있다. 예를 들어 학교 폭력 문제에 대해서 친구들과 토론할 때, 이 책을 인용해 인문학 교육과 독서 교육의 중요성을 강조할 수 있다. 또한 학폭 문제나 왕따, 우울증 등 학생들이 처한 문제들을 해결하는 데 이 책의 접근법이 큰 도움이 될 것 같다고 기술하면 좋은 평가를 이끌어 낼 수

있다.

★동아리 활동 : 동아리 활동을 선택할 때, 꼭 의학이나 생명과학 동아리를 해야 유리한 건 아니다. 탐구형 동아리가 의대 입시에 유리할 것 같지만 꼭 그런 것도 아니며, 이과 과목이 우수하다면 문과 성향의 동아리를 해도 의대 수시에서 불리할 게 없다. 이 책은 체육 동아리 외에 거의 모든 동아리에 다 활용할 수 있는 장점이 있다. 책 어디를 펼쳐도 아픔보다 인간이 먼저 등장하는데, 인간에 대한 관심을 연계해서 강조하면 인간적인 의사가 되려 한다는 인상을 줄 수 있다.

★진로 활동 : 진로 활동은 자신의 적성과 관심을 마음껏 드러내는 항목이다. 이 책을 읽은 뒤, 의료인문학이 무엇인지, 우리나라 의과대학 중에서 도입된 곳은 어디인지, 어떤 공부를 해야 하는지, 의사가 하는 인문학은 역사학자나 소설가의 인문학과 무슨 차이가 있는지 등을 탐구한 다음 생기부 진로 활동에 적어 보자. 또 다른 진로 활동으로는 의학과 인문학을 접목시켜서 활동한 실제 인물들을 찾아보는 것이다. 의사나 의대 공부를 한 사람 중에 위대한 작가나 예술가가 된 사례, 예를 들어 일본에서 아톰이라는 만화를 만든 테즈카 오자무와 중국 근대 문학의 아버지 루쉰, 미국의 희곡작가 테네시 윌리엄스 등에 대해서 조사해 볼 수 있다.

또는 철학이나 예술작품, 문학 속에 드러난 의학을 보고서로 정리
해도 도움이 될 것이다.

POINT 2 │ 이 책을 세특에 녹이는 방법

★화법과 작문 : 대부분의 학생들이 세특을 지나치게 진로와 전
공과 연계해서 적으려는 경향이 있다. 그러다 보니 칭찬 일색이
되든지 그 전공을 위해 뼈까지 갈아서 바칠 각오가 되어 있다는
열정 보여 주기식이 되기 쉽다. 하지만 의료인문학이라는 관점에
서 보면, 과잉 진로는 득보다 실이 많다. 억지로 모든 과목을 의학
과 연결시키기보다는 다양한 관심을 드러내는 게 좋고, 그런 의미
에서 이 책이 가장 잘 통할 과목은 화법과 작문이다. 화법과 작문
시간에는 창의적 글쓰기에 대해서 배우는데, 창의적 글쓰기란 결
국 우리가 아는 통념에 대한 회의에서 시작된다. 의학이 문과와
관계가 적은 이과 학문이라는 편견에 대해 비판하면서 이 책을
사례로 활용하면 좋은 세특이 될 것이다.

★통합사회 : 고등학교 1학년 때 모든 학생이 배우는 이 과목의
시작은 '인간, 사회 환경과 행복'이다. 거의 모든 단원이 의료인문
학의 바탕이 되지만 그중에서도 이 단원이 책과 가장 연결이 되

는 이유는 환경의 제약을 받으면서도 늘 행복을 추구하는 것이 인간의 본질이기 때문이다. 아직 의대라는 꿈만 가지고 있을 1학년 시기에 이 책을 소재로 인간이 통합적 존재임을 어필하고, 그와 더불어 왜 문과 이과를 넘어 통합적 관점과 교육이 필요한지를 설명해 보자.

★**제2외국어** : 학생부 종합 전형에 도전하려는 수험생은 국영수 사과만 신경 써서는 안 된다. 이때 제2외국어는 책의 주제나 키워드를 그 나라의 문화와 이해를 연결시켜 생각해 볼 수 있다. 예를 들어 우리보다 한발 앞서 고령화의 덫에 빠진 나라에 대해서 관심을 가지고 그 나라의 의료인문학 교육에 대해서 조사해 본다. 혹은 한의학과 서양의학을 통합적인 관점에서 살피며, 의료인문학이 동양이라는 큰 흐름의 역사 속에서 어떤 역할을 맡고 있는지 조사할 수 있다.

《타인의 고통에 응답하는 공부》
김승섭

의사가 언어의 힘에
관심을 가져야 할 이유

2023년 자소서가 있었을 당시, 자소서에서 가장 많이 언급
됐던 인물은 서울대 보건대학원 김승섭 교수(당시는 고려대 보
건정책관리학부 교수)였습니다. 연세대 의대를 나온 김 교수
는 임상의를 포기하고 하버드대학에서 보건학으로 박사 학위
를 받았죠. 그의 책을 의대 지망생이 반드시 읽어야 하는 이
유는 바로 언어 때문입니다. 그는 사회적 약자의 언어로 말하
는 보기 드문 의료계 인사입니다. 또한 사회적 약자의 고통
을 정말 호소력 있게 전합니다. 역시 언어의 힘이죠. 그에 따
르면 힘이 있는 자는 언어와 논리가 강력합니다. 반면에 사회
적 약자는 언어적 약자인 경우가 많습니다. 아프지만 어디가
아픈지, 왜 아픈지 말하기를 힘들어하죠. 김 교수는 그들의 고

통에 응답하고 책과 강연으로 이를 대신 전합니다. '응답하라'
가 영어로 'response'이고 거기서 '책임이 있는'이란 뜻의
'responsible'이 나왔다면, 그는 대한민국 의사 중에서 가장
책임감이 강한 의사입니다.

사회적 약자의 고통에 가장 민감해야 할 사람은 물론 정치
인이겠지만, 정치인만큼 의사 역시 사회적 약자의 언어, 특히
고통을 호소하는 언어에 귀를 기울일 줄 알아야 합니다. 그래
서 책으로 간접 체험할 필요가 있는데요, 책에는 인터뷰 등 다
양한 방법으로 사회적 약자의 고통을 이야기합니다. 인상적
인 사례를 골라 보죠.《타인의 고통에 응답하는 공부》에는 충
격적인 조사가 나옵니다. OECD 국가의 장애인 인구 평균이
24.5%인데 우리는 5%에 불과하다고 하네요. 너무 차이가 벌
어져서 뭔가 잘못된 통계 같았는데, 그 이유를 알겠더라고요.
우리나라는 빠지는 게 너무 많습니다. 예를 들어 AIDS 환자는
다른 나라에서는 장애인으로 판정되는데 우리나라는 그렇지
않은 식이죠. 우리는 장애인 숫자만 적은 게 아닙니다. 다른 인
종(아마 흑인이겠죠)이 이웃으로 사는 걸 허락할 수 없다는 비
율도 인종 차별이 여전히 존재하는 미국보다 20배 이상 높습
니다. 사회적 소수자가 정말 살기 힘든 나라다 보니, 장애인 중
자살을 생각해 본 사람의 비율 또한 OECD 평균 6배라는 놀
라운 데이터가 나옵니다. 의대 희망생뿐 아니라 공정과 공평,

평등 등 사회적 가치에 관심 있는 학생들 모두가 읽어 볼 만한 책입니다. 사실 저는 서울의대 MMI에 이 책 이상의 교재를 못 본 것 같아요. '배워서 남 주자'라는 정신을 이 책을 통해 체득하고 대학교 6년 동안 그 마음을 그대로 유지할 수 있다면, 대한민국에서 필수 의료 붕괴는 절대 일어나지 않을 거라는 생각이 들 정도입니다.

책은 '습니다'체와 '이다'체를 넘나들며 의대를 희망하는 학생이 한결같은 마음을 가질 수 있도록 독려하는 문장으로 가득합니다. 그중 인상적인 대목을 소개합니다.

가난과 가정폭력으로 인해 우울증이 발생한 게 분명한데, 병원에서는 약으로 이들의 증상을 치료하려 했습니다. 물론 현대 의학이 이룬 성과는 놀라운 것이어서, 그 약들은 실제로 증상을 완화하고 죽음의 문턱에 서 있던 이들을 종종 삶의 자리로 돌려보냈습니다. 그러나 환자가 돌아가야 할 가정은 과거와 다름없이 폭력적인 공간이었고, 병원 사람들은 모두 그녀가 다시 입원하리라는 것을 알고 있었습니다.

바로 이것입니다. 현대 의학의 성과를 인정하되 의학의 힘에도 한계가 있음을 분명 인정하고, 가정과 사회를 함께 바꿔

나가려는 노력을 펼쳐야 한다는 것이죠. 인간이 아프지 않으려면 가정이 달라져야 하고 사회가 달라져야 합니다. 인간의 아픔에는 타인과의 건강한 관계가 필수적이죠. 또 김승섭 교수는 의사로서의 공부에 대해서 다음과 같이 술회합니다. 학생들이 귀담아들어야 할 내용입니다.

제게 공부는 타인의 고통에 응답하는 언어였습니다. 타인의 고통은 타인의 것입니다. 우리는 손톱 밑에 찔린 가시로 아파하는 옆 사람의 고통을 알지 못하지요. 특히 부조리한 사회로 인해 상처받은 이들은 종종 비명조차 지르지 못하고 숨죽이며 아파하는 경우가 많습니다. 보이지 않는 상처가 당사자의 몸에 갇히지 않고 공유할 수 있는 이야기가 되기 위해서는 누군가가 그 고통에 응답해야 합니다.

그의 책을 읽으면 의사라는 직업을 새로 정의하고 싶은 마음이 듭니다. 의사란 바로 고통에 응답하는 사람이라는 거죠. 아마 여러분을 기다리는 의대 교수님들도 비슷한 생각을 하고 있을 겁니다.

POINT 1 │ 이 책을 **창체**에 녹이는 방법

★자율 활동 : 학교에서 하는 행사는 모든 학생의 생기부에 적히는 활동이라 별 도움이 안 된다고 하지만, 의대에 맞는 활동이 분명 있다. 바로 장애인 교육, 아동 학대 교육, 자살 방지 교육 등이다. 이런 활동을 하면서 대한민국의 사회적 약자와 소수자에 대해서 알아보기 위해 이 책을 추가로 읽었다고 한다면 좋은 창체가 될 것이다.

★동아리 활동 : 이번에는 특정 동아리를 지정해서 구체적인 예시를 들어 보도록 하겠다. 의대 합격생들이 가장 많이 쓰는 의학 동아리라면, 다음과 같이 생기부 내용을 적을 수 있다.

예시) 'DNA 추출실험', '은 검출 실험' 등 직접 실험을 진행하면서 가져야 할 자세를 익힘. 실험 결과의 오차의 원인을 조원들과 추론하고, 결과 개선 방안을 고려하고자 함. 의학 계열을 꿈꾸며 의학적 소양을 키우기 위해 '타인의 고통에 응답하는 공부'라는 책을 읽음. 책 중에서 측정되지 않는 고통을 받는 사람들, 즉 태어날 때 남녀 성 정체성 중 어느 곳에도 속하지 않는 이들의 고통에 깊은 인상을 받음. 인간적인 의학도가 되기 위해서는 국영수과 등 주요 과목 외에 인문학적 예술적 상상력을 갖춰야 함을 깨닫고 최선을 다해 노력하는 모습이 인상적임.

《타인의 고통에 응답하는 공부》 김승섭

★**진로 활동** : 책을 읽고 나면, 다른 사람들의 고통에 민감해지기 위해서 시 창작, 언어적 감수성, 문학적 언어의 소통 같은 활동이 필요함을 깨달을 수 있다. 이들 활동에 구체적인 살을 붙여 주는 활동을 진로 활동에 응용해 보자. 예를 들어 시를 쓴다면, 어떤 질병에 어떤 시가 도움이 될지 예측한 내용을 생기부에 적을 수 있다. 언어적 감수성은 어떻게 키울 수 있고 의사에게 왜 중요한지를 조사한 다음, 필요하다면 현직 의사를 인터뷰한 뒤 그 내용을 적어 보는 것도 흥미로운 주제이다. 문학적 언어 소통의 경우, 의사들이 왜 문학 작품을 읽어야 하며 어떤 소설들을 좋아하는지 그리고 의사들이 추천하는 소설들에는 무엇이 있는지 등을 유튜브에서 찾아서 담는 것도 좋은 방법이다.

POINT 2 | 이 책을 세특에 녹이는 방법

★**심화국어** : 고등학교에서 배우는 국어 진로 선택 과목은 실용국어와 심화국어가 있다. 실용국어와 심화국어의 가장 큰 차이점은 목적이다. 실용국어는 일상생활 및 직업생활에서 업무를 수행하는 데 필요한 능력을 기르는 데 목적을 두는 반면, 심화국어는 대학 진학을 목표로 하는 학생들의 국어 실력을 심화시키는 데 목적을 두고 있다. 심화국어는 언어의 사회성이 주된 공부 내용인

데, 이 책은 언어의 사회성을 보여 주는 사례가 가득하다. 책 속에 소개된 사회적 약자들의 다양한 호칭에 대해서 내용을 정리하고, 이에 대한 자신의 생각을 쓰면 좋은 생기부가 될 것이다.

★**음악** : 고통 민감성은 음악과도 연결되어 있다. 예전에는 의학이 주술과 분리되지 않았고, 주술은 또 음악과 분리되기 어려웠다. 그러므로 음악 교과 세특에 이 책에 실린 '음악이 지닌 치유의 힘' 내용을 활용할 수 있다. 알츠하이머 치료에 음악이 얼마나 효과적인지, 사회적 약자의 고통을 경감하는 데 저항 음악과 포크 음악이 기여한 역할이 무엇인지 등을 쓸 수 있다.

★**미술** : 노래 외에 미술, 춤 등도 치료에 사용될 수 있다. 구글에서 'Art therapy'라고 치면 수많은 실례들이 등장한다. 특히 그림이 치매에 효과적인 이유는 여러 감각을 자극해 뇌에 신호를 주어 병의 진행을 더디게 할 수 있기 때문이다. 치매 외에 실어증이나 파킨슨병에도 미술 치료가 도움이 된다고 하니, 책에 나온 이런 사례들을 적절하게 쓰면 좋은 의대 생기부가 될 것이다.

《이반 일리치의 죽음》

레프 톨스토이 *Lev Nikolayevich Tolstoy*

죽음에 대한 생각이
우리를 성숙하게 만든다

제가 의대를 희망하는 학생에게 공감 능력과 소통 능력을 키워 주기 위해 가장 많이 권한 책은 앞서 언급한 대로 빅터 프랭클의 《죽음의 수용소에서》입니다. 그다음으로 많이 추천했던 책이 레프 톨스토이의 소설 《이반 일리치의 죽음》이죠. 삶과 죽음에 관한 최고의 걸작이 아닐 수 없습니다. 이번에는 세특을 위해 학생들이 실제 제출했던 리뷰를 소개하고, 이를 바탕으로 책에 대한 이야기를 좀 더 해 보도록 하겠습니다.

A

이 책은 죽음에 대해 고민하게 만듭니다. 이반 일리치는 부패한 관료사회에서 오직 사회적 명성만을 중요시하는 야

망가였기에 유망한 판사가 되었고, 사회적으로는 성공했으나 가족간의 관계는 지키지 못했습니다. 이반 일리치는 자신이 아프다는 사실을 부정했지만 결국 받아들였고 아내에게 용서를 구한 뒤 죽음에 이르게 됩니다.

우리는 언젠가 죽어야 한다는 사실을 알지만 죽음을 회피합니다. 하지만 우리가 죽음에 대해 사는 동안 충분히 고민하고 준비했다면 조금은 더 쉽게 받아들일 수 있었을 것입니다. 또한 주인공은 죽기 전 자신이 살아온 삶을 후회합니다. 겉보기에 완벽했던 그의 삶도 죽을 때 부질없는 시간에 불과했습니다. 우리는 가까운 사람이 죽지 않는 이상 죽음은 우리와 무관한 단어라 생각합니다. 이 책을 통해 죽음의 의미를 깨닫고 나의 인생이 죽는 순간 후회되지 않도록 고민하는 시간을 가져야 할 것입니다.

B

의사란 항상 죽음과 함께하는 직업이기에 죽음에 대처하는 사람의 심리와 자세, 죽음에 대한 이해가 올바른 의사가 되는 기반이라는 생각으로 이 책을 선택했습니다. 이를 통해 환자의 죽음을 간접적으로 만날 수 있었습니다. 환자가 서서히 죽음을 맞이하는 과정을 통해서 교차하는 다양한 감정들과 죽음을 통해서 겪는 고통에 공감할 수 있었고, 퀴

블러 로스의 사망 단계와 연관 지으면서 읽어 나갔습니다. 주인공인 이반 일리치가 죽음을 통해서 자신의 삶과 존재에 대해 새롭게 발견하는 모습에서 스스로를 성찰하고 반성하는 인간이라는 존재의 특별함에 대해서 생각해 보았습니다. 이반 일리치가 의사의 말을 통해서 희망을 얻지만, 자신을 진정으로 위하는 사람이 없다는 것에 절망하는 장면을 읽을 때는 의사는 죽음과 싸우는 사람이며, 다른 사람들의 삶에 희망을 줌으로써 커다란 영향을 끼칠 수 있기에 그 중요성에 걸맞은 책임감을 갖춰야 한다는 것을 느꼈습니다. 환자를 치료한다는 것은 신체적인 문제를 해결하는 것에서 끝나지 않고 그들과 공감하고, 정신적인 상처까지도 돌보는 것임을 깨닫고, 수많은 질병과 죽음으로부터 인간을 보호하는 의학의 발전 목표에 맞추어, 죽음에 절대로 익숙해지지 않는 의사가 되기로 스스로 약속을 하였습니다.

두 서평을 비교해 보면서 책에 대한 논의를 이어 가겠습니다. A학생은 법의학자가 되는 게 꿈인 학생으로 죽음의 의미에 대해 강한 관심을 보였습니다. B학생은 면역과 난치병 치료에 관심이 많은 학생이었습니다. A학생은 문과적 성향이 원래 강한 학생이었고, B학생은 생명과학 동아리와 실험 경험이 많은 전형적인 이과 학생이었습니다.

A학생은 책 내용의 3대 압축어라 할 수 있는, 사회적 성공과 갑자기 찾아온 죽음 그리고 후회로 리뷰를 구성하고 있죠. 소설 역시 일리치가 앓은 병에 대해서 자세하게 묘사하지 않고 그의 생각의 변화를 추적할 뿐입니다. 이를 통해 죽음을 부정하고 두려워하다 죽음이 삶의 동의어임을 깨닫고 받아들이는 전형적인 과정을 보여 줍니다. 이 책에서 가장 많이 회자된 문장은 이 문장일 겁니다. "죽음을 준비하는 사람은 삶을 준비하는 사람이다."

A학생이 법의학자가 되려는 이유는 억울한 죽음을 밝혀서 사회 정의를 이루고자 하는 목적이었는데, 이 책을 읽음으로써 자신이 가야 할 길의 사회적 의미뿐 아니라 개인적 의미까지 깨달은 계기가 되었습니다. 자신의 내면에서 뭔가를 다시 발견하게 되었다고 하는 것이 정확한 표현일 겁니다.

B학생은 책을 통해 기존의 자신에게 없었던 무언가를 플러스한 경우였죠. 이 학생의 동아리 활동에는 이런 내용이 적혀 있었습니다.

가장 성공적인 의약품 중 하나로 널리 복용되는 아스피린 합성 실험의 예비 실험을 진행하는 도중, 아세트산 무수물의 가열 과정에서 독한 냄새로 인해 함께 실험을 진행하는

《이반 일리치의 죽음》 레프 톨스토이

친구들이 두통을 호소하는 일이 있었음. 실험 과정에 너무 집중하다가 환기를 해야 한다는 실험 시 유의사항을 놓치는 실수를 했다는 것에 책임감을 느낌. 이후로 진행되는 모든 실험에 대해서 유의사항을 철저히 숙지하고 임하게 되는 계기가 됨.

이 학생이 책을 읽은 계기는 실험에서 실수를 통해 얻은 성찰과 깨달음의 결과일 것입니다. 같은 학기에 적힌 생기부 내용을 보면서 입학사정관과 의대 교수들은 그 가능성을 틀림없이 확인했을 테고, 이는 의대 합격이란 결과로 이어질 수 있었죠. 두 학생은 여학생과 남학생, 수도권과 지방이라는 차이에도 불구하고 소설을 통해 인격적으로 성숙해졌다는 공통점이 있습니다. 여러분들도 이 책을 통해 지적이며 인격적인 성숙을 얼마든지 보여 줄 수 있습니다. 다음은 구체적인 방법들입니다.

POINT 1 │ 이 책을 **창체**에 녹이는 방법

★자율 활동 : 또래 멘토링은 보통 한쪽은 가르치고 한쪽은 배우는 과정을 자율 활동에 적는다. 멘토링을 하기 전에 이 책을 같이

읽고 점심 식사 후 30분 정도의 시간 동안 토론을 해 보자. 공부보다 더 중요한 삶의 의미와 가치를 깨달을 수도 있고, 모든 인간은 동등하게 죽는 존재임을 실감하며 열심히 해야겠다는 의지를 다질 수도 있다. 친구에게 깨달음을 주는 데 이 책만큼 효과적인 선물은 없다.

★**동아리 활동** : 문과 동아리는 이 책을 갖고 여러 이야기를 특색 있게 풀어 갈 수 있겠지만, 과학 축제나 부스 등에 대해 적는 과학 동아리는 어떻게 활용할지 고민이 될 것이다. 이때 좋은 방법은 죽음을 앞둔 말기 암 환자의 사진과 이 책을 함께 전시하며 질병과 삶의 의미에 대해 탐구하는 부스를 운영하는 것이다. 질병은 우리 삶에 어떤 영향을 미칠까, 병과 함께 찾아오는 고통은 우리의 몸과 마음을 어떻게 바꿔 놓을까, 죽음을 초연하게 받아들인 사람들은 어떤 공통점을 가지고 있을까, 병마와 싸우면서 삶의 의미를 발견하려면 어떤 태도를 지녀야 할까 등 다양한 주제를 실제 병에 대한 구체적인 정보와 함께 제공하도록 한다.

★**진로 활동** : 먼저 진로 검사를 한다. 진로 검사는 무조건 생기부 진로 활동에 적을 수 있기 때문에, 의사 외에 다른 직업도 언급할 수 있다. 그다음 여러 직업 중에 왜 의사에게 끌리는지 그 이유를 알아보고, 그 과정에서 진로 독서를 위해 톨스토이의 책을 인

《이반 일리치의 죽음》 레프 톨스토이

용할 수 있다. 죽어 가는 사람이 느끼는 정신적 신체적 고통을 간접적으로 체험하면서 의사라는 직업의 가치를 느끼게 됐음을 강조한다.

POINT 2 | 이 책을 세특에 녹이는 방법

★**독서** : 독서는 국어 과목의 일반 선택 과목으로 수능에도 반영된다. 흔히 비문학이라 불리는 정보성 위주의 글들을 읽고 추론하는 능력을 기르는 과목이다. 공감과 연민 그리고 연대를 다룬 인문학자의 글은 독서 시간에 반드시 수업에서 다뤄지므로, 그 지문과 연계해서 《이반 일리치의 죽음》을 사례로 쓸 수 있다. 인간은 죽음을 앞두면 누구나 평범해진다. 돈이 많든 적든 똑같은 인간이니 서로 공감하고 연민을 느끼고 연대하라는 메시지를 전해 보자.

★**철학** : 철학은 교양 과목으로 문이과 학생 모두 선택할 수 있다. 이 과목은 ABC 성취도 평가가 아닌 P/F로 결정되며 사실상 전원 통과이다. 그래서 세특이 역설적으로 더 중요한 과목이 바로 철학이나 논술 같은 과목이다. 스스로 너무 이과 취향적이고 의대보다는 공대 교수들이 더 좋아할 것 같다고 판단된다면 철학 같은 과목을 선택하는 것도 도움이 된다. 문학 독서에서 질문을 뽑은 뒤

왜 이런 질문을 고르게 됐는지 설명하는 활동을 해 보자. '인생에서 삶은 어떤 의미가 있는가? 인간이 죽음을 앞두고 자신을 돌아보게 되는 이유는 무엇인가?' 등의 질문들을 적을 수 있다.

★**논술** : 같은 교양 과목인 논술에서는 인생의 철학적 질문에 대해 자신이 생각하는 답을 논리적으로 전개하는 것이 필요하다. 공감 능력 못지않게 의대 교수들은 논리적 사고력을 요구하기 때문이다. 그렇다면 '인간에게 왜 죽음이 필요할까?'라는 질문에 어떻게 하면 논리적으로 답할 수 있을까? 첫째, 생명의 다양성과 진화를 위해 꼭 필요하다는 논거를 들 수 있다. 두 번째, 한정된 지구라는 자원에서 죽음은 자원의 재분배를 위해 꼭 필요한 과정임을 말할 수 있다. 마지막으로 이 책이 전하는 메시지처럼, 삶의 가치와 의미를 이해하기 위해 꼭 필요한 게 죽음이라는 논거를 들 수 있다.

《이반 일리치의 죽음》 레프 톨스토이

BOOK 7

《논어》
공자

삶과 자아실현에 대한
치열한 고민들

동양 고전은 한의학을 공부하려는 학생들에게만 유효할까요?
절대 그렇지 않습니다. 의학과 무관한 분야는 없습니다. 특히
우리를 포함해 동양인의 사고에 가장 큰 영향을 끼친 《논어》
는 세특이나 창체 어딘가에 반드시 한 번은 활용되는 게 좋습
니다. 공자는 삶을 이야기한 철학자입니다. 죽음에 대해서 묻
자 "내가 아직 삶도 모르는데 어찌 죽음을 알리요"라고 현답
하기도 했지요. 《논어》에는 의사뿐 아니라 인간으로서 실천해
야 할 덕목들이 총망라돼 있습니다. 거칠게 요약하면, 《논어》
는 제자들이 공자에게 '어떻게 살아야 합니까? 어떻게 행동해
야 합니까?'라고 물었을 때, 이에 대해 공자가 인과 의라는 키
워드로 속 시원히 답변한 책이라 할 수 있습니다. 《논어》를 빅

데이터로 분석해 보면, 공자는 '자아'라는 단어와 연결해서 '실현'이라는 단어보다 '수련'이라는 단어를 더 많이 사용한 걸 알 수 있습니다. 즉 자아는 수동적으로 실현되는 게 아니라 능동적으로 수련을 해야 실현할 수 있다는 본질을 정확히 꿰고 있었던 거죠. 송나라 시대 소동파 같은 시인은 자아를 수련하는 것은 인생의 수많은 유혹을 이겨 내기 위해 반드시 필요한 일이며, 가장 좋은 자아 수련의 방법은 《논어》를 통째로 외우는 것이라고 말한 바 있습니다. 《논어》가 분량이 많은 책은 아니라서 사실 불가능한 건 아닙니다. 그러나 더 중요한 건 외우는 게 아니라 이를 현대에 맞게 재해석하는 것이죠. 《논어》 중에서 자아실현과 관련된 핵심은 다음 문장입니다.

덕을 닦지 않는 것, 학문을 전수하지 않는 것, 의로움을 듣고도 옮기지 않는 것, 선하지 않은 걸 고치지 못하는 것이 바로 나의 걱정거리이다(德之不修 學之不講 聞義不能徙 不善不能改 是吾憂也, 덕지불수 학지불강 문의불능사 불선불능개 시오우야)!

공자는 자신에게 4가지 걱정거리가 있다고 했습니다. 덕을 닦지 않는 것, 학문을 전수하지 않는 것, 의로움을 듣고도 옮기지 않는 것, 선하지 않은 걸 고치지 못하는 것이 그것인데요,

이는 공자가 자아실현을 이루지 못할까 봐 걱정이 많았음을 보여 줍니다. 《논어》는 그런 공자의 수련 방향과 방법에 대한 이야기인 것이죠.

의사가 되기 위해 마지막으로 넘어야 할 관문이 인적성 면접인 MMI인데 적성 앞에 '어질 인(仁)'이 붙은 이유는 의사에게 그만큼 덕이 중요하기 때문입니다. 자아를 실현하려면 우선 덕을 쌓아야 합니다. 덕을 쌓는다는 것은 사회성을 기른다는 뜻이죠. 개인적인 자아실현은 결국 사회적으로 실현될 수밖에 없다는 사실을 공자는 알고 있었습니다.

또 하나의 자아실현 수단은 역시 공부입니다. 공자는 교육의 중요성을 유달리 강조했는데요, 공자가 보기에 공부 없이 자아를 실현한다는 것은 수학 문제를 직접 풀지 않고 눈으로만 읽어서 수학 실력을 올리겠다는 것과 똑같이 무모한 일입니다. 지금 같은 세상에서 공부는 책으로만 가능한 것이 아니라 유튜브나 인강 등을 통해서도 할 수 있죠. 그러나 결코 지식의 습득으로 끝나서는 안 됩니다. 반드시 자아를 완성하는 단계로까지 나를 이끄는 공부를 해야 합니다. 그것이 바로 고전 공부입니다. 의대 생기부에 동양 고전은 일종의 진미필담입니다. 진정한 맛에는 반드시 담백함이 있어야 한다는 말을 의대식으로 통역하면 동양 고전은 담백함이 되는 것이죠.

자아실현은 사회적으로도 실현되는 것이기에 공정성과 정

의 또한 아주 중요합니다. 무엇이 정의인지 알아야 하고 그 정의를 실현하기 위해 노력하는 모습이 자아실현의 과정이 될 수도 있죠. 즉 환경 단체에 가입해 환경운동에 적극 나서는 것도 일종의 자아실현 행위로 볼 수 있다는 것이 공자의 생각입니다.

또한 자아실현은 끝없는 개선을 향한 노력입니다. 끝없이 자신의 잘못을 수정하고 고치고 보완하는 작업이 필요합니다. 군자는 자신을 탓하고 소인은 남을 탓한다는 말이 있습니다. 자신을 탓해야 자신의 잘못을 바로 알고, 바로 알면 고칠 수 있는 기회도 늘어나죠. 즉 자아실현은 자아비판이며 자기 교정인 셈입니다.

결국 인간으로서 그리고 예비 의사로서, 《논어》의 말씀을 자아실현에 그대로 적용하면 답이 나옵니다. 좋은 습관을 몸에 형성해 이를 실천해 나가는 것인데요, 우리가 꼭 실천해야 할 좋은 습관은 덕과 공부, 의로움과 교정입니다. 의대 인적성 면접 역시 바로 이 4가지가 키워드입니다. 물론 이런 것들이 말은 쉬워도 실천하기는 어려울 수 있습니다. 자아실현의 과정은 필연적으로 고통과 괴로움이 뒤따릅니다. 언제든 자아실현을 내려놓고 눈앞의 단기 이익을 쫓는 게 인간의 본성이기 때문입니다. 끊임없이 스스로를 돌아보며 비판적인 눈으로 잘못을 고쳐 나가기란 결코 쉽지 않은 길이지요. 지치고 힘들 때마다 《논어》를 비롯한 고전을 읽으면서 자신을 다잡아 가는 것은 자아실현을 이루는 최고의 방법론입니다.

POINT 1 | 이 책을 **창체**에 녹이는 방법

★**자율 활동** : 대개의 학교에서 인문학 관련 특강은 무조건 자율 활동에 써 주는 경향이 있다. 인성과 관련해서 혹은 자신의 가치관이나 배움의 자세와 관련해서 《논어》만큼 인용할 거리가 많은 텍스트는 거의 없다. 책을 읽고 명문장 중에서 가장 끌리는 걸 골라 인생의 좌우명으로 삼게 되었다고 한다면, 의대 입시에 하등 불리할 게 없다.

★**동아리 활동** : 동아리 활동을 마치고 보고서로 제출하면, 그 내용 중에서 선생님이 발췌해서 써 주는 경향이 있다. 《논어》를 인문학이나 융합 동아리에서는 자유롭게 쓸 수 있겠지만, 이과 동아리에서 소화하기에는 조금 부담이 된다. 이때 《논어》를 치료가 아닌 치유라는 관점에서 분석하면, 3가지 쓸 거리가 나온다. 자연 치유, 영적 치유, 전인적 치유가 그것인데, 이는 서양의학에서 반성하는 부분이라 할 수 있다. 예를 들어 동아리에서 미국의 대체의학자들이 유가와 동양사상에 관심을 갖고 공부하는 이유 등에

대해서 탐색하는 시간을 가져 보는 것도 좋다.

★진로 활동 : 자신의 미래와 진로에 대해서 PPT로 발표하는 시간을 진로 활동 시간에 많이 가진다. 이때 의대 지망 학생들은 유전자 가위 혹은 암 등 특정 의학 이슈로 자신을 표현하거나 자신의 장래 희망을 설계하는 편이다. 그런데 의사라는 직업은 어떤 병에 관심이 있는지도 중요하지만 어떤 가치관을 갖고 있는지도 중요한 평가 요소가 된다. 그러므로 의사라는 꿈과 《논어》라는 책을 수련 혹은 수양이라는 관점에서 PPT로 만들어 발표한 뒤, 친구들에게 받은 질문과 공유한 생각을 적으면 차별화된 노력이 될 수 있다.

POINT 2 | 이 책을 세특에 녹이는 방법

★고전 읽기 : 고전 읽기는 이과생들도 부담 없이 선택할 수 있다. 등급이 안 나오고 대부분 A를 받을 수 있기 때문이다. 고전 읽기는 교과서보다 학생들이 고른 고전을 중심으로 세특을 써 주는 경향이 많은데, 이때 사람의 행동과 선택에 지대한 영향을 끼친 책이 바로 《성경》과 《논어》이다. 두 책의 가르침을 비교하는 내용을 고전 읽기에 쓰면, 고전 읽기라는 과목의 특성에도 맞고 인문

학적 성향을 드러낼 수 있는 좋은 기회가 된다.

★**윤리와 사상** : 윤리와 사상은 이과생들이 선택하기 어려운 사회 일반 선택 과목이다. 생활과 윤리보다 방대하기도 하고, 문과생 중에서 상위권 학생들만 선택하기 때문에 등급을 받기도 어렵다. 그래도 세특을 생각한다면 한 번 도전해 볼 만하다. 《논어》의 의미, 공자와 다른 유가의 비교, 특히 공자와 함께 유교의 양대 산맥이라 할 수 있는 맹자의 사상을 비교하는 일 등은 세특으로 의미 있는 활동이다. 이런 활동이 건강이나 질병과 무슨 상관이 있을지 의문이 들 수 있으나, 질병 이전에 인간이 있으며 인간에게 필요한 게 도덕성이나 '인의예지신'이라는 걸 모르는 의대 교수들은 없다. 또한 맹자의 측은지심은 MMI 면접에서 보고자 하는 공감 능력 그 자체이다. 면접이 없는 학생부 종합은 이처럼 윤리 과목으로 인성을 간접적으로 증명할 수 있다.

★**한문** : 한문은 한의대 입시에서만 힘을 발휘하는 게 아니다. 의학 용어는 대부분 영어지만 그것을 일반인에게 전달할 때는 의사들도 어쩔 수 없이 한자의 힘을 빌려야 하기 때문이다. 예를 들어 '울혈성 심근경색'이라는 병명은 말이 어렵지만 한자를 알면 병의 성격을 직관적으로 파악할 수 있다. 일단 한문 세특에는 《논어》 문장을 그대로 옮겨 쓰면 멋진 세특이 될 수 있다. "學而時習

之 不亦悅乎 有朋自遠方來 不亦樂乎 人不知而不慍 不亦君子乎?(학이시습지 불역열호 유붕자원방래 불역락호 인부지이불온 불역군자호)?" 배우고 때로 익히니 어찌 기쁘지 않겠냐는 공자의 이 말은 공부를 통해 신분을 높임과 동시에 자신을 수양하는 수기로써의 기능을 보여 주고 있다. 물론 의대 지망생은 후자를 지향해서 자신이 이 문장을 어떻게 받아들이는지 현대적으로 재해석해 쓰면 좋을 것이다.

《논어》 공자

BOOK 8 《딸이 조용히 무너져 있었다》
김현아

정신 질환 딸을 둔
의사 엄마의 고백

저는 의사이면서 에세이스트로 학생들이 꼭 읽으면 좋을 작
가를 1명만 고르라면 주저 없이 김현아 작가를 꼽습니다. 서
울의대를 나와 지금은 한림대 의대 교수로 있는 분으로,《죽음
을 배우는 시간》과《의료 비즈니스의 시대》등 의미 있는 책들
을 여러 권 집필한 작가이죠. 원래 이 책을 구상할 때 저는《죽
음을 배우는 시간》을 학생들에게 권하고 싶었습니다. 그런데
다른 필독서들과 나란히 놓고 보니, '인문학=죽음'이란 연상이
들 정도로 죽음에 관한 책이 많아 보이더군요. 그러던 중 김현
아 작가의 신작《딸이 조용히 무너져 있었다》를 읽게 됐고, 인
문학 파트에서 이 책을 다루면 정말 좋겠다는 생각이 들었습
니다. 그 유명한 의사의 딸이 양극성 장애를 겪으며 정신 병동

정신 질환 딸을 둔 의사 엄마의 고백 **91**

에, 그것도 보호 병동에 장기 입원했었다니 얼마나 놀라운 소식입니까? 그런데 놀라움은 감동의 도가니에서 조용히 자취를 감춥니다. 너무나 절실한 묘사가 심금을 울리며 인간에 대한 깊은 통찰을 느끼게 해 주는 책이었죠.

　저자인 김현아 교수는 처음에는 종양내과로 레지던트까지 땄지만 향후 전공을 바꿔 류머티즘 전문 내과 교수가 됩니다. 그래도 내과는 인간의 정신에 관심이 많을 것 같은데, 이에 대해 그녀는 솔직한 고백을 남깁니다.

　같은 의사라 해도 정신건강의학과 전공이 아닌 의사들은 정신 질환을 잘 모른다. 모르는 정도가 아니라 선입견과 편견도 많이 갖고 있다. 일하다가 동료가 좀 이상한 소리를 하면 "정신 병동 들어가야겠네" 하는 농담도 아무렇지 않게 한다. 나도 그런 의사였다. 딸이 진단을 받기 전까지 알고 있던 정신 질환의 종류는 정신분열증과 우울증, 조울증밖에 없었고 정신분열증은 '완전히 현실 감각이 없어지는 병, 우울증은 누구나 한 번쯤은 겪는 세상에 대한 흥미와 의욕 상실, 조울증은 가끔 정신이 심하게 고양되다가 사고도 치는 병' 정도의 개념밖에는 가지고 있지 않았다.

　책에는 정신 장애를 겪은 위인들이 많이 소개됩니다. 대표적인 사람이 고흐와 뭉크죠. 그리고 3대가 자살로 삶을 마감한 소설가 어니스트 헤밍웨이도 인용됩니다. 영화 '바람과 함께 사라지다'의 여주인공이자 미의 화신으로 불렸던 비비언 리도 나옵니다. 비비언 리는 극단적인 양극성 장애를 앓았죠. 소설 《아몬드》에 등장하는 감정조절 불능증을 앓는 소년 이야기도 나옵니다. 역시 우울증으로 자살한 버지니아 울프도 빼놓을 수 없죠. 히틀러로부터 영국을 구한 윈스턴 처칠은 어떤가요? 이 중 고흐는 조현병을 앓았던 게 확실하고 뭉크는 불안장애 내지 공황장애로 고생했음이 분명합니다. 불안장애와 공황장애의 결정적 차이는 빈도수입니다. 늘 불안하면 불안장애, 갑자기 도저히 참을 수 없는 불안이 엄습하면 공황장애입니다. 불안은 사실 모든 인간이 느낍니다. 불안이 없다면 조타수 없는 배에 타 있는 것과 같다는 게 저자의 비유죠.

의대를 희망하는 학생은 책에 소개된 다음 2가지 케이스를 인문학적 그리고 사회학적으로 고찰해 보는 것이 좋습니다.

첫 번째로, 외국에는 이런 논문이 있다고 합니다. 페이스북 사용 시간과 우울증의 상관관계를 조사한 것인데, 페이스북을 적극적으로 사용하는 사람들이 우울증이나 정신 질환에 노출될 가능성이 높다는 결과가 나왔습니다. 심지어 2배 정도 차이가 나니 엄청난 수치죠. 그 이유를 분석했는데 수시로 페이스북에 올려서 포스팅을 올리는 사람들의 심리에는 페이스북에 가끔 접속해 남들이 쓴 글을 읽는 정도로 사용하는 사람들보다 질투, 외로움, 걱정이 훨씬 많았다고 하네요. 그리고 페이스북보다는 이미지로 승부하는 인스타그램이 좀 더 우울증 발병률을 높인다고 합니다.

책은 우울증이 20대, 특히 여성들(유병률 평균 30%인데 20대 여성은 60%)에게 심각하게 나타난다고 하며, 지난 10년 동안 20대 여성 자살률이 64% 증가한 것을 지적합니다. 놀랍게도 전체 연령 중에서 응급실을 찾는 비율은 20대 여성이 15.6%로 압도적인데, 20대 여성의 높은 자살률과도 상관관계가 있을 거라고 보고 있습니다. 슬픈 현실이죠.

또 하나의 의미 있는 케이스는 정신 질환과 유전의 상관성입니다. 소아정신과 의사 중에 가장 유명한 오은영 박사는 상담 중의 한 어머니가 딸의 심한 우울증을 걱정하는 걸 보고 이렇게 말했다고 합니다. "황새가 물어 왔나요? 그 병은."

그런데 정말 유전만일까요? 그렇지 않습니다. 운을 포함한 환경의 영향이 더 큽니다. 그 증거로 일란성 쌍생아 연구를 들 수 있는데요, 일란성 쌍생아는 잘 알려진 대로 동일한 유전자를 갖고 있습니다.

유전자가 전부라고 생각하면 쌍둥이 중 1명이 정신 질환에 걸릴 경우 나머지 쌍둥이가 정신 질환에 걸릴 확률이 100%여야 합니다. 그런데 세상에 그 어떤 병도 그런 경우는 없습니다.

가장 비율이 높은 양극성 장애도 43%이며 조현병은 35%입니다. 물론 신체 질병 중 가장 쌍둥이 간 발병률이 높은 1형 당뇨병 25%보다는 높은 수치이지만, 그렇다고 해도 50%를 넘는 경우는 없습니다.

"엄마 미안해." 1년 동안 병원에 입원하지 않았던 딸이 해외 출장 중인 엄마에게 전화해 한 말입니다. 아픈 게 왜 미안한 일일까요? 부모로서 그리고 의과대학 교수로서 어떻게 살아야 하는지에 대한 고민은 정말 많은 사람들에게 공감을 주는데요, 특히 딸에게 건네는 엄마의 이 말은 정말 가슴이 저밉니다.

"안나야, 네가 네 생활을 찾는 순간이 네 삶이 시작되는 순간이야. 그날 너는 세상에 다시 태어나는 거야."

POINT 1 │ 이 책을 **창체**에 녹이는 방법

★**자율 활동** : 학생부 자율 활동에 가훈을 발표하는 경우가 있다. 가훈이 있다면 그것을 밝히고, 없다면 김현아 교수 책에 나오는 내용 중 '아이가 아팠기에 얻은 것' 부분을 인용할 수 있다. 아이가 아팠기에 인생을 새로 배울 수 있었다는 게 핵심인데, 이는 더 나은 사람이 되자는 메시지와 연결시킬 수 있다.

★동아리 활동 : 의약학 동아리에서는 독서 및 실험으로 탐구 활동을 적을 수도 있고, 학교 축제 때 부스를 마련하는 일도 가능하다. '병에 대해 우리가 가지고 있는 편견'이라는 주제로 카드 뉴스를 만들어 학교 축제 때 공개해 보자. 김현아 교수의 이 책에서는 정신 질환자에 대한 편견에 대해 많은 자료를 찾을 수 있다. 또 장애인들에 대한 편견, AIDS에 대한 편견 등 다양한 내용을 카드 뉴스로 만들어 학생들의 관심을 유도할 수 있다.

★진로 활동 : 진로 활동에서는 '환자에게 부모가 해서는 안 될 말'을 조사하는 활동을 할 수 있다. 김현아 교수는 이런 말들을 조심하라고 조언한다. "변명하지 마", "네가 뭐가 부족하다고 우울한 거니?", "왜 이렇게 방이 더러운 거야, 게을러 가지고" 등의 말이 대표적인데, 여기에 더해 의사들에게 질문을 해 보고 답을 적는 것도 도움이 된다.

POINT 2 │ **이 책을 세특에 녹이는 방법**

★화법과 작문 : 화법과 작문에서 화법은 의사로서의 소양을 드러내는 데 아주 도움이 되는 단원이다. 책에서 소개된 '듣고 또 듣는 자세'는 환자를 대하는 밑바탕이 된다. 끝까지 듣는다는 자세

　　　　《딸이 조용히 무너져 있었다》 김현아

를 바탕으로 의사에게 필요한 화법 이야기를 써 보자.

★**통합사회** : 2단원 자연환경과 인간에서 이 책을 활용할 수 있다. 인간과 자연이 불화를 빚었을 때 발생하는 대표적인 질병이 정신 질환이며, 김현아 교수의 지적대로 정신 질환은 유전보다 환경이 더 큰 요인을 차지한다. 현대 사회에서 늘어나는 우울증을 자연과의 관계라는 관점에서 생각해 보는 시간을 갖고 이를 통합사회 세특에 쓰면 도움이 된다.

★**과학사** : 과학사는 진로 선택 과목이라 부담 없이 수행평가와 세특만 신경 쓰면 된다. 과학사에서 쓸 보고서 주제로 정신 질환의 역사를 고른 다음, 이 책을 포함해 다른 책들도 찾아보면 도움이 될 것이다. 예를 들어 이 책에는 조울증이 심한 김현아 교수의 둘째 딸에게 전기 치료를 하는 경우가 나오는데 50년대에는 전두엽을 절제하는 수술을 하기도 했다. 또한 19세기 유럽에서는 퇴마사들이 지금의 정신과 의사가 하는 일들을 해 왔다. 이런 역사 이야기는 과학사라는 과목 특징에 맞으면서도 전공 적합성을 보여 주는 사례로 쓰일 수 있다.

BOOK 9

《눈물 한 방울》

이어령

자식을 먼저 보낸 부모를
어떻게 위로할 것인가?

많이 아프다

아프다는 것은 아직 내가 살아 있다는 신호다

이 신호가 멈추고 더 이상 아프지 않은 것이

우리가 그처럼 두려워하는 죽음인 게다

고통이 고마운 까닭이다

이 시의 작가는 초대 문화부 장관이자 《축소 지향의 일본인》의 저자이며 '디지로그'라는 히트어를 만들어 낸 고(故) 이어령 교수입니다. 이 시가 수록된 《눈물 한 방울》은 이어령 교수가 암으로 영면에 들기 전까지 지난 삶을 반추하며 기록한 다양한 글을 모은 책이죠.

이어령 교수의 또 다른 시는 2023년 서울의대 수시 지균 전형 면접에서 제시문으로 사용된 적도 있습니다. 눈에 넣어도 아프지 않았던 딸이 위암으로 고생할 때 자신이 해 줄 수 있는 것이 아무것도 없는 현실에 절망하며 그 고통을 몸으로써 기록한 시였죠. 그 시를 읽은 학생들에게 서울의대 교수들은 무엇을 질문했을까요?

질문 :
딸을 잃은 아버지를 의사의 입장에서 어떻게 위로할 수 있을까요?

학생들의 답변 :
"딸을 잃으셨다니 정말 슬프고 안타깝습니다. 아버님의 마음을 잘 이해합니다."
"딸과 함께했던 시간들을 이야기해 주세요. 아버님의 딸에 대한 사랑을 느낄 수 있을 것 같습니다."
"아버님 혼자서 힘내지 마시고, 필요한 도움을 받으세요. 저희 의료진도 아버님을 도와드리겠습니다."

이런 답변이 학원에서 수업을 듣거나 스킬을 배운다고 해서 만들어지지는 않겠죠. 적어도《눈물 한 방울》의 글을 읽고 울어 본 경험이 있는 사람이라야 크게 공감을 하면서 훨씬 인간적인 답변을 할 수 있을 겁니다.

앞서 소개한 시는 이 책의 94번 시의 일부인데요, 글 속에서 이어령 교수는 아픔을 미워하지 말라고 합니다. 저 같으면 너무너무 고통스러워 질병이 그리고 아픔이 너무나도 미울 것 같습니다. 그런데 이 교수는 말합니다. 아픔을 너무 미워하지 말라고. 아픔은 언제나 생명의 편이기 때문이라는 게 이유죠.

시는 인간의 다양한 감정과 경험을 풍부한 언어로 표현합니다. 시를 읽는 것은 다른 사람의 시각에서 세상을 바라볼 수 있는 기회를 제공하죠. 또한 시의 아름다운 언어는 우리의 감성을 자극하고, 공감 능력을 키우는 데 도움이 됩니다. 그래서 저는 바쁜 와중에 학생들이 짬을 내서 시를 읽어야 한다고 강조하는데요, 그 이유는 다른 사람의 시각에서 세상을 바라볼 수 있도록 도와주기 때문입니다. 이는 의사로서 환자의 입장을 이해하고 공감하는 데 도움이 됩니다. 생각해 보세요. 좋은 부모를 만나 여유 있는 환경 속에서 공부만 하는 의대 준비생이라면, 가난하고 고통스러운 삶을 산 사람을 주변에서 1명도 못 만났을 수도 있습니다. 그럴 때는 책 특히 인간의 감정을 아름다운 언어로 최대한 압축해서 표현한 시를 읽는 게 도움이 될 수 있죠.

이어령 작가는 섬망에 들어가기 직전인 2022년 1월에

108편의 시를 몸으로 토해 냈는데요, 이승에서 마지막으로 남긴 시에는 이런 내용이 들어가 있습니다.

책들과도 이별을 해야 할 시간이 되어서
최고사령관이 부대의 사열을 하듯
서가의 구석구석을 돌았다.

대한민국이 배출한 최고의 인문학자 이어령은 마지막 순간에도 책을 읽으려고 서가에 갔던 겁니다. 그런데 배움의 길을 걷고 있는 학생들이 어찌 책을 외면할 수 있겠습니까?

POINT 1 │ 이 책을 **창체**에 녹이는 방법

★**자율 활동** : 학생 자치회의 자치 법정 등도 자율 활동에 적을 수 있는 내용이다. 이어령 교수의 시를 각자 골라 돌아가면서 읽는 시간을 가져 보자. 시를 음송한 뒤 그 시를 선택한 이유와 자신의 느낌을 돌아가면서 발표하게 하면, 의사로서의 공감 능력과 리더십을 동시에 보여 줄 수 있다.

★**동아리 활동** : 이 책은 독서 토론 동아리에 가장 잘 어울리는

책이지만 사회과학 동아리에서도 쓰일 수 있다. 물론 의대 희망 학생은 80% 이상이 의학이나 생명과학 동아리를 선택하지만, 영자 신문부, 교지 편집부, 유네스코 동아리도 의대에 도움이 될 수 있다. 이어령 교수의 이 책은 의학자들이 관심을 가지는 여러 주제에 대해 뛰어난 통찰을 보여 주고 있으므로, 그런 시들을 활용해서 감정과 고통의 사회적 의미를 고찰해 본다.

★**진로 활동** : 의대를 희망할 경우, 진로 활동은 우선적으로 질병에 대한 연구 그리고 화학적인 실험을 적으려고 한다. 그리고 일부는 컴퓨터와 연관지어 의료 인공지능을 논한다. 하지만 이어령 교수는 산업에도 관심이 많은 인물로, 이 책의 5번 시의 경우 '생각은 언제나 문명의 속도보다 늦게 온다'라는 산업 공학적 의미를 지닌다. 자동차가 생겨나도 그 힘을 재는 것은 말이고, 전등이 생겨나도 그 밝기를 나타내는 단위는 촛불이기 때문이라는 것이다. 이렇게 시집에서 얻은 발상을 토대로 실제 기술과 기술을 재는 단위 표준의 관계에 대해서 탐구해 보자. 인문학으로 시작해서 공학까지 가면, 그 사이에 의학의 길이 있다.

POINT 2 │ 이 책을 세특에 녹이는 방법

《눈물 한 방울》 이어령

★국어 : 1학년에 모두가 배우는 국어 과목 교과서는 12종이 있으며, 수록된 작품은 각기 다르지만 대부분의 교과서가 시로 시작하는 공통점이 있다. 개정 교육과정에서는 국어 과목에서 한 학기한 책 읽기가 의무적으로 적용되어, 학교 교과서에서 배운 내용이 아니라도 1권을 완독해서 학생부에 쓰도록 하고 있다. 그때 이어령 교수의 이 책을 쓸 수 있으며, 정보 관련 읽기 즉 비문학 시간에는 이어령 교수의 마지막 인터뷰집을 쓸 수 있다.

★한국사 : 고령화가 진행되면 될수록 암으로 사망하는 사람도 늘어날 수밖에 없다. 모든 다세포생물이 오래 생존하면 할수록 세포의 돌연변이가 늘 수밖에 없기 때문이다. 한국사 교과서에 진로역량을 담으려고 하는 것은 일장일단이 있지만, 국립암센터의 역사를 알아보면서 언제부터 우리가 암에 대해서 관심을 갖고 국가차원에서 암 치료 방법을 연구했는지 기록하면 차별화된 생기부가 될 수 있다.

★생명과학 2 : 암과 가장 관련이 깊은 과목은 생명과학 2이다. 암은 결국 세포 이야기이기 때문이다. 이어령 교수를 비롯해 수많은 유명 인사들을 죽음으로 몰고 간 암의 유형과 특징에 대해서 조사를 해 보자.

《매슬로의 동기이론》

에이브러햄 매슬로 *Abraham H. Maslow*

인간을 이해하기 위한
욕구 5단계

인간을 설명하는 데 이 두 글자보다 더 영향력이 큰 단어가 있을까요? 바로 동기입니다. 동기 하면 이 심리학자를 빼놓을 수가 없습니다. 바로 1908년 미국 뉴욕 브루클린에서 태어난 유대계 미국인 심리학자 에이브러햄 매슬로입니다. 그가 제시한 욕구 5단계는 중학생도 알 정도로 유명하죠. 인간의 욕구에는 5단계가 있고 그 끝이 자아실현이라는 주장은 그가 60년에 쓴《인간의 동기와 성격》에서 처음으로 드러납니다. 1단계는 생리적 욕구physiological입니다. 먹고 마시고 배설하고 졸리면 자는 욕망으로써 이는 인간뿐 아니라 사실 모든 생명체에게 공통된 욕망입니다. 이 욕망이 없으면 생존 자체가 불가능해지기 때문에 가장 기본적인 욕구라고 할 수 있죠. 두 번째 욕구는 첫 번째 욕구에서 연속적으로 이어집니다. 바로 안전의 욕구^{safety}입니다. 사실 대부분의 생물은 자연사하는 경우는 거의 없고 천적에 의해서 죽습니다. 인간도 과학 기술의 도움을 받지 못했다면 연약한 존재로 천적들에게 잡아먹혀 아마 지금까지 존재하기가 어려웠을 겁니다. 세 번째 욕구는 애정·소속 욕구^{love/belonging}입니다. 먹고살 수 있고 그리고 천적에 의해 잡아먹힐 걱정이 사라지면 그때부터 인간은 어딘가에 소속되고 싶고 누군가로부터 사랑을 받고 싶습니다. 인간은 사회적 동물이기에 사랑과 소속감은 인간이 아닌 인류가 생존하기에 꼭 필요한 욕망이라고 부를 수 있습니다. 네 번째는 존중의 욕구^{esteem}입니다. 이제부터는 고차원적이라는 수식어가 붙습니다. 사랑받으면 그 사람으로부터 존중받고 싶어지는 게 인지상정입니다. 아니, 인간은 관계를 맺고 있는 모든 사람들로부터 존중을 받고 싶습니다. 인간은 존중받지 못하면 우울증 등의 마음의 병을 언제든 겪을 수 있는 연약한 존재입니다.

매슬로가 마지막으로 제시한 것은 자아실현 욕구^{self-actualization}로써, 자기를 계속 발전시키기 위해서 자신의 잠재력을 최대한 발휘하려는 욕구입니다. 그래서 매슬로는 자아실현을 이룬 사람들이란 자신의 능력과 소질을 온전히 개발하여 외적으로도 내적으로도 분명히 성공한 사람이라고 평합니다. 완벽한 인간이라고는 말할 수 없지만 완벽에 가까워지려고 끝없이 노력하는 인간이라는 거죠. 이런 성공을 이루려면 지적 지능뿐 아니라 대니얼 콜먼이 말한 감성지능의 도움도 필수적입니다.

자아실현의 단계는 현실을 100% 직시하는 상황이라는 점에서 지극히 현실적입니다. 매슬로는 자신을 포함해 있는 것을 그대로 받아들이는 것이 자아실현의 첫 단계라고 말하기도 했습니다. 그러면서도 세상을 끊임없이 새롭게 바라보고 현실을 아름답게 인식하려고 노력합니다. 자연을 아름다움으로 인식하면 자신을 둘러싼 주변의 다른 사람들도 아름답게 보이죠. 진정한 자아실현의 단계에 오른 사람들은 당연히 인간관계가 좋을 수밖에 없습니다. 또한 매슬로는 자아실현을 이룬 사람들의 또 다른 특징으로 자유를 꼽았습니다. 그들은 어떤 상황에서도 본질적인 자유의지를 잃지 않습니다. 외부의 환경에 이리저리 끌려다니는 상태로는 자아실현이 어렵죠. 그래서 진정한 자아실현을 이루려면 어느 정도의 물질적 여유도 반드시 필요한 겁니다.

물론 매슬로의 주장은 오늘날 몇 가지 이유로 비판받고 있습니다. 일단 개인과 사회에 너무나 높은 기준을 세웠다는 거죠. 그들은 매슬로에 대해 존재하지도 않는 인간의 본성을 이상화시켰다면서, 이상주의자 혹은 몽상주의자라고 비판합니다. 그리고 또 다른 비판은 자아실현이 과연 개인의 노력만으로 가능할까 하는 문제의식입니다. 멀쩡히 있던 이웃 나라를 침략해 민간인을 학살하는 러시아나 제로 코로나를 밀어붙여 2,500만 명의 대도시를 한 달 이상 봉쇄하는 중국 같은 권위주의 국가에서 과연 진정한 자아실현이 가능할까요? 일각에서는 매슬로의 욕구 5단계는 철저하게 자본주의 민주주의 체제에서만 가능한 논리라고 비판합니다.

하지만 저는 이런 비판에도 불구하고 매슬로의 욕구 5단계는 현재에도 유효하며 모든 인간은 마지막 단계인 자아실현을 위하여 끊임없이 노력해야 한다고 생각합니다. 특히 의대 생기부에서 자아실현은 평가자에게 너무나 반가운 개념입니다. 자아실현에 관심을 갖는 학생이라면 발전하려는 노력이 있고, 이를 통해 가능성의 문이 열린다고 보기 때문이죠. 의사가 되고 싶은 학생이 자아실현의 욕구가 없다면, 과연 신뢰할 수 있는 의사가 될 수 있을지 의문이 생깁니다. 적당한 지점에서 멈추고 현실과 타협하는 의사는 한 개인의 성장과 완성 면에서는 물론이고, 사회적 관점에서도 부정적일 수밖에 없습니다. 모든 이들이 자아실현에 도전하는 사회는 타인에 대한 배려가 그만큼 늘어나고 살기 좋은 사회로 변하는 계기가 될 수 있는 것이죠. 그런 점에서 매슬로가 생각하는 인간은 새로운 인간입니다. 즉 의대를 가고자 하는 이유가 내적 동기, 즉 나를 찾고 나를 완성하는 단계라고 생각한다는 점을 생기부에 적어 어필할 수 있습니다. 의사가 되어 자아실현의 5단계에 당당히 입성할 거라고 포부를 밝히는 거죠.

POINT 1 | 이 책을 **창체**에 녹이는 방법

★**자율 활동** : 자율의 또 다른 키워드는 성장과 발전이다. 학생부 자율 활동 중에서 자신의 성장을 보여 줄 수 있는 에피소드 사례로 매슬로의 동기이론을 이용하면 좋을 것이다. 예를 들어 학급 친구의 고민을 들어 주고 해결책을 제시했다면, 사회적 욕구 충족의 사례로써 그 이유를 자세하게 쓰는 것이다. 존중 욕구 충족 또한 자율 활동에 해당된다. 존중 욕구는 자아존중감 및 타인으로부터 인정받고 싶은 욕구이므로, 발표나 경연 등에서 자신감을 느낀 사례를 쓰면 학생의 자존감, 도전 정신, 리더십 등을 보여 줄 수 있다.

★**동아리 활동** : 심리 동아리는 매슬로의 욕구 이론을 바탕으로 심리학 관련 캠페인을 기획하고 진행할 수 있다. 이를 통해 심리학에 대한 대중의 이해를 높이고, 심리적 건강에 대한 관심을 높이는 데 기여하는 것이다. 또한 탐구 능력을 보여 주기 위해서, 매슬로의 욕구 이론을 바탕으로 청소년의 자아실현 욕구를 높이기

《매슬로의 동기이론》 에이브러햄 매슬로

위한 캠페인이나 스트레스 관리 캠페인을 기획할 수 있다.

★진로 활동 : 욕구 및 욕망을 연구한 심리학자나 정신과 의사들의 이론을 비교하고 조사해 보자. 예를 들어 프로이트, 에리히 프롬, 칼 융 그리고 매슬로를 비교해 보는 보고서를 쓸 수 있다. 프로이트에게 욕구는 본능이면서 리비도이고, 프롬에게 욕구는 본능이면서 삶의 풍요를 위한 질주이다. 칼 융의 시각에서 욕구는 개인적이면서 사회적이다. 이러한 학자들의 의견을 비교해 보면서 인문학적 관심을 드러내면 좋은 평가를 얻을 것이다.

POINT 2 | 이 책을 세특에 녹이는 방법

★실용국어 : 국어는 수능에서 중요한 과목이기에 의대 준비생들은 대부분 3학년 때 언어와 매체를 선택한다. 그리고 2학년 때 언어와 매체를 선택한 학생들은 3학년 때 쉬운 국어 과목을 선택해 내신의 부담을 덜고 수능 국어에 몰입하는 전략을 쓴다. 실용국어는 직무에 필요한 국어이다. 매슬로의 욕구 이론을 직무에 어떻게 활용할 수 있는지에 대한 생각을 적는다면, 과목 특성에도 맞고 의대 적합성도 보여 줄 수 있다.

★**경제** : 실제 의대 합격생 중에는 경제를 선택하는 학생들이 가끔 있다. 그중에서 미시 경제와 인간의 합리성을 다루는 부분은 매슬로의 욕구 이론이 잘 어울리는 소재이다. 욕구를 채우기 위해서는 합리성의 도움이 필요하기 때문이다.

★**진로와 직업** : 교양 과목 중에서는 보건 혹은 환경 과목이 의대 생기부에 유리해 보이지만, 진로와 직업도 사실상 학생이 쓰고 싶은 내용을 그대로 적을 수 있는 과목이라 추천할 만하다. 진로를 정신과 의사 또는 심리학자나 상담 심리사로 정한 뒤, 직업에 대해서 알아 가는 과정 속에서 인간에 대한 이해를 이유로 들며 매슬로의 동기이론을 적용할 수 있다.

PART 3

의대 합격을 위한 생기부 필독서
② 사회 편
: 어떤 사회를 꿈꾸는지
책으로 말하라

《히포크라시》
레이첼 부크바인더 *Rachelle Buchbinder*, 이언 해리스
Ian Harris

현대 의학은 과연
히포크라테스에게 떳떳할까?

개인적으로 《히포크라시》라는 제목이 너무나 인상적이었습니다. 처음에 저는 책의 제목을 '히포크라테스'의 '히포'와 민주주의의 '크라시'를 합성한 단어라 추측했고, '의료계에 민주주의를 도입하자는 뜻이구나'라고 이해해 책을 집어 들었습니다. 그런데 이상한 거예요. 책의 내용이 민주주의를 옹호하기는 하지만 근본적으로 현대 의학과 그 현대 의학을 만든 민주주의 사회를 비판하고 있었던 거죠. 알고 보니 '히포'는 '히포크라테스'의 히포가 맞지만 '크러시'는 '~주의'나 정치 쪽의 의미가 아니라 위선을 뜻하는 '히포크리시'에서 나온 말이었습니다. 2명의 호주 의사가 호주와 영국, 미국 등 민주주의 국가들의 의료 시스템과 의사들을 비판하는 내용이었죠.

이 책의 주제를 한마디로 정리하면, 전 세계 모든 의대생들이 히포크라테스의 선서를 외우고 의사가 되지만 현대의 의료 시스템은 인간의 건강을 크게 해친다는 주장입니다. 의사들의 과잉 진료도 문제지만 거대 산업이 되어 버린 의료 산업이 가장 큰 문제라는 것이죠. 미국에서 죽는 사람 3명 중 1명은 의료 과실로 죽을 만큼, 의료 산업은 사람을 살리는 산업이 아니라 죽이는 산업으로 변하고 있다고 일갈합니다. 병원은 돈을 벌기 위해 필요 없는 치료를 너무 많이 시도하고 있고요. 자궁 절제술, 뇌엽절제술, 유방암 치료를 위한 골수 이식 탈리노마이드 등 지금 와서는 말도 안 되는 치료가 마구 행해진 이유는 의사들이 무식했기 때문이 아니라 의료 시스템이 돈을 밝혔기 때문이라는 게 두 저자의 설명입니다.

의사가 환자가 아니라 숫자를 먼저 따지게 되면, '환자의 숫자=돈'인 공공 보험이나 '환자의 부=수입'인 미국식 의료보험이나 다를 바가 없어진다고 말합니다. 예를 들어 당뇨 환자는 3개월 평균 혈당인 당화혈색소 수치가 6.5 이하면 된다, 고혈압 환자는 수축기 혈압이 160 이하면 된다 같은 식의 사고죠. 물론 수치는 중요합니다. 하지만 수치보다 중요한 게 환자입니다. 환자의 마음은 숫자로 표현될 수 없죠. 시스템에서는 환자의 마음을 읽고 소통하기를 부정합니다.

책에는 이런 사례도 소개하고 있습니다. 한때 미국에서는 말기 암 환자 정도의 고통을 느낄 때 처방되는 아편의 알약 버전 옥시고돈(제품명 옥시콘틴)이 100명당 81장으로 처방된 적이 있다고 합니다. 아무리 고통이 많은 세상이라도 극한의 고통을 겪는 사람이 이렇게 많을 수는 없을 텐데 말이지요. 이런 일이 벌어지는 근본적인 원인은 의사들이 자신들이 하는 결정들에 대해서 합리화를 넘어 과대평가하기 때문이라고 그들은 주장합니다. 그래서 저자들은 현대 의학이 히포크라테스 선서의 이 대목에 주목해야 한다고 강조합니다. "가능한 한 질병을 예방하겠습니다. 예방이 치료보다 낫기 때문입니다."

저자들은 과잉 진료와 과잉 검사가 선별 검사를 통해 사망자를 줄이는 것보다 의료 시스템에 돈을 벌어 주기 위한 목적으로 전치된 것이 큰 문제라고 말하며, 의사들이 좀 더 쉬운 언어로 질병을 대중들에게 알리는 데 앞장서야 한다고 생각합니다. 의학도 과학인 이상 과학 커뮤니케이터 같은 의학 커뮤니케이터들이 필요하다는 이야기죠. 의사가 과연 효과적인 지식 전달자가 될 수 있을까요? 쉽지는 않습니다. 그럼에도 불구하고 히포크라테스 선서의 그 정신으로 돌아갈 이유는 충분하지 않을까 생각됩니다. 실제로 자신의 경험을 녹여 낸 저서를 집필하여 대중과 소통하는 의사들이 점점 늘어나고, 유튜브 등의 채널을 통해 쉬운 언어로 의학 지식을 전하는 일이 증가하고 있는 것은 반가운 일이 아닐 수 없습니다.

《히포크라시》 레이첼 부크바인더, 이언 해리스

한 가지 더 부연하자면, 이 책은 의료관리학을 전공하신 분 중 의대 입시 학생들의 서류 평가에 직접 참여하고 MMI 면접 문항을 출제하는 서울의대 김윤 교수 같은 분들의 신문 칼럼과 함께 읽으면 좋습니다.

POINT 1 │ 이 책을 **창체**에 녹이는 방법

★**자율 활동** : 자신과 가족이 쓰는 의료비가 어느 정도인지 정리해 보자. 이에 대해서 만족하는지 아닌지, 그 이유는 무엇인지 등을 조사한 뒤 그 내용을 기술하면 좋은 소재가 될 것이다.

★**동아리 활동** : 의학 동아리라면 토론 활동을 할 수 있다. '의사라는 직업이 가장 으뜸으로 추구해야 할 가치는 무엇인가'라는 주제로 학생들의 의견을 들어 본다. 각자의 의견에 지지 또는 반대를 한 뒤 그 내용을 동아리 담당 선생님에게 부탁하면 좋은 평가로 이어질 수 있다.

★**진로 활동** : 히포크라테스 선서를 현대적으로 재해석해 보는 시간을 가져 보자. 저자가 활동하는 호주의 의료 시스템에 대해서 좀 더 찾아본 뒤 국내 의료 시스템과 비교해 보는 활동도 추천

한다. 많은 생기부에 미국 의료 시스템의 이야기는 나오지만 다른 나라는 잘 안 나오므로 충분히 차별 포인트가 될 수 있다.

POINT 2 │ 이 책을 세특에 녹이는 방법

★**사회문제탐구** : 과제 탐구를 할 때 특정 의료 시스템의 문제점을 의사의 시각, 환자의 시각, 국가의 시각에서 찾아보는 시간을 가지며 그 계기로 이 책을 선정할 수 있다.

★**통합사회** : 산업화 및 도시화로 인해서 나타난 생활 공간의 문제와 해결 방안에 이 책을 활용할 수 있다. 도시와 산업화로 평균 수명은 크게 늘었지만, 암이나 천식, 아토피처럼 새로 생긴 병들도 많다. 이런 문제에 대해 개선점을 찾고 현대 의학의 역할을 긍정적으로 고찰하는 과정에서 이 책을 함께 활용할 수 있다.

★**언어와 매체** : 의료 민영화에 대한 찬반 여론과 각 주장에 대한 논거를 알아본 뒤 자신의 견해를 정리한다. 만약 의료 공공성을 지켜야 한다는 입장을 택할 경우, 이 책을 그 이유로 제시하면 좋은 세특이 될 것이다.

《히포크라시》 레이첼 부크바인더, 이언 해리스

《의료 비즈니스의 시대》

김현아

의료 공공성과 민영화는
절대 공존할 수 없을까?

2023년도 수능 만점자이며 서울의대 수시 일반 전형으로 합격한 한 학생은 자소서에서 정밀의학에 대한 관심을 드러냈고 MMI 면접 때도 질문을 받았다고 합니다. 정밀의학은 무엇일까요? 바로 유전자를 정밀하게 탐구해 가장 적합한 항암 치료제를 처방하는 의학을 말합니다. 미래지향적인 의학이죠. 그런데 문제는 바로 돈입니다. 미국의 항암 치료제 중에서 가장 비싼 약은 30만 달러, 즉 4억 원이 넘습니다. 항암 치료 중에 95%를 국가가 보장하고 개인이 5%만 부담하는 우리나라 현실에서도 소발디 같은 항암제는 600만 원이죠.

정밀의약, 의료 인공지능 왓슨, 로봇 수술 다빈치 등 AI를 이용한 의학 기술은 계속해서 발전하고 있습니다. 언뜻 보면 그 혜택을 전 국민이 나눠 가질 것 같지만 실제론 그렇지 않습니다. 한림대 의대 김현아 교수가 《의료 비즈니스의 시대》에서 다루고 있는 게 바로 이 문제입니다. 김현아 교수의 책은 의대 적합성이 매우 큰데요, 진보적이면서도 공공의료를 강조하고 있고, 그러면서도 의사들이 공유하는 문제에 적극 공감하는 균형의식을 보여 주고 있기 때문입니다.

일단 저자는 사람이 죽고 사는 문제인 의료에는 반드시 국가의 개입이 필요하다고 주장합니다. 미국 같은 의료 민영화 시스템에 명백히 반대하는 거죠. 그 이유는 다음과 같은 사례에서 드러납니다.

미국에서 소아들이 주로 앓는 혈액암 치료제 빈크리스틴이 갑자기 품귀 현상이 일어난 적이 있습니다. 그 이유는 무엇 때문일까요? 바로 특허 기간이 끝나고 복제 약이 허용되면서 약의 단가가 크게 떨어지자, 제약사가 돈이 안 된다는 이유로 제조를 멈췄기 때문입니다. 그 결과가 무엇일지 생각만 해도 끔찍합니다. 그런데 일각에서는 우리도 미국처럼 가야 한다고, 의료 정책만 놓고 보면 사회주의 국가라고 주장하는 사람들이 있습니다. 바로 개업의들이 든든하게 후원하는 의협을 중심으로 한 의사들이죠.

같은 의사로서 김 교수는 "천만에"라고 외칩니다. 영리 법인이 금지된 우리나라에서도 병원과 의사들이 이미 충분히 돈에 빠져 있다고요. 《의료 비즈니스의 시대》는 그 증거를 모은 책이죠. 김 교수는 한마디로 정의합니다. "우리나라 의료는 중병에 걸려 있다."

일단 그녀에 따르면 우리나라는 병원들이 각종 검사로 돈을 벌려고 한 지 오래랍니다. 검사, 더 많은 검사를 외치는 검사 공화국이라는 이야기죠. 치사율이 거의 0에 근접한 갑상선암에 대한 공포를 불러일으켜 갑상선암 검사 광풍을 만든 장본인도 병원이었죠. 그리고 굳이 먹을 필요가 없는 약을 먹이는 게 우리나라 의료계 현실이라는 겁니다. 또 돈 되는 부자들을 위해 강남에 고가 건강 검진을 받도록 하는, 의학을 소위 부자들의 전유물로 만드는 데 국내 대형 병원들이 크게 기여하고 있다고 비판합니다. 이 과정에서 의사보다는 병원의 책임이 더 크다고 주장하는데, 이는 검사를 너무 적게 처방하면 언제든 잘릴 수 있는 게 의사의 현실이기 때문이랍니다.

그럼에도 김 교수는 의사협회에서 강력하게 주장하는 '수가 현실화'에 적극 공감하고 있습니다. 필수 의료의 경우 표를 의식한 정부(진보든 보수든 떠나서)가 강력하게 수가를 규제해 원가보다도 낮은 비용을 받도록 함으로써 의사들이 필수 전공을 거부하게 만든다고 주장하고 있죠. 그런 점에서 공공 의대가 지닌 한계, 즉 우수 인력이 외면해서 B급 의사들이 인간의 생사를 결정짓는 위험성을 경고합니다.

의료 공공성과 민영화는 절대 공존할 수 없을까? **119**

더불어 제기하는 한국 의료의 문제는 바로 "큰 병원 가라는 데" 현상입니다. 우스갯소리로 KTX나 SRT를 없애지 않는 한 지방에서 서울로 올라오는 일을 막을 수가 없다고 하죠. 작은 병은 동네 병원, 생사가 걸린 중병은 큰 병원이 책임져야 하는 데 우리나라는 무조건 대학병원 더 나아가서 빅 5 병원을 원합니다.

물론 이런 현실에 저자가 내놓는 대안은 원칙적입니다. 의료 행위란 인간이 인간을 대하는 행위이며 결국 의사의 본질에 충실해야 한다고 말하고 있는데, 이것이 의대 정원 늘리기나 지방 의대 신설 등으로 이뤄질 것 같지는 않습니다. 결국 의사들을 덜 바쁘게 하고, 의사들을 선발할 때 지적 역량뿐 아니라 인성도 면밀하게 따져 보는 일이 중요할 수밖에 없습니다. 예과에서 인성과 윤리, 인문학 교육을 강화할 필요도 있습니다. 이 모든 행위들이 돈으로 움직이는 자본주의라는 세상 속에서 의료의 본질을 지키는 활동이라고 할 수 있죠. 무엇보다 책에서 배울 수 있는 의사로서의 자세는 용기와 진정성입니다. 그녀가 정말 환자에게 해 주고 싶었던 말이 대안 부분에 나옵니다. "이제 그만 오셔도 돼요."

다만 이 책을 읽고 나면 수많은 통계와 사례에 공감이 가더라도 다소 극단적인 주장들이 포함되어 있기 때문에, 의대 교수들이 좋아할까 하는 걱정이 들 수도 있습니다. 슬기롭게 이

《의료 비즈니스의 시대》 김현아

책을 이용하는 방법에 대해서는 다음 창체/세특 포인트에서 좀 더 이야기해 보도록 하겠습니다.

POINT 1 │ 이 책을 **창체**에 녹이는 방법

★**자율 활동** : 예전에는 자율 활동에 적었던 선도부 활동이 이젠 학교를 비롯해 환경을 깨끗이 하고 건강을 챙기는 캠페인 같은 것으로 변형되었다. 이 책을 읽고 우리나라 사람들이 얼마나 사소한 일로도 병원을 가는지 OECD 국가들과 비교해 보자. 한국인들의 건강염려증이 심하다는 통계를 포스터로 작성해 학교에 배치하면 올바른 병원 이용 습관을 알리는 역할을 할 수 있다.

★**동아리 활동** : 의대 준비생이라면 의약학 동아리나 보건 관련 동아리를 하고 있을 확률이 높다. 이 책 자체가 굉장히 논쟁적이므로, 책의 논점들을 골라 부원들과 찬반 토론을 해 볼 수 있다. 정말 우리나라 의료 시스템이 문제인지, 정말 우리나라 병원들이 그렇게 영리를 추구하는지, 자본주의 사회 속에서 어떻게 의료 공공성을 지킬 것인지 등이 좋은 논점이 될 것이다.

★**진로 활동** : 책에 소개된 다양한 통계 자료 그리고 인용문들은

출처가 전부 밝혀져 있다. 책에서 관심 있는 주제의 원논문이나 기사를 찾아 읽고 그 주제에 깊이 있게 보고서를 써 보는 활동을 추천한다. 가장 좋은 주제는 각종 의료 통계를 바탕으로 한국인들이 정말 병원을 많이 찾는지, 세대별로 어떤 특징이 있는지, 다른 국가와 비교하면 어떤 특징이 있는지 등을 추가로 조사하는 것이다.

POINT 2 │ 이 책을 세특에 녹이는 방법

★**언어와 매체** : 국어과 중에서 2학년 혹은 3학년 일반 선택 과목으로 가장 많이 선택하는 언어와 매체 시간에 이 책을 활용하면 좋다. 매체의 정보 유통 방식을 배울 때, 의학 정보들은 어떻게 유통되고 있는지 조사한 내용을 책과 연결지어 언급하면 좋은 활동이 될 것이다.

★**통합사회** : 통합사회 교과서 중에 가장 어울리는 단원은 현대 사회에 새롭게 등장한 인권을 배울 때이다. 교과서에서는 언급되지 않지만 '건강권'도 현대 사회에서 정말 중요해진 권리이다. 건강권이라는 관점을 일깨워 준 책으로 김현아 교수의 이 책을 이용하면 좋을 것이다.

《의료 비즈니스의 시대》 김현아

★**보건** : 생명과학과 화학을 빼면 의대 교수들의 직업과 가장 관계가 많은 교양 과목이 보건이다. 이 책에서도 코로나와 관련된 이야기가 나오므로, 감염병 관리 파트에서 연결지어 활용할 수 있다. 코로나 이후에 한국 의료계에 어떤 숙제가 남았는지를 써 보자.

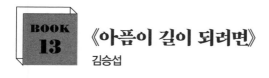

왜 의사가 되려면 사회에 더 많은 관심을 가져야 할까?

의사는 사회 교과가 필요 없다는 편견이 한때 있었습니다. 하지만 사회라는 큰 흐름을 보지 못하고 세상을 읽는 능력이 부족해지는 건 분명 문제입니다. 통합사회가 수능 필수 과목이 되면 조금은 달라지겠죠.

　의사가 되기 위해 사회를 꼭 알아야 한다는 점을 잘 보여주는 사람이 서울대 교수이기도 한 김승섭 작가입니다. 제가 선정한 그의 책《아픔이 길이 되려면》은 2017년 첫 출간된 이후 지금도 사랑받고 있으며, 한때 서울대 의대 지원자가 자소서에서 가장 많이 쓴 책이기도 하죠. 연세대 의대를 졸업한 김 교수의 전공은 의료보건학입니다. 저자는 자신의 직업에 대해 사회학자에 가깝다고 소개합니다. 의사들이 폐암에 대해서 이

BOOK 13
《아픔이 길이 되려면》
김승섭

야기할 때, 그는 폐암과 담배의 관계, 폐암 환자들이 겪는 사회적 차별 등에 더 많은 관심을 보이죠.

의대를 준비하는 학생들이 사회에 보다 관심을 가져야 하는 이유가 뭘까요? 그래야만 의학이 질병의 원인을 규명하는 데 힘을 발휘할 수 있기 때문입니다. 환자의 CT나 MRI 검사만으로 그 환자의 건강 상태를 보는 것이 아니라, 고용 문제를 포함해 환자가 겪는 사회적 경제적 문제를 거시적으로 볼 줄 알아야 좋은 의사가 될 수 있습니다.

의사이며 교수인 저자는 상처에 관심이 많습니다. 해고로 받은 상처, 학폭으로 받은 상처 등 책은 상처를 외면하지 말라는 말로 시작합니다. 겉으로 드러난 상처뿐 아니라 속에 감춰진 상처를 봐야 한다고요. 그러면서도 의사는 몸의 상처에 주목해야 한다고 말합니다. 몸은 거짓말을 못 하기 때문이죠. 차별은 인간의 몸을 가장 아프게 만든 사회적 질병입니다. 저자는 말합니다. "사회적 폭력으로 인해 상처를 받은 사람들은 종종 자신의 경험을 말하지 못합니다. 그 상처를 이해하는 일은 아프면서 동시에 혼란스럽습니다."

그러니까 '아프니까 아프다고 말해야 한다'는 거죠. 이 책은 부제가 조금 긴데요, '정의로운 건강을 찾아 질병의 사회적 책임을 묻다'입니다. '정의로운 건강'이란 표현은 다소 역설적이지만 의미 있는 말이 아닐 수 없습니다. 건강이 정의와 만날 수 있다면 우선 환자들이 덜 고통스러울 테고, 고통을 견딜 힘도 생길 겁니다. 책은 폭염으로 사망한 시카고 시민들을 대신해 국가의 책임을 묻기도 하는 등 정의라는 말이 실은 전 인류에 대한 박애 정신임을 강조하고 있죠. 낙태를 선택한 여성의 이야기나 굶주린 여성의 태아가 겪은 일에 이르면, 박애 정신이 사회적 약자에 대한 관심과 사랑을 넘어 모든 의사가 가지려고 노력해야 할 덕목이라는 생각이 듭니다. 또한 해부학의 역사를 이야기할 때는 카데바(해부용으로 기증된 시체)와 가난의 상관관계를 이야기하죠. 특히 산재에 관심이 많은 저자는 가난한 노동자들이야말로 의사들이 관심을 가져야 할 진정한 사회적 약자라고 말합니다. 해고 노동자 옆에 누군가는 있어야 하고 그 누군가가 의사가 된다면, 우리 사회는 보다 행복해질 것이라고요. 결국 이 책을 읽으면 건강은 공동체의 책임이라는 생각에 자연스럽게 이릅니다.

물론 그의 주장에 반론을 제기하고 싶은 분들이 있을 겁니다. 대개 개업의죠. 낮은 수가와 높아진 법적 책임 때문에 받는 경제적 고통과 스트레스를 생각하면 의사들이야말로 진정한 사회적 약자라고 말하고 싶을지도 모릅니다.

두 주장 모두 일리가 있습니다. 사회는 언제나 생각이 안 맞는 사람들이 갈등하는 곳이고 갈등을 해결하기 위해 정치라는 것 그리고 선거라는 것이 존재하니까요. 물론 사회를 넘어

《아픔이 길이 되려면》 김승섭

정치로까지 관심을 확대하는 것은 의대 생기부에서는 부담스러운 일입니다. 의사가 정치적 성향을 갖고 환자를 대하는 것은 판사가 정치적 의도를 갖고 판결을 내리는 것보다 훨씬 더 위험하기 때문입니다. 하지만 지금 우리 공동체는 많이 아픈 상태입니다. 우리 사회에 그만큼 아픈 사람들이 많다는 이야기이며, 그들 대부분은 사회적 약자이자 소수자들이죠. 왜 서울 의대가 23년도 수시 일반 전형 MMI 면접에서 풀벌레 소리를 비유적으로 사용하여 사회적 약자에 대한 생각을 물어보았는지, 이 책을 읽고 나면 그 이유를 자연스럽게 이해할 수 있습니다.

POINT 1 │ 이 책을 **창체**에 녹이는 방법

★자율 활동 : 전교생이 참여하는 독서 행사가 많은 학교들이 있다. 이때 목록을 정해 주는 학교도 있고 그렇지 않은 학교도 있으니, 만약 후자라면 이 책을 권하면서 추천하는 이유, 감동받았던 문장, 내 진로에 미친 영향 등을 풀 수 있다. 인성 평가에도 긍정적인 효과가 있다.

★동아리 활동 : 대부분 고등학교에서 의학 계열 지원 학생을 위

해 생명화학 동아리를 개설한다. 주로 생명과학적 내용을 화학적 방법으로 실험하는데, DNA 추출 실험이 좋은 예이다. 이때 '왜 인간을 포함한 모든 다세포동물들은 고통을 느낄까?', '고통의 유전자는 어디에 있는 것인가?'와 같은 문제의식을 가지고 실험에 임하는 자세를 적는다면, 차별 포인트가 될 수 있다. 실험 내용은 대부분 생기부에서 엇비슷하기 때문이다.

★**진로 활동** : 많은 학교에서 자기계발 계획서 쓰기 같은 행사를 한 다음 그것을 진로 활동에 적는다. 진로 특강을 듣고 지원하고 싶은 학교 인재상을 찾아본 뒤 계획서를 쓸 때, 김승섭 교수의 책을 활용해 내가 배운 의술을 어떻게 사회적으로 베풀 것인지 고민하는 내용을 풀어낼 수 있다.

POINT 2 │ 이 책을 세특에 녹이는 방법

★**독서** : 독서는 비문학 정보성 글이 주된 글감이다. 김승섭 교수의 글은 워낙 미문이고 명문이라 학생들의 독서 생기부에서 이미 종종 발견된다. 논리적이고 설득하는 글 읽기에 김승섭 교수의 책들은 좋은 소재가 된다.

★개세특(수업량 유연화 교육) : 세특은 교과별로 과목 선생님만 써 줄 수 있다고 생각하는데 이는 틀린 말이다. 수업량 유연화 정책 이후에는 학교 자율 과정, 비교과 활동, 진로 활동 등 다양한 영역에 대한 세특 작성이 가능해졌는데, 이걸 '개세특'이라고 한다. 예를 들어 학교 자율 과정으로 운영되는 인문학 아카데미에 참여한 내용, 비교과 활동으로 진행한 독서 토론회 참여 내용, 진로 활동으로 진행한 멘토링 활동 참여 내용 등을 세특에 적을 수 있다. 그런 맥락에서 《아픔이 길이 되려면》의 주요 내용을 시로 표현한다면, 창의성도 인정받고 문화적 소양도 동시에 보여 줄 수 있는 좋은 방법이 된다.

★보건 : 교양 과목인 보건은 일단 수업에 빠지지만 않으면 패스하는 과목이라 의대 적합성과 인성을 보여 주기 좋다. 특히 학교 관리 단원과 연계하여, 학폭으로 받은 상처를 어떻게 해결하는 것이 좋을지 조사하면서 김승섭 교수의 책을 근거로 활용할 수 있다.

BOOK 14

《연수》
장류진

세상이 어떻게 돌아가는지 알려 주는
진짜 현실 이야기

수능 대비 차원이 아니라 학종 대비 차원에서 의대 지망생들이 소설을 읽는다면 30년대 일제강점기 시절 작품보다 요즘 현대 문학을 읽는 게 좋습니다. 학교 수업 시간에 근대 문학을 배웠다면 현대 문학에서 그 흐름을 확인하는 것도 좋은 활동이 되죠. 그중 영화감독 봉준호의 외할아버지이며 30년대 세태소설의 대가였던 박태원의 문학 작품 유전자를 지금의 한국에서 발견할 수 있는데, 그 이름이 바로 장류진입니다. 연세대 사회학과 출신으로 판교 테크노밸리에서 벤처 기업 직장인으로 살았던 그녀는 취업과 직장 생활 그리고 월급을 모아 재테크를 하는 직장인들의 세태를 그 누구보다 잘 반영하고 있습니다. 그녀의 문장은 대단히 날렵하고 섬세합니다. 이태준의

《문장강화》가 생각날 정도의 정확한 한국어로 짧고 간결하게 소설을 풀어냅니다. 생각을 풀어 가는 부분과 대화로 풀어 갈 때 미세한 차이가 한국어에는 있는데 그 미묘한 부분까지 감지해 내죠.

아무튼 왜 의대를 가려는데 세태소설이 도움이 될까요? 세태소설이란 한 시대의 풍속이나 세태의 단면을 담고 있는 소설을 말합니다. 그러므로 세태소설을 읽으면 한국인들에 대해 그리고 지금의 한국 사회를 이해하는 데 큰 도움이 되죠. 앞서도 강조했지만, 의대는 점점 더 문이과 융합적인 인재를 원할 겁니다. 따라서 요즘 사람들이 무엇에 관심이 있는지 궁금해서 소설을 찾아 읽었다는 말은 분명 호소력을 지닙니다. 그럴 때 현실에 몸을 푹 담고 있는 장류진의 소설이 추천할 만하다는 것이죠.

무엇보다도 놀라운 건 그녀의 소재 발굴 능력입니다. 저는 장류진의 첫 작품집 《일의 기쁨과 슬픔》을 읽고 반했는데 세 번째 소설집 《연수》를 보면서 다시 한번 놀랐습니다. 제목만 보고서 사람 이름을 떠올렸는데, 놀랍게도 이 '연수'는 운전면허 '연수'였습니다. 대단한 문학광이라고 스스로 자부하는 저도, 국문학 작품 중 운전 연수를 주제로 쓴 소설이 있었나 싶더군요. 운전면허증이 있는 성인이라면 누구나 경험했을 연수 이야기가 소설에서는 다뤄지지 않았다니, 그동안 우리 문학은 리얼리즘을 추구하면서도 그야말로 상상 속의 현실을 추구했던 게 아니었나 하는 생각마저 들었습니다. 그녀의 두 번째 소설집이자 첫 장편소설 《달까지 가자》는 이더리움으로 흙수저를 탈출하는 3명의 직장 동료 여성들의 분투기인데, 소설가 중에서 경제라는 주제를 이처럼 잘 요리해 독자들에게 흥미라는 향신료를 담뿍 넣어 전달할 수 있는 작가는 장류진과 단요라는 작가 두 사람 정도가 아닐까 싶습니다.

소설집 《연수》에는 6편의 작품이 수록되어 있는데, 표제작인 〈연수〉 외에도 특히 다른 두 작품이 요즘 세태를 읽는 데 도움을 줍니다. 하나는 〈공모〉입니다. '회사=회식'이 20세기 직장 문화라면 지금은 회사와 회식이 분리되면서, 회식 자리가 와인바와 맛집 순례 때로는 전시회 관람 등으로 바뀌는 시대 변화를 잘 포착했습니다. 회사 분위기는 분명 바뀌었지만, 학연 혈연 지연을 어떻게든 연결고리로 삼으려는 채용 문화는 공존하죠. 이런 분위기 속에서 이력서를 팀장에게 들이미는 기성세대 간부와 젊은 팀장의 갈등 또한 현실적입니다.

또 한 편은 마지막으로 수록된 〈미라와 라라〉입니다. 늦깎이 장수생으로 국문과에 합격한 학생과 현역으로 들어간 학생의 소설 창작을 둘러싼 재미있는 소설입니다. 일종의 메타소설이죠. 동기생들과 띠동갑인 미라 언니는 벤처 기업 창업 후 투자 유치 성공으로 큰돈을 번 뒤 자신이 진짜 하고 싶은 일을 찾아 이과에서 문과로 전향합니다. 그러나 문과의 벽은 높았습니다. 그녀는 문학적 재능이 없다는 평가를 거의 모든 동기생들과 교수로부터 듣고 의기소침하다가 반전의 계기를 만들어 냅니다. 역시 IT의 힘을 빌린 거죠. 그녀가 스마트 펜을 통해 아이디어를 누군가에게 빌려 완성한 소설이 동기생과 교수를 동시에 매혹시켰습니다. 미래 배경의 SF소설인데 지구의 모든 인간이 태어나면서 자신과 운명을 같이하는 아주 작은 행성 하나를 가진다는 설정이었죠. 그 사실이 밝혀지자 지금 인생이 고통이라고 느끼는 많은 사람들이 자살을 선택했고, 사람들은 죽어서 자신들의 별로 돌아가려는 선택을 합니다. 그런데 소설에는 반전이 있으니 돌아갈 행성 또한 없어졌습니다. 영화 '매트릭스'처럼 가상 세계에서의 선택이 현실 세계에도 영향을 미쳤기 때문입니다.

사람이 죽으면 영혼이 빛이 되어 먼 우주로 나아가 별이 된다는 발상은 상상력의 대가 베르나르 베르베르도 품은 적이 있죠. 사후 세계가 증명되자 너도나도 죽으려는 상황은 넷플릭스 오리지널 영화 '디스커버리'에서도 발견됩니다. 그런데 장류진 작가의 소설이 재미있는 건 이 매혹적인 설정이 이상과 현실, 먹고사니즘과 이상주의가 동시에 공존하는 2020년대 대학가를 잘 포착했다는 점입니다. 미래 이야기를 해도 현재진행형으로 탈바꿈되죠. 먹고사는 문제를 항상 생각하며 이상

주의를 포기하지 않는 자세, 이는 좋은 의사가 되는 길이기도
합니다.

POINT 1 │ 이 책을 창체에 녹이는 방법

★자율 활동 : 독서 일지 쓰기도 자율 활동에 많이 쓰인다. 책 목
록만 나열해도 좋지만, 이 책처럼 재미있고 의미 있는 작품은 어
떤 인상을 받았는가까지 쓰면 더 좋다. 사회 문제에 적극 관심이
있음을 다른 자치 활동 등으로 보여 주는 것은 적극성과 자기주
도성을 동시에 보여 주는 전략이 된다.

★동아리 활동 : 토론반에서 이 책의 에피소드 중에 하나를 골라
의견을 개진할 수 있다. 예를 들어 대학 생활을 미리 그려 보는 것
이다. 수록 작품인 〈미라와 라라〉를 활용하되, 내가 겪게 될 캠퍼
스를 문창과 대신 의대로 정해 놓고 간단한 콩트를 써 보는 식이
다.

★진로 활동 : 책 속에 드러난 직업과 직업에 연결되는 병들을 조
사해서 그 병들의 특징과 대처 요령 등을 적어 보자. 운전은 교통
사고, 음주 회식 문화는 위궤양, 소설 대회 공모를 앞두고 겪는 불

《연수》 장류진

안장애 등이 대표적이다. 진로 보고서로 아주 특색있고 재미있는 소재가 될 것이다.

POINT 2 │ 이 책을 세특에 녹이는 방법

★**문학** : 세태소설 박태원 작가와 장류진 작가를 비교하는 것은 의학과 직접적으로 연결이 되는 것은 아니지만 그 자체로 의미가 큰 활동이다. 모든 세특을 의대 일색으로 몰고 가는 것보다는 몇몇 과목 정도는 과목 특성에 맞게 과거와 현재를 대비하며 깊이 있게 비교하는 것이 도움이 된다.

★**한국 사회의 이해** : 한 주제를 놓고 정치적, 사회적, 경제적으로 다양한 관점에서 토론을 한 뒤 그 내용을 적을 수 있다. 이때 'MZ 세대'를 주제로 토론을 한다면, 장류진 작가의 책에서 MZ 세대의 경험을 활용할 수 있다.

★**진로와 직업** : 장류진 작가의 소설들에는 다양한 직업들이 나오기 때문에 '노동 소설'이라고 불릴 정도다. 책을 토대로 직업병에 대해서 조사해 보면, 진로와 직업 교과 과정에도 맞고 의사로서 진로 역량을 보여 주는 역할도 할 수 있다.

BOOK 15 《노후를 위한 병원은 없다》
박한슬

대한민국 의료의 미래가 암울하다는 주장에 대하여

현직 약사이기도 한 박한슬 작가의 이 책은 김현아 교수의 《의학 비즈니스의 미래》와는 전혀 다른 관점에서 한국 의료 시스템의 문제를 진지하게 다루고 있습니다. 거의 100%의 확률로 국내 의료 시스템의 붕괴를 예언하는데, 그 핵심은 건강보험이 완전히 고갈될 거라는 전망에 있습니다.

현재 국민 건강보험은 83조 원 정도로, 앞으로 8년이면 적자 상태에 이를 것이라고 봅니다. 그때는 지금보다 보험료를 2배 더 내야 하지만, 지금도 적지 않은 보험료를 내는 상황에서 2배를 더 내라는 말은 쉽게 꺼내기 힘든 이야기죠.

2023년 기준 우리나라 노령 인구는 17%로, 1%만 넘기면 초고령사회에 진입해 일본, 독일, 이탈리아와 같은 수준의 늙은 나라가 됩니다. 18%의 노인이 42%의 의료비를 쓰고, 아이 1명 늘어날 때 노인이 2.5명 늘어나는 사회는 병원 의사와 돌봄 인력 모두 부족할 수밖에 없습니다.

저자는 책에 다양한 통계 자료를 활용합니다. 어떤 방법으로 통계를 예측해도 지속가능한 의료는 불가능하다는 거죠. 당장 직장인들이 줄어들고 돈을 못 버는 지역 가입자들의 비율이 더 늘어나는 상황에서, 연평균 8%씩 증가하는 의료비를 감당할 방법이 없습니다. 그렇다면 국가가 개입을 하지 않고 민간에 맡기는 미국식으로 가야 할까요? 제 예상에 95%의 국민은 반대를 할 겁니다. 노인들은 주택을 모기지론으로 맡겨 건강보험료를 내야 하는 그런 상황이 초래될 수 있습니다.

실손 보험은 대안이 될 수 있을까요? 물론 실손 보험에 많이들 가입은 하지만 그 비용도 만만치 않죠. 실손 보험에 가입하지 않은 사람들은 또 어떻게 해야 할까요? 이대로 가면 실손 보험도 파탄이 나 가격을 크게 올릴 수밖에 없습니다. 그러면 가입하지 않으려는 사람은 늘어나겠죠.

그래서 저자는 2가지 방법을 제안합니다. 일단 지역과 직장으로 나뉜 보험 체계에서 돈을 상대적으로 덜 내는 지역 가입자들의 건보료를 올려야 합니다. 또 하나는 보장의 범위를 줄이는 것입니다. 암처럼 죽고 사는 질병은 국가가 많이 지원해 주는 게 맞지만 감기 때문에 대학병원에 가면서 6,000원만

내면 되는 그런 일은 더 이상 없도록 개인 부담료를 크게 늘려야 한다는 게 저자의 주장입니다. 젊으니까 덜 아픈 것은 사실이니 나이별로 다른 비용을 받는 이른바 버라이어티 가격 정책을 쓰는 것도 한 방법입니다.

저자는 새로운 세금 즉 건강보험 보조금을 늘릴 필요가 있다고 주장합니다. 대표적인 예가 코카콜라처럼 당뇨를 유발하는 회사에게 설탕세를 내게 하는 거죠. 물론 회사가 가격을 올려서 소비자에게 전가를 할 수도 있겠지만, 그렇게 되면 결국 돈 때문에 단 것을 덜 먹게 됩니다. 저자는 노인들이 아직 덜 아플 때 이런 방법들을 도입해, 노화를 늦추는 것 외에는 사실상 방법이 없다고 합니다.

의학적으로 봤을 때, 지금 태어나는 아이들은 평균 수명 100세 시대를 살 겁니다. 60세에 은퇴한다고 가정하면, 나머지 40년은 질병을 몸에 달고 살겠죠. 특히 치매 같은 질병은 24시간 돌봄 인력을 필요로 하며 서서히 사회적 관계가 끊길 게 확실합니다. 90세가 넘으면 치매 발병률은 80%로 올라갑니다. 100세가 넘으면 90%에 이르죠. 이 돌봄 비용까지 생각하면 국민이 부담할 의료비는 기하급수적으로 늘어날 겁니다. 노인 1명당 돌봄 인력 1명이 붙어야 한다면(그것도 말이 안 됩니다. 돌봄 인력도 잠을 자고 쉴 시간이 필요하기 때문이죠), 그 숫자는 어디서 만들고 그 비용은 누가 대겠습니까?

《노후를 위한 병원은 없다》 박한슬

저자는 한마디로 우리가 말도 안 되는 의료 시스템을 갖고 있다고 말합니다. 국민들은 너도나도 적게 내면서 많이 보장받으려고 하고 그 과정에서 의사들은 죽어 나가고 있습니다. '3분 진료'라는 말이 나오듯이 한국은 의사들이 환자를 진료하는 시간이 짧습니다. 수가가 낮으니 박리다매로 환자를 많이 볼 수밖에 없고, 그래야만 적자를 면할 수 있기 때문입니다.

저자는 의대 정원 문제에도 한마디합니다. 의사 숫자는 한국 사회의 암묵적인 사회계약론이죠. 약사인 저자는 한국 의료 시스템의 붕괴가 의사 숫자를 늘려서 해결할 수 있는 문제가 아니라는 점을 분명히 합니다. 또한 저자는 25명이 결정하는 의료보험 심사 과정에 민주성을 도입해야 한다고 주장합니다. 즉 국민의 뜻이 반영될 수 있도록 해야 한다는 거죠. 그러면 각자도생해야 하는 한국 의료 사회가 달라질까요?

이런 이야기들은 의대 교수들을 포함한 의료계 종사자들이 정말 심각하게 생각하는 주제인데요, 이를 어떻게 응용해 세특과 창체에 녹일지 알아보도록 하겠습니다.

POINT 1 │ 이 책을 **창체**에 녹이는 방법

★**자율 활동** : 견학도 자율 활동에 적을 수 있다. 의대 진학 희망

학생이 많은 학교는 병원 견학을 학교 행사로 진행하기도 하지만, 병원 홍보실에 접촉하면 적은 인원으로 병원을 방문하는 일도 가능하다. 병원 관계자나 교수님에게 한두 가지 질문을 할 때, 4차 산업 혁명과 저출산 고령화 등을 대비해 병원이 어떤 노력을 하는지 물어보는 것도 좋은 전략이다.

★**동아리 활동** : 의학 동아리라면 의대 증원 이슈를 다루는 게 좋다. 정부의 의대 증원 확대에 대해서 의사들이 격하게 반대하는 이유, 사회단체가 의사들을 공격하는 이유 등을 놓고 토론하는 것도 좋다. 예민한 문제이므로 양쪽 의견을 다 적어 균형 잡힌 시각을 보여 주도록 하자. 면접 때 반드시 질문을 들을 만한 주제이다.

★**진로 활동** : 진로와 관련된 보고서를 쓰고 발표를 할 때, 의사 수를 주제로 진행할 수 있다. 의대 정원을 OECD 국가들과 비교해 우리의 의사 수가 극히 적다는 정부 쪽 통계, 그리고 OECD 국가 중에서 의사 숫자가 가장 빠르게 증가하는 나라가 대한민국이라는 의협 쪽 근거를 정리해 보자. 두 주장의 근거를 통계학적으로 뒷받침하면서 논리를 펴 나가면 좋은 창체가 될 것이다.

POINT 2 | **이 책을 세특에 녹이는 방법**

《노후를 위한 병원은 없다》 박한슬

★심화국어 : 심화국어는 국어 과목 중 가장 난도가 높은 진로 선택 과목이다. 이 책은 비판적 사고와 문제 해결 단원에 적합하다. 한국 사회 의료 시스템에 비판적 사고를 적용해 문제 해결에 대한 다양한 방법을 찾아가는 가운데, 이 책을 적절하게 활용할 수 있다.

★통합사회 : 통합사회 교과서에는 창의 활동이 담겨 있다. '소외된 어른들을 위한 자원봉사 실천하기' 항목에서 이 책을 활용해 보자. 봉사를 하면서 노인분들이 얼마나 병원을 자주 찾고 어떤 병에 대해서 가장 많이 걱정하고 있는지 등을 알아낸 뒤 이를 생기부에 적용할 수 있다.

★생활과 과학 : 과학탐구 진로 선택인 이 과목은 교과서나 진도 없이 보고서를 쓰고 발표하는 것이 전부다. 의대와 관련된 주제는 이 책에서 다양하게 찾을 수 있으며, 대표적으로 노인들이 앓는 병, 암 발생률의 증가, 당뇨의 증가 곡선, 치매 발병률 등을 조사해 볼 수 있다.

《각자도사 사회》
송병기

각자도생하지만
죽음만큼은 허용될 수 없다

대한민국의 안락사 찬성률이 얼마나 되는지 아세요? 만약에 의대 자소서가 부활한다면 많은 학생들에게 이 책을 권했을 겁니다. 프랑스에서 의료인류학을 전공한 송병기 박가가 쓴 《각자도사 사회》입니다. 각자 알아서 죽는 사회라는 뜻으로, 전영수 한양대 교수의 책 《각자도생 사회》를 패러디한 제목이 죠. 《각자도생 사회》가 국가가 자신의 생존 즉 먹고사는 문제를 해결해 줄 수 없으니 각자 알아서 살라는 메시지를 들려준다면, 《각자도사 사회》는 정반대입니다. 각자 알아서 죽는 사회는 끔찍한 디스토피아니까 모든 죽음은 결국 사회적이며, 그러므로 사회는 좋은 죽음을 위해 함께 노력해야 한다는 진보적 메시지를 담고 있습니다.

저는 적어도 의사가 되려는 단계에서는 너무 현실적인 이야기, 계산적인 이야기보다 이렇게 따뜻하게 사회의 음지와 약자를 비춰 주는 책들을 꼭 읽어야 한다고 생각합니다. 사실 우리나라에서 가장 큰 사회적 약자는 누가 보아도 노인입니다.

우리나라 노인 빈곤율은 세계 최고이며 노인 자살률도 압도적으로 높습니다. 동방예의지국은 이미 옛말이고 노인들은 외롭고 힘들고 아픕니다. 저자는 발로 뛰면서 국내 요양병원과 요양 시설 독거노인의 집을 방문했는데, 일부 고독사한 시체가 썩고 있는 방에는 TV가 항상 켜져 있다고 합니다. 그 이유는 외롭기 때문이기도 하지만 궁극적으로는 세상과 연결되어 있다는 느낌을 받고 싶어서일 것이라는 게 저자의 주장입니다.

사실 저도 노모가 계셔서 노인 문제가 얼마나 심각한지 잘 알고 있습니다. 길거리에서 폐지를 줍는 노인들을 볼 때마다 "저 모습이 우리 부부의 미래 모습이 되면 어쩌지"라며 연민과 불안을 동시에 느끼곤 하죠.

책에도 소개하고 있지만 좋은 죽음에 대한 관심도 꾸준히 늘고 있습니다. 사실 좋은 죽음이란 말 자체가 형용모순이라는 생각이 들지만, 고통스러운 삶을 살고 희망이 전혀 없는 상태에서는 안락사 혹은 의사 조력 자살을 허용해 달라는 국민의 여론 또한 크게 늘고 있습니다. 저도 놀랐습니다. 제가 생각했던 것보다 너무 높았습니다. 2022년 서울대병원의 설문조사를 보면 76%가 찬성하고 있었죠. 스위스, 네덜란드, 벨기에 등에서 현재 시행되고 있으며 프랑스와 이탈리아도 도입을 검토 중입니다. 국민 4명 중 3명이 찬성이라는 이 숫자는 이미 국민들이 죽음보다 끔찍한 삶과 친숙해진 지 꽤 오래됐음을 보여주는 게 아닐까 싶습니다.

저자는 92년까지만 해도 3명 중 2명이 집에서 죽었지만 지금은 70%가 병원에서 죽는 병원 객사의 시대라고 말합니다. 삶에 대한 태도가 바뀌듯이 죽음에 대한 태도도 해마다 바뀌고 있지요. 그런데 저는 이 책을 읽으면서 안락사에 찬성하는 비율이 더 늘 수도 있겠다는 생각이 들었습니다. 생존 욕망을 이겨 낼 정도로 삶의 고통지수가 나날이 높아지고 있기 때문입니다. 책은 한국이 죽음과 친한 사회로 거듭나고 있다는 사실을 계속해서 보여 주고 있는데요, 지나친 경쟁과 패배자들의 부활을 가로막는 시스템이 한국을 각자도사 사회이면서 각자도살 사회로 만들고 있는지도 모르겠습니다.

POINT 1 | 이 책을 **창체**에 녹이는 방법

★**자율 활동** : 자율 활동은 학생이 발로 뛴 활동을 적는 게 유리한데, 이 책은 정말 발로 뛰면서 활동할 수 있는 아이디어들이 많

다. 학급 특색 활동으로 많은 학교에서 하는 주제 탐구 발표 대회 때 이 책에 나온 키워드를 활용해 주제를 정할 수 있다. 예를 들어 할머니 할아버지와 함께 거주하는 경우, 가까이 살면서 자주 찾아뵙는 경우, 따로 멀리 살고 있어서 명절 때만 보는 경우로 나눈 뒤, 학생들이 죽음에 대해 얼마나 인식하고 사는지 설문조사를 하고 그 결과를 발표해 보자.

★**동아리 활동** : 의학 동아리에서 토론은 정말 중요하다. 존엄사 허용 여부 같은 경우는 실제 대입 MMI 면접 문제로 단골 출제되니, 이 책을 활용해서 존엄사에 관한 자신만의 생각을 정리해 생기부에 적는 것도 좋다.

★**진로 활동** : 교내 인문과학 융합 캠프에서 이 책과《각자도생 사회》를 토대로, 한국인들이 고독해지고 있음을 지적하며 고독과 외로움의 해결책을 찾아볼 수 있다. 도파민, 세로토닌 등의 호르몬 치료와 인간관계를 적극적으로 사회에서 이어 주는 방안을 도출하는 것도 의미 있는 활동이 될 것이다.

POINT 2 │ 이 책을 세특에 녹이는 방법

★세계지리 혹은 여행지리 : 의대를 가려는 이과생들은 사탐 과목에서 등급이 안 나오는 여행지리나 일부는 세계지리 같은 과목을 선택한다. 책과 연계해서 인구가 줄어들고 있는 지역을 골라 방문한 뒤, 지자체가 어떤 노력을 기울이는지 조사하는 것도 바람직하다.

★생명과학 : 포유류의 죽음과 번식의 관계를 다뤄 보자. 생쥐처럼 평균 수명이 1년에 불과한 동물은 엄청난 번식력으로 개체 수를 늘리고 반면에 인간처럼 오래 사는 동물일수록 자녀 수가 적다. 적은 수의 자녀를 갖기 때문에 죽음에 대해 특별한 의식을 갖게 된 것인지, 이에 대한 생각과 생태계 지식을 섞어 쓰면 완벽하게 문이과 융합형 생기부가 될 것이다.

《각자도사 사회》 송병기

《공정 이후의 세계》
김정희원

추첨으로 의대에 가는 것은
공정한가?

외고생뿐 아니라 자사고와 일반고 최상위권 학생들의 생기부에 가장 많이 등장하는 사회과학자는 하버드대 마이클 샌델 교수입니다. 그의 저서 중에서도 《공정하다는 착각》을 정말 많이 읽죠. 가장 최근작이니까요. 그런데 샌델은 비판은 잘하지만 대안은 잘 못 내놓는 전형적인 사회과학자입니다. 그가 하는 비판은 구구절절 옳습니다. 그렇다면 그가 내놓는 대안, 즉 능력주의는 최선이 아닌 차악이니 능력주의 대신 추첨을 도입하자는 주장은 정말 공정한 걸까요? 예를 들어 수능을 절대 평가로 전환하는 겁니다. 일정 등급을 받으면 대학 학업 능력이 있다고 인정하고서, 그 안에 드는 학생들끼리는 추첨으로 의과대학을 결정하는 제도를 도입한다면, 모두가 행복해하는 사회가 올까요?

애리조나주립대 커뮤니케이션학과 김정희원 교수의《공정 이후의 세계》는《공정하다는 착각》을 읽고 공감은 가지만 뭔가 부족하다고 느끼는 분들이 읽으면 딱 좋은 책입니다. 그는 한국 사회를 지배하는 공정 담론이 폐쇄 담론이며, 시험을 통한 차별화를 정당시키기 위한 이데올로기적 수단이라고 폄하합니다. 정시가 수시보다 공정하고 사시가 로스쿨보다 공정하다는 주장은 진정한 공정과는 거리가 먼 한쪽 입장(시험에 강할 수밖에 없는 세력)을 마치 전 국민의 생각인 것처럼 오도하는 허위 이데올로기라는 주장이죠. 한국에서 입시를 거쳤고 미국의 입시를 해마다 겪고 있는 그는 이렇게 묻습니다. 단 하루 시험 결과로 평생이 결정되는 지금의 한국 시험 만능주의가 과연 입으로 공정을 외칠 자격이 있을까? 정말 수능은 1시간 동안 독학해서 올린 점수와 1시간 동안 과외를 받아 올린 점수가 같을까?

저는 두 질문의 정확한 답을 알고 있습니다. 전자는 '자격이 없다'이고 후자는 '두 점수는 다를 수밖에 없다'입니다. 적어도 시험의 공정성이란 관점에서는 김 교수와 제 입장이 같죠. 시험이 가장 공정하다는 주장은 시험에 관한 여러 담론 중 가장 공정하지 않습니다. 물론 마이클 샌델도 이 주장에 적극 공감합니다. 시험 성적으로 모든 차별이 허용되는 사회는 시험을 위해 모두를 무한 경쟁에 몰아넣게 되고, 소수의 승리자를 제외한 절대다수를 불행하게 만드는 불합리한 제도라고 주장하죠. 모든 사회구조가 인간의 행복을 위해 존재할 필요는 없지만 그 사회 구성원 절대다수가 불행할 수밖에 없다면 그 제도의 존재의의는 사라질 수밖에 없습니다. 시험의 공정성은 허구와 기만에 불과하고, 실은 자유주의가 자유를 공정이라는 그럴듯한 이름으로 팔아먹는 사회라는 비판은 정말 맞습니다. 자유는 정말 좋은 것이지만 공정과 자유가 같이 쓰이면 그 무엇보다 사람을 불행하게 만드는 어둠의 가치가 됩니다.

그렇다면 대안이 무엇인가에 대한 답변이 궁금해질 수밖에 없죠. 이건 정말 어려운 문제입니다. 일단 김 교수가 생각하는 대안을 볼까요? 김 교수는 관계와 돌봄을 공정 이상의 가치로 대한민국이 받아들이는 세상을 꿈꿉니다. 성적을 집어넣으면 직업과 결혼, 인간 대접 등의 대가가 자연스럽게 따라오는 기계 같은 사회가 아니라, 돌봄의 가치가 사회적 모든 관계에 깔려 있는 그런 유기적인 사회로의 전환을 의미합니다. 어떻게 보면 차별이 없으면서 풍요도 있는 그런 사회를 지향하고 있는 거죠. 그런데 저는 또 묻고 싶습니다. 그런 사회가 어떻게 가능할까요? 중앙대 독문과 김누리 교수의 주장처럼, 자본주의적 풍요를 누리면서 대입의 경쟁이 존재하지 않는 독일 같은 사회가 우리가 추구해야 할 사회일까요? 독일은 사회 자체가 돌봄 그 자체인 나라 맞습니다. 그런데 돌봄의 문제는, 돌봄이 오직 한시적으로만 경쟁력과 공존할 수 있다는 점입니다. 한때 세계 자동차 산업을 호령했던 독일이 전기차 시장에서 미국은 물론 중국 심지어 한국에도 밀리게 된 데에는 의사결정 시스템에 노동자가 참여하는 특유의 구조 때문일 수 있습니다. 돌봄과 사회적 책임을 기업에까지 강요하면 자본주의 체제에서 분명 언젠가는 경쟁력을 잃을 수밖에 없습니다.

《공정 이후의 세계》는 공정과 상식을 외치는 지금의 세상이 전혀 공정하지도 않고 상식적이지도 않다는 주장을 논리적으로 뒷받침하는 데는 성공했지만, 공정 이후의 세상이 어떻게 구현될 수 있는가에 대한 설득력 있는 대안 제시에는 실패했습니다. 그럼에도 불구하고 이 책은 읽을 가치가 충분합니다. 그 이유는 여전히 시험이 가장 공정하다는 생각들을 특히 젊은 남성들이 많이 갖고 있기 때문이죠. 페미니즘에 대한 거친 야유와 시험을 통해 정규직화하는 사회적 메커니즘에 대한 일방적인 칭송은 우리 사회 젊음이 지닌 가장 큰 문제입니다. 그의 책은 매트릭스 바깥에서 생각해 볼 수 있는 기회를 열어 줍니다. 내가 살고 있는 세상이 실제 세상이 아니라 누군가가 만들어 놓은 매트릭스 같은 세상이라는 것만 깨달아도 큰 의미가 있습니다. 이 사실을 깨달으면 누군가는 네오가 되려고 노력할 것이고, 그 노력에 수많은 사람들이 동참하는 순간 매트릭스 시스템에 균열이 올 수 있습니다.

POINT 1 │ 이 책을 **창체**에 녹이는 방법

★**자율 활동** : 의대를 많이 보내기로 유명한 어떤 학교에서는 학생들이 전문 연극 강사와 함께 연극을 만들어 간 뒤, 이를 자율 활동에 적는다. 이를 참고해서 연극 활동을 계획할 수 있다. 공정한 사회라는 가상의 사회를 설정한 뒤 그 안에서 생길 문제를 예상해서 배우들이 대화로 풀어 가는 연극을 한다면, 의학적 내용이 포함되지 않아도 충분히 의대 생기부로 어필할 수 있을 것이다.

★**동아리 활동** : 사진부 같은 비학술 동아리에서 의학적 전공 적합성을 조금이나마 드러내는 방법을 소개한다. 사진부는 의외로 의대에 적합한 활동을 많이 녹일 수 있다. 시험을 보는 학생들, 시험공부를 하는 학생들을 풍경으로 사진을 찍으면서 제목을 '공정'이라고 단 사진전을 연다. 공정은 의대에서 너무나 중요한 화두지만 그 방법론에 대해서는 같은 교수들 간에도 극단적인 견해 차이가 있는 키워드이다. 그러므로 학생의 관심 자체가 교수의 관심을 불러일으킬 수 있다.

★**진로 활동** : 미국이나 영국에서는 의사가 되려면 임상 역량만 뛰어나서는 안 된다. 사회 역량을 중요하게 평가하기 때문에 사회 제도 정책을 바라보는 눈도 좋은 의사의 필수적인 조건이다. 사회적 역량이 왜 의사에게 필요한지 외국의 사례들을 취합해 보고서를 쓴 뒤 발표하면 좋은 평가를 받을 것이다.

POINT 2 | 이 책을 세특에 녹이는 방법

★**독서** : 독서는 문이과 모두 신청하는 과목이다. 사실적 읽기 부분을 배울 때 《공정 이후의 세계》를 다루면서, 시험이 과연 공정한지를 팩트와 통계 중심으로 알아본다. 수능 시험과 거주지와 상관성, 소득 수준과 상관성 등은 논문 자료로도 많이 나와 있으니 이를 이용하자.

★**사회문제탐구** : 사회문제탐구를 선택하는 의대 지망생이 갈수록 늘고 있다. 수업과 시험이 없고 주제 탐구 보고서만 쓰면 좋은 세특이 나오기 때문이다. 책의 키워드인 '공정'의 관점에서 의대 입시를 생각해 보자. 의대 입시를 추첨으로 하는 나라도 분명 있고, 우리처럼 강력하게 시험 성적으로 결정되는 나라도 있다. 의대 입시를 추첨으로 하는 나라에 어떤 문제가 있는지 조사해 보

며 세특에도 이런 내용을 녹여 보자.

★**논리학** : 논리학이라는 관점에서 이 책을 분석하면, 의사로서 꼭 필요한 논리적 사고 능력을 보여 줄 수 있다. 《공정 이후의 세계》는 정말 논리정연하다. 비약과 의도적 누락, 편향 같은 게 없으므로, 어떤 점에서 논리적인지 쓰면 과목 특성에도 맞고 본인의 논리성을 보여 주는 좋은 사례가 될 것이다.

《돈으로 살 수 없는 것들》

마이클 샌델 *Michael J. Sandel*

민간 의료의 천국 미국에서도
불가능한 것들

마이클 샌델 교수의 책은 의대 생기부에 모두 적합하지만
그중에서 가장 적합한 책은 《돈으로 살 수 없는 것들》입니다.
그는 돈으로 살 수 없는 것, 특히 사서는 안 되는 것으로 의료
를 꼽고 있습니다. 책에는 인도의 젊은 여성들이 자궁을 빌려
주는 대리모로 나서는 것, 의사들이 돈을 받고 전화번호를 알
려 줘서 밤늦게라도 전화상담이 가능한 것 등 생명권이 시장
에서 돈으로 거래되는 현실을 극렬하게 비판합니다.

여기서 우리는 한국과는 다른 미국 사회의 의료 체제를 알
아야 합니다. 미국은 민영 보험으로 보험료가 비싸고 치료비는
더 비싸며, 영국은 공영 보험으로 의료비 자체가 무료라는 인
식이 있죠. 이 말은 절반은 맞고 절반은 틀립니다. 영국은 무상

의료가 맞지만 의사들의 대우가 좋지 않으며 대다수가 연평균 6% 상승 제한 폭이 있는 페이 닥터일 뿐입니다. 그래서 2023년에는 의사들이 못 살겠다고 파업에 들어갔죠. 미국은 2010년 오바마 케어 이전과 이후가 다릅니다. 그 계기가 된 것은 2006년 마이클 무어의 의료보험 고발 다큐 '식코'입니다. 그는 의료만큼은 미국이 후진국이며 쿠바를 배워야 한다고 했는데 그의 주장 중 상당수가 진실이었죠.

오바마 케어 이전의 미국 의료보험 체제는 우리가 알던 보험 지옥의 미국이 맞습니다. 일단 미국도 우리와 같은 공공 보험이 있기는 합니다. 1965년 린든 존슨 대통령 때 '메디케어'와 '메디케이드'가 도입되면서 기본적인 형태를 갖추게 되었습니다. 메디케어는 65세 이상 노인과 장애인을 대상으로 하는 공적 의료보험, 메디케이드는 저소득층과 장애인을 대상으로 하는 공적 의료보험입니다. 메디케어는 미국의 모든 65세 이상 노인이 소득과 자산에 관계없이 자동으로 가입됩니다. 메디케이드는 소득과 자산이 일정 기준 이하인 저소득층과 장애인을 대상으로 하며, 신청을 통해 가입할 수 있습니다. 2010년 오바마 케어가 시행되기 직전, 미국의 의료보험 가입자 중 66.7%는 민간 의료보험에 가입되어 있었고, 19.1%는 메디케어, 14.2%는 메디케이드에 가입되어 있었습니다. 메디케어는 우리나라의 국민건강보험처럼 의료비의 일정 부분을 보전해 주는 방식이고, 메디케이드는 아프면 국가가 돈을 대 주는 방식입니다.

그러면 65세 이하나 저소득층이 아닌 사람들은 어떤 선택을 해야 할까요? 민간 보험에 가입하는 수밖에 없죠. 아니면 어떤 보험 혜택도 못 받고 아프면 죽는 수밖에 없습니다. 그런 공포 속에서 살아야 하는 사람들이 적어도 5,000만 명에 달했죠. 오바마 케어는 이들을 국가가 관리하는 공공 보험 속으로 편입시키려는 의도에서 만들어졌습니다. 메디케이드에 가입하려면 자산이 아주 적어야 했고 연봉을 포함한 연 수입이 1만 3,000달러를 넘지 않아야 했습니다. 가족 구성원 중에서 1명이라도 이 조건을 넘기면 해당 대상이 되지 않죠.

전 국민의 70%가 여전히 의존하고 있는 민영 보험은 HMO, PPO, POS, EPO 등 4가지 상품이 있습니다. 가장 많은 유형은 HMO 유형으로, 이는 우리나라에는 없는 주치의 시스템입니다. 자신이 사는 지역의 가정의학과, 내과, 소아과 중에서 주치의를 정해 가족의 모든 건강을 맡기는 시스템입니다. 전체 가입자 중 40%가 HMO 방식입니다. PPO는 지역과 의사를 따로 정하지 않고 마음대로 찾아갈 수 있는 시스템입니다. 당연히 보험료가 비싸 이용자에게 부담이 되죠. 미국 직장인 중에 의료보험료로 300만 원 이상 낸다고 투덜대는 사람들은 대부분 PPO 방식입니다. POS는 중간 모델로 주치의가 있되 필요할 경우 돈을 더 내서 PPO 방식으로 갈아타는 방법입니다. EPO는 HMO와 비슷한데 자신이 정한 지역 내에서는 자유롭게 의사를 고를 수 있다는 특징이 있습니다.

미국은 의료보험료도 비싸지만 치료비도 비싼 것으로 유명하죠. 백내장 수술을 비보험으로 하면 최대 1,300만 원이 청구될 수 있고, 보험을 받아도 150만 원이 넘으니 우리와는 비교가 안 됩니다. 우리나라의 경우, 본인 부담금이 10만 원 내외인 걸 고려하면 어마어마한 차이죠.

이런 민간 보험은 70년대와 80년대 공화당 정부에서 잘나갔습니다. 소수의 부자는 영생으로 향해 가고 다수의 빈자는 갈수록 아파서 불행해진 미국의 보험 제도는 오바마보다 더 왼쪽에 서 있는 대통령이 미국에서 나와도 쉽게 사라질 것 같지는 않습니다.

한마디로 미국은 돈만 있으면 사실상 무병장수할 수 있는 곳입니다. 돈만 있으면 불가능은 없다는 말이 통하는 사회죠. 의사가 아니라 돈이 사람을 살리는 사회에서, 그 의사는 존경받을 가치가 있을까요? 쉽지 않은 질문입니다.

POINT 1 | 이 책을 창체에 녹이는 방법

★자율 활동 : 학급 팀별로 과제를 해결하는 프로젝트를 수행하고 이 내용을 세특에 써 주는 학교들이 있다. 자율적으로 주제를 정할 때, 의료 민영화라든지 제주도가 지자체 차원에서 처음으로 추진했던 영리 의료 법인 등을 다루고, 이 제도의 문제점을 중심으로 세계적 경향까지 비교해 보는 것도 좋은 활동이다.

★동아리 활동 : 의대 준비생들도 신문부나 영자 신문부 활동을 꽤 한다. 신문부에서 기사를 쓸 때 미국 의료 시스템이 AI나 4차 산업 혁명 등으로 큰 변화가 올 것을 쓰면서 이 책을 활용할 수 있다. 실제 2023년에는 미국에서 최대 규모의 간호사 파업이 일어나기도 하는 등 기술 발전이 의료계에도 큰 영향을 끼치고 있다. 기술의 보급이 돈으로 모든 것을 살 수 있는 세상을 어떻게 바꿀지에 대한 기사를 써 보자.

★진로 활동 : 마이클 샌델의《완벽에 대한 반론》과 이 책을 함께 활용하여 미국 의료 시스템의 장단점을 심도 있는 보고서로 쓸 수 있다.《완벽에 대한 반론》은 생명공학과 윤리학을 다루는 책이다. 맞춤형 아기를 낳기 위해 유전자 조작을 하는 부부, 기억력 강화 약물을 복용하는 학생, 근육 강화 주사를 맞은 운동선수 등 다양한 이슈 앞에서 어떤 윤리적 판단을 내려야 할지를 살핀다. 책은 인간 스스로 생명을 설계하는 것이 옳은 것인가라는 질문과

함께, 이 같은 기술 발달이 자본주의와 어떻게 결탁할 수 있는지를 예리하게 짚어 낸다. 또한 앞서 본문에서 언급한 마이클 무어의 다큐 '식코'를 인터넷에서 구해서 보는 것도 도움이 된다. 이때 미국 의료의 장점을 함께 언급해 주는 것도 균형감을 보여 주는 방법이 될 것이다.

POINT 2 │ 이 책을 세특에 녹이는 방법

★**진로영어** : 진로영어는 3학년 때 선택하는 진로 선택 과목이다. 영어 과목 중에서 가장 수준이 높은 내용으로 채울 수 있다. 실제 교과서가 따로 없는 이 수업에는 마이클 샌델 교수의 《정의란 무엇인가》나 《공정하다는 착각》 같은 책의 발췌본을 골라 영어로 수업하기도 한다. 《돈으로 살 수 없는 것들》에서 유독 생명 윤리가 강조되는 이유를 영어 에세이로 써 보자.

★**사회문화** : 이과 특히 의대를 희망하는 학생들은 등급이 나오는 사회 과목 선택을 피하는 편이지만, 도전할 경우 1순위는 생활과 윤리고 2순위는 사회문화이다. 사회문화에서 개인과 사회구조를 배울 때 미국의 개인 중심 사회와 자유방임주의 그리고 자본주의를 연결시켜 보자. 한국의 공동체 중심 사회와 지금의 공공

의료 시스템을 비교하는 것도 유익한 활동이 될 것이다.

★심리학 : 의대 희망 학생이 듣는 교양 과목으로는 심리학과 보건이 일반적이다. 고등학교 심리학은 대학에서 배우는 심리학과는 조금 다르게 상담 심리학 위주로 짜여 있다. 이 책에서는 생명 윤리 외에도 여러 가지 내용이 다뤄지므로 이를 활용해 보고서를 쓸 수 있다. 예를 들어 전혀 모르는 사람의 생명보험에 가입해 보험료를 내주고 죽으면 보험료를 타는 미국 제도를 소개하면서, 우리나라에서 이런 제도가 도입되면 사람들의 심리가 어떻게 바뀔지 상상해서 쓰는 것도 도움이 될 것이다.

BOOK 19

《불편한 편의점》
김호연

꿈과 불편 사이에
의사의 역할이 있다

대한민국의 고성장 고물가 시대는 70년대와 80년대죠. 지금의 미국 같은 경우는 저성장 고물가 시대고요. 성장이 없는 시대에는 기업들이 좋은 일자리를 만들어 내지 못합니다. 그래서 청춘은 안정적인 직장을 무엇보다 선호하며 공무원 시험으로 몰려들죠. 공무원 시험을 준비하다 떨어진 학생들은 무엇을 할까요? 답은 2021년 출판계를 강타한 소설《불편한 편의점》에 나와 있습니다. 바로 '편의점 알바나 할까'가 되는 거죠. 그런데 이런 궁금증도 듭니다. 편의점 알바는 말처럼 쉬운 일일까요?

사실 일에 대한 관심은 의사들에게 꼭 필요합니다. 의사들은 병 특히 정신적인 질환이 그 사람의 직업과 떼려야 뗄 수 없다는 사실을 잘 알고 있기에 직업부터 물어봅니다.

이 세상에 쉬운 일이 어디 있겠습니까? 그리고 돈을 많이 주는 곳일수록 직원들을 빡세게 굴리며 스트레스도 많이 주죠. 편의점 알바는 시급이 최저임금의 기준이 될 정도로 업무의 진입장벽이 낮고 강도도 세지 않은 것으로 알려져 있습니다. 그래서 이 소설에서는 다양한 사람들이 직원으로 등장합니다. 노숙자부터 공시족, 집을 나간 남편과 백수로 있는 아들을 대신해 생계에 나선 50대 주부 등 사회 노동 현장에서 소외되는 사람들이 대부분이죠. 청파동의 이 불편한 편의점을 운영하는 염 여사는 돈을 벌 생각이 없는 사람입니다. 퇴직한 역사 교사 출신으로 그 나이에 사회에 봉사하고 환원할 곳이 어디 있나를 찾다 발견한 곳이 바로 편의점이었죠. 사실 수요와 공급의 법칙을 기본적으로 적용할 때 대한민국에서 편의점으로 돈 벌 방법은 없습니다. 인구에 대비해 너무나 많은 편의점이 있기 때문이죠. 코로나 이후에 유동 인구는 줄어들었는데, 공급은 거의 무한대로 늘어나는 분위기니, 적자생존이 아닌 모두가 물귀신이 되어야 하는 형편입니다. 소설에도 등장하지만 편의점에서는 거의 하루도 빠지지 않고 2 플러스 1 상품을 내놓습니다. 슈퍼마켓이나 때로는 이마트 트레이더스보다 더 싸게 물건을 구입할 수도 있죠. 코로나 이후 한국 사회 어느 공간에서 실제로 벌어지는 일 같습니다.

《불편한 편의점》 김호연

이 소설은 그동안 판타지와 SF에 가려 있던 리얼리즘 소설의 화려한 반격을 선언하는 동시에 여성 작가들이 이끌던 한국 문단에서 남성 작가도 살아 있음을 보여 주는 작품입니다. 또한 이 소설은 불편한 편의점을 배경으로 다중 초점 렌즈처럼 모든 등장인물들의 시선을 한 번씩은 보여 주며, 그 사람들이 살아가는 이야기를 이어 가는 전형적인 연작소설입니다. 물론 재미도 있고 독창성도 있습니다. 팔리는 데는 다 이유가 있는 법이죠. 2년간 꿈 백화점과 김초엽의 소설로 현실에서 도피하려던 대한민국 20대와 30대 이른바 MZ 세대가 드디어 불편한 현실과 조우하려는 시도로 저는 이해했습니다. 역대 최저의 투표율을 기록할 거라며 무관심할 것만 같던 20대 대선에서 사상 최고의 사전 투표율을 기록한 것도 사람들이 우리 사회를 진지하게 고찰해 가려는 시도로 아울러 해석했죠. 이 소설을 읽은 이들은 이렇게 외칠 것 같습니다. "바뀔 것은 바뀌어야 한다."

소설에서 오전 시간대와 오후 시간대에 걸쳐 편의점을 지키는 오 여사에겐 아들이 하나 있습니다. 명문대를 나온 뒤 대기업을 다니다가 때려치우고 주식으로 쪽박을 찬 인물인데요, 독립 영화 감독으로 남은 쪽박도 차려다 뒤늦게 정신을 차려서 외무고시 준비를 합니다. 사장인 염 여사의 아들은 비트코인에 뒤늦게 뛰어들었다가 손해만 잔뜩 보고 시장에서 쫓겨났죠. 그는 어머니를 꼬셔서 편의점을 팔아 치운 뒤 자신의 사업 자금에 투자하게 만들려고 혈안이 되어 있습니다.

그리고 편의점 알바의 실질적 주인공이 있습니다. 알고 보니 그는 의사 그것도 강남의 잘나가는 성형외과 의사였죠. 아무리 일시적 기억 상실증이라고 해도 강남 성형외과 의사가 편의점 알바를 하는 세상이 올까 싶기도 하지만 읽다 보면 개연성이 느껴집니다. 결국 한 공간에서 같은 일을 하는 사람들의 다양한 경력을 비추어 줌으로써 의대에 관심 있는 학생들은 의사라는 직업이 모든 사람의 꿈과 모든 사람의 현실 그 사이 어딘가에 놓인 직업이라는 점을 깨달을 수 있습니다.

책을 읽다 보면 모든 등장인물들이 살아 있습니다. 살아 있는 활어 같은 소설이죠. 이들의 눈물겨운 생존을 지켜보는 독자들은 모두가 희생자가 될 수 있는 힘든 현실이 소설의 원동력임을 절감케 됩니다. 이 소설에서 제일 코믹했던 것은 염 사장 아들의 부탁을 받고 노숙자의 신분을 캐려던 노인이 노숙자 대신 편의점 알바라도 하면 좋겠다고 말하는 장면이었습니다. 대한민국에서는 먹고사는 문제가 너무나 중요하고 그래서 비극적으로 흐를 수도 있지만, 이 소설은 이를 코믹하고 유머러스하게 풀어 갑니다. 저성장에 사회 안전망은 기실 존재하지 않는 한국 사회에서 공무원으로 인생 역전을 꿈꾸던 대부분의 청춘은 결국은 편의점 알바를 하게 되죠. 다니던 직장에서 명

《불편한 편의점》 김호연

퇴를 당해 온 가족이 편의점을 열어 먹고살아야 하는 자영업자들은 어떤가요? '불편한 편의점'이란 제목이 저에게는 대한민국의 슬픈 편의점이라는 뜻으로 들렸습니다.

POINT 1 | 이 책을 **창체**에 녹이는 방법

★자율 활동 : 학교에 따라 수학 과학의 날이 있고 인문 사회의 날도 있다. 인문 사회의 날에는 사회적인 책을 읽고 발표 및 질의응답을 하는데, 이때 이 책을 활용할 수 있다. 일의 의미, 직업의 귀천, 코로나 이후 한국 사회의 변화 등에 대해서 이야기하면 좋은 자율 활동이 될 것이다.

★동아리 활동 : 수학 과학 내신에서 불리한 게 없고 이 과목들에 자신이 있다면, 광고 홍보 등 창의성이 요구되는 동아리 활동도 추천할 만하다. 광고 홍보 동아리라면 이 책의 주인공이 일했던 강남 성형외과의 기발한 광고 기법을 분석해 보는 것도 좋을 것이다.

★진로 활동 : 성형외과는 최고 인기의 학과인데 왜 생기부에서는 절대 언급해서는 안 되는 부정적인 뉘앙스로 바뀌었을까? 한

국 사회가 생각하는 의사상은 고등학생들이 의대에 가기 전까지 갖는 생각과 거의 일치하지만, 대학 생활을 하며 바뀌는 경우가 많다. 의대 졸업자가 해마다 어떤 전공을 선택하는지에 대해서는 메디컬 신문 등에 자료들이 있으니, 이 자료들을 조사해 시대별 인기 학과와 그 이유에 대해서 심층 보고서를 써 보자.

POINT 2 | 이 책을 세특에 녹이는 방법

★문학 : 소설 감상 부분에서 교과서에 실린 근현대 소설을 가장 잘 보완할 수 있는 독서로 심화한다면, 이 책을 빼놓을 수 없다. 이 소설의 문학적 특성, 문학 평론가들의 리뷰 등을 참조해 담는다면 꼭 의사라는 직업을 강조하지 않아도 사회에 관심이 많은 학생임을 증명하는 케이스가 될 것이다.

★사회문화 : 사회계층과 불평등을 배울 때 이 책을 연계해 보자. 우리나라의 계층 그리고 불평등은 학벌, 전문직 선호, 안전성 우선 등의 요인이 함께 작용하고 있다. 이를 가장 잘 보여 주는 사례로 책을 활용할 수 있다.

★철학 : 철학은 배우는 학교와 그렇지 않은 학교로 나뉜다. 철학

《불편한 편의점》 김호연

시간에 서양 철학자를 인용하는 것도 좋겠지만, 불편이라는 개념을 놓고 철학적 사유를 펼칠 수도 있다. '불편은 무조건 피해야 하는가?', '건강과 생명을 책임지는 의사라는 직업은 불편을 어떻게 대해야 할까?' 등의 사유를 세특에 녹여 내면 깊이와 성찰 그리고 인문학적 사유를 모두 드러낼 수 있다.

의사로서의 직업윤리와
경제적 자유 사이에서

세상에는 정말 다양한 사람들이 있죠. 그리고 다양한 생각들이 있습니다. 그러나 욕망은 생각보다 다양하지 않습니다. 대부분의 사람들이 꿈꾸는 것은 비슷합니다. 우선 돈을 많이 벌기를 바라고요, 그다음에 건강을 원하죠. 마지막으로 가족이 잘되기를 바랄 겁니다. 기성세대나 MZ세대가 정치를 비롯해서 사회 곳곳에서 첨예하게 대립하지만 이 욕망만큼은 공통됩니다. 바로 경제적 자유입니다. 이 말이 언제부터 유행했는지 정확히 기억나지는 않지만, 제가 젊었을 때는 들어 보지 못한 개념인 건 분명합니다. 제가 볼 때 의대 교수들이 언젠가는 면접에서 이 경제적 자유라는 말에 대해 물어볼 겁니다. 왜냐하면 학생들의 생기부에서도 이미 경제적 자유에 관한 담론들이 하나둘 등장하고 있기 때문이죠. 교수들이 이 질문을 했을 때(틀림없이 생기부에서 발견했기 때문에 그런 질문을 할 터인데), 무조건 그런 것에는 관심 없다고 말하면 안 되겠죠.

MZ세대를 하나의 특징으로 개념화하기는 쉽지 않지만 이 경제적 자유만큼은 동일합니다. 경제적 자유를 꿈꾸지 않는 자는 MZ세대가 아니라고 해도 과언이 아니라는 소리죠.

경제적 자유 관련된 책들이 쏟아져 나오고 있는 가운데 제가 좋아하는 작가 강환국 씨도 여기에 가세했습니다. 바로 경제적 자유를 누린 20명을 인터뷰해서 《파이어》란 책을 내놓은 거죠. 이 책에 이어 유튜브 '싱글파이어'를 운영하는 신희은 기자가 쓴 《100억 젊은 부자들이 온다》 역시 파이어족의 인터뷰집입니다. 이 책에는 강환국 작가의 케이스와 인터뷰도 소개되어 있어 강 작가 자신의 목소리와 객관적인 타인의 시선을 함께 읽을 수 있었는데요, 이들이 공통적으로 제시하는 파이어족의 기준은 비슷합니다. 나이 마흔 이전에 20억 원의 자산을 마련해 놓고 직장을 그만둔 사람들이죠. 여기에 강환국 작가는 1년에 쓰는 지출의 25배 자산을 가진 사람들을 추가합니다. 이런 경우 매달 벌어들이는 수익의 절반을 생활비로 쓰고 나머지 절반을 재투자해 원금을 유지할 수 있습니다. 경제적 자유를 꿈꾸는 사람이면 안 읽을 수가 없는 달콤한 내용으로 가득 차 있습니다.

이 책들에서 소개된 사람들이 돈을 번 방식들은 다양하지만 중요한 공통점이 있습니다. 내가 좋아하지 않는 일로 돈을 번 사람들은 없다는 사실이죠. 대부분 자신이 번 돈 못지않게 자신이 돈 번 방법을 사랑하고 있었습니다. 이는 자신에 대한 긍지 높은 자존감으로 연결이 되겠죠.

강환국 작가는 경제적 자유를 2가지로 풀어 설명합니다. 내가 하고 싶은 일만 할 수 있고, 내가 만나고 싶은 사람만 만날 수 있는 자유라는 것이죠. 그런데 제가 볼 때 MZ세대가 진짜 경제적 자유를 원하는 이유는 전자가 아니라 후자라는 생각이 들었습니다. MZ세대는 돈을 벌고 싶은 욕망도 강하지만 인간관계에서 스트레스를 받고 싶지 않은 욕망이 이전 세대보다 더욱 강하기 때문이죠.

의대 교수들도 당연히 경제적 자유를 추구하려고 하겠습니다만 관점이 다를 겁니다. 일단 의대 교수는 면접과 서류 평가를 통해 이 학생의 2가지를 보고자 할 겁니다. 의사가 정말 좋아서 선택하는 것일까? 그리고 MZ세대는 사람으로부터 상처받기를 두려워한다는데, 의사야말로 상처를 많이 받는 직업 아닌가? 그렇다면 MZ세대 의사는 경제적 자유를 추구해서는 안 되는 것일까?

물론 요즘 MZ세대는 가급적이면 사람을 안 만나도 되는 영상의학과를 선호한다고 합니다. 그런데 직접 물어본 적은 없지만, 사람을 안 만날 자유에 대해서는 의대 교수들의 생각이 분명 일치할 겁니다. 그래도 의사는 사람을 만나야 한다고요. 특히 정신과를 찾는 환자들은 모든 사람에게 기피 대상이 될 수 있습니다. 필연적으로 고립되고 그 고립의 결과 진한 외로움을 느끼고 있을 것이기에, 정신과 의사는 물론 모든 의사는 이들의 괴로움을 외면해서는 안 되죠. '누군가는 만나서 이야기를 듣고 위로도 해 주어야 그들이 극단적인 선택을 하는 것을 막을 수 있지 않겠는가?'라는 화두입니다. 이런 일을 하는 사람은 경제적 자유를 누리지 못하지만(돈을 아무리 벌어도 만나기 싫은 사람을 만나면 경제적 자유가 아니므로), 사회 전체 효용을 늘리는 데 크게 기여하는 보람있는 일을 하고 있는 셈이죠.

저는 솔직히 경제적 자유라는 개념에 회의적입니다. 일단 지금 내가 경제적 자유를 누린다고 해서 급변하는 세상에 10년 뒤 20년 뒤에도 그 자유가 유지된다는 보장이 없습니다. 즉 경제적 자유가 벼락거지의 두려움으로부터 나를 온전히 보호해 줄 방법은 자본주의 사회에서는 없다고 봅니다. 사실 가장 공정한 사회는 사회에서 힘든 일을 하는 사람들이 보람을 느끼며 경제적으로도 어렵지 않은 삶을 살 수 있도록 보장하는 사회여야 하는데, 경제적 자유를 갈구하도록 만드는 사회는 이 문제에 대한 해답을 결코 주지 못합니다. 경제적 자유를 부정적으로 볼 이유는 없지만, 의사로서 최소한의 직업윤리와 충돌

되는 점이 있다는 점만큼은 면접에서 꼭 언급하는 것이 좋습니다.

POINT 1 │ 이 책을 **창체**에 녹이는 방법

★**자율 활동** : 학교에서는 도전 성취 목표제 등의 이름으로 학생들이 다양한 도전에 나설 수 있도록 장려하고 있다. '파이어'라는 말은 정말 할 말이 많은 주제이며, 학생들도 관심이 많은 주제이므로, 독서 토론 특히 찬반 토론에 활용해 보자.

★**동아리 활동** : 의대에서 무조건 의생명 동아리를 원한다는 말은 진실이 아니다. 학생 개개인의 맥락에 맞는다면 다양한 동아리 활동이 돋보인다. 경제 동아리는 문과, 이과, 공대, 의대 모두 통할 수 있는 공간이다. 2030세대의 경제 관념에 대한 설문조사와 기사, 논문, 학회지, 보고서 등이 많이 있으니, 이들을 탐구해 적으면 의미가 있을 것이다.

★**진로 활동** : 진로 활동만큼은 어느 정도 적합성을 보여 줄 필요가 있다. 파이어족 중에는 의사도 많이 있다. 개미라는 말의 원조인 시골의사 박경철, 영화 '빅 쇼트'의 주인공이자 미국 공매도의

제왕 마이클 버리, 자산배분론의 원조 윌리엄 번스타인 등이 모두 의사 출신이다. 의대 교수 중에 보수적인 분들은 젊은 의사가 진료와 진료 사이에 주식 호가창을 보는 것을 크게 꾸짖은 적도 있으니, 약간은 비판적인 자세에서 의사들의 재테크 문화를 다룰 필요가 있다.

POINT 2 │ 이 책을 세특에 녹이는 방법

★**독서** : 다양한 분야의 글 읽기 중 사회문화 분야 책 읽기에서 경제 관련 책을 언급할 수 있다. 경제적 자유가 왜 그렇게 선호되는지 반드시 부정적으로 봐야 하는지 등에 대해서 담론을 펼쳐 보자.

★**통합사회** : 시장 경제와 금융 단원에서 경제를 배운다. '합리적 선택과 그 한계는?'이란 주제를 공부할 때 가장 좋은 소재가 경제적 자유이다. 개인적으로는 합리적 선택이 될 수 있겠지만, 사회 모두가 경제적 자유를 추구하면 반드시 문제가 발생할 수밖에 없음을 고찰해 보자.

★**실용경제** : 실용경제는 진로 선택 과목이 아니라 교양 과목이

며, 뮤츄얼 펀드, 모기지론, 재무 설계 등 재테크와 가장 가까운 과목이다. 당연히 파이어족 이야기도 이 교과에 가장 잘 어울린다.

PART 4

의대 합격을 위한 생기부 필독서

③ 기초 의과학 편

: 의대에 맞는 과학책은
따로 있다

《수학의 쓸모》

닉 폴슨 *Nick Polson*, 제임스 스콧 *James Scott*

의학에서 갈수록
수학이 중요해지는 이유

의대에서 공부할 때 가장 중요한 과목은 수학이 아닙니다. 하
지만 의대에 가기 위해서 가장 중요한 과목은 수학이 맞습니
다. 그런데 학생들은 왜 의사가 되려는데 수학이 그렇게 중요
한지 체감하지 못할 때가 있습니다. 수학 때문에 의사의 꿈을
접어야 하는 사람도 의외로 많죠. 그럴 때마다 이런 조언을 해
줍니다. 수학을 잘하려고 하기보다 좋아하려고 노력하라고. 수
학은 다른 과목과 달리 좋아하는 사람이 훨씬 더 길고 지속적
으로 성적을 올릴 수 있는 과목입니다. 그때 정말 도움이 되는
책이 있습니다. 의대 교수님들이 분명 반가워하실 책입니다.
일단 책 이야기를 하기 전에 질문 먼저 해 보겠습니다. 미국 메
이저 리그 역사에서 가장 깨기 힘든 기록은 무엇일까요? 제 생

176   《수학의 쓸모》 닉 폴슨, 제임스 스콧

각에는 61년에 조 디마지오가 세운 56게임 연속 안타가 아닐까 싶습니다. 미국 최고의 심리학자 스티븐 제이 굴드도 저와 비슷한 생각이더라고요. 그런데 이런 궁금증이 들었습니다. 이 기록은 도대체 얼마나 확률이 낮을까? 이런 궁금증을 해결해 준 책이 미국의 통계 전문가 닉 폴슨과 제임스 스콧이 쓴 《수학의 쓸모》입니다. 정말 쉽고 재미있게 수학이 컴퓨터 등 인류 문명에 기여해 온 역사를 다룬 책입니다.

책에 따르면 조 디마지오는 60년부터 62년까지 한 게임에 평균 0.8개의 안타를 쳤습니다. 0.8을 56번 곱하면 25만 분의 1이죠. '생각보다 높네'라고 생각하면 야구와 복리를 잘 모르는 겁니다. 그다음으로 뛰어난 타자라고 평가받는 피트 로즈(41경기 연속 안타)는 한 게임당 0.75개의 안타를 쳤습니다. 이를 56번 곱해 보면 그때는 확률이 500억 분의 1로 떨어집니다. 평범한 2할 5푼 대의 타자라면 그런 일이 일어날 가능성은 거의 0에 육박합니다. 조 디마지오 아니면 어느 누구도 성취하기 힘든 대기록임이 틀림없죠.

책에는 이 사실 외에 넷플릭스가 추천 영화를 골라내는 알고리즘, 구글의 번역 시스템이 돌아가는 원리, 갑자기 사라진 핵잠수함을 베이즈 규칙에 의거해 확률을 수정해 가며 망망대해에서 찾아낸 이야기, 세계 최고의 신문인 뉴욕타임스가 피임법에 대한 잘못된 확률 계산으로 세상을 놀라게 한 이야기 등 정말 흥미진진한 내용으로 가득 차 있습니다.

의료계에 데이터 과학이 어떻게 접목되는지 궁금했던 저는 마지막 파트인 공중보건과 데이터 과학이 제일 흥미롭더군요. 예측 시스템에 통계는 많은 기여를 할 수 있죠. 신장병 환자의 GFR 수치들을 살핀 뒤 다른 실험실 검사에서 얻은 데이터 및 생체 신호와 결합해 신장 기능의 향후 경과를 예측할 수 있습니다. 심장마비와 우울증 그리고 암에 대한 연구에도 수학이 활발하게 기여합니다. AI 기술을 기반으로 한 스마트 칼은 조직을 절단할 때 나는 연기를 분석해 어떤 조직에 암세포가 들어 있는지 알아낼 수 있는 단계에 와 있습니다. 저자들에 따르면 메트로트닉, 인슐렛 텐덤 같은 잘나가는 의료 장비 회사들은 수학을 전공한 알고리즘 전문가들을 잔뜩 데리고 헬스케어 시장을 선도하고 있다고 하네요. 그러나 아직은 갈 길이 멉니다. 그 이유는 현장에 있는 의사들의 마인드가 바뀌지 않으면 데이터 의학의 발전에 한계가 있기 때문입니다. 저자들은 이렇게 말합니다. "의료 서비스 향상에 데이터 과학을 적용하려면 동기를 재설정해야 한다. 지금처럼 환자가 눈앞에 있을 때만 관심을 가지도록 동기부여가 된다면, 의사는 데이터가 어떻게 저장되든 패턴을 찾기 위해 의료 기록이 분석되든 말든 영원히 신경 쓰지 않을 것이다."

앞으로도 의학에서 수학의 쓸모는 더욱 커질 겁니다. 인간

《수학의 쓸모》 닉 폴슨, 제임스 스콧

질병의 예측에는 수학이 절대적으로 필요하고 의대는 점점 더 수학을 잘하는 의대생을 원할 것이기에 그렇습니다. 수학이 자신에게 정말 쓸모 있다고 생각된다면, 더 이상 '의사가 되려는 데 꼭 수학을 잘해야 해?'라는 질문을 하지는 않겠죠.

POINT 1 │ 이 책을 창체에 녹이는 방법

★**자율 활동** : 학습 부장은 학급 회장이나 학생회 임원보다 훨씬 더 쉽고 편하게 맡을 수 있는 활동이다. 수학 공식과 문제 풀이뿐 아니라 가끔은 좋은 수학 책을 1권 골라 소개하도록 해 보자. 저자와 주요 내용, 배울 점 등을 적어 아침 자습 시간에 학생들이 읽도록 할 수 있다.

★**동아리 활동** : 의학 동아리나 수학 동아리 외에 다른 동아리에서도 이 책을 충분히 활용할 수 있다. 예를 들어 영자 신문 동아리라면, 수학의 쓸모 혹은 미적분의 쓸모, 확률과 통계의 쓸모 등으로 시리즈 기사를 준비해서 책의 내용을 인용할 수 있다. 수학이 얼마나 실용적인지 영어로 표현한다면, 의대 교수들에게 좋은 평가를 들을 수 있다.

★진로 활동 : 진로 활동은 보고서를 쓰고 발표하며 그룹 스터디를 하는 공간이다. 의학, 공학, 수학 등으로 주제를 정해 놓고 활동을 할 경우, '수학은 어떤 식으로 의학 발전에 기여했는가' 등을 주제로 정하면 좋다. 그럴 때 활용하기 좋은 책이 바로《수학의 쓸모》이다. 책에 등장하는 이론이나 수학자에 대해서 연구하고 발표한 뒤 토론까지 하면 금상첨화이다.

POINT 2 | 이 책을 세특에 녹이는 방법

★확률과 통계 : 의사들이 임상을 할 때 사용하는 확률에 대해서 조사한 뒤, 이를 수학 특히 확률과 통계 세특에 써 보면 의미 있는 활동이 될 것이다. 암 환자의 완치 판정은 어떤 수학적 원리로 결정되는지 조사해 보는 것도 좋다.

★미적분 : 미적분도 의학에 많이 쓰인다. 이미 많은 의대 합격생이 MRI, PET, CT 등의 장비에 쓰인 미적분의 사례를 생기부에 활용한 바 있다. 미적분을 모르면 개업의는 할 수 있을지 모르지만 의대 교수는 하기 어렵다.

★고전 읽기 : 많은 학생들이 헤르만 헤세의《데미안》같은 고전

《수학의 쓸모》닉 폴슨, 제임스 스콧

작품을 생기부에 인용하는데,《수학의 쓸모》 같은 책도 고전 수학자의 삶과 연계해서 활용할 수 있다. 수학자 아르키메데스나 가우스 등에 관련된 고전 책을 쓰면서 그들의 업적이 현재의 의학 발전에 어떻게 기여하고 있는지 풀어 보자. 과거와 현재는 서로 연계되어 있으며 의학이란 학문도 예외가 아님을 강조할 수 있다.

《미생물이 플라톤을 만났을 때》

김동규, 김웅빈

철학과 생물학이
이렇게 가까운 학문이었다니!

저는 의대 준비생들을 주로 만나고 이들을 이끌기 위해 서양 작가들의 번역서를 주로 읽곤 합니다. 그러다 보니 서양의 과학자들 대부분이 통합적이고 융섭적이라는 느낌을 받습니다. 올리버 색스의 마지막 저서 《의식의 강》서문에 보면 색스가 '눈부시게 아름다운 우연'이란 주제로 대니얼 대닛(철학자), 스티븐 제이 굴드(고생물학자), 프리먼 다이슨(물리학자) 등과 토론을 하는데, 색스는 모든 분야를 물 흐르듯 넘나듭니다. 어디 색스만 그럴까요? 서구의 뇌과학자, 자연과학자, 의사들은 영화와 소설, 사회과학 등을 가리지 않고 풍성하게 인용합니다. 어려운 용어일수록 쉽게 비유와 사례를 들어 독자들을 빨아들이는 솜씨가 예사롭지 않습니다. 그런데 국내 저자들 특히 과학서에서는 그런 문이과 통섭적인 저자의 책을 발견하기가 어렵습니다. 어차피 인문사회 전공자들은 수학이나 과학을 모르고 알려고 하지도 않으니까 통합 자체가 불가능하고, 그나마 가능하려면 자연과학자들이 노력을 하는 수밖에 없는데 이쪽은 너무 이과적으로만 머리를 발전시켰습니다. 한국 교육의 한계이며 일본 교육의 대표적 잔재가 바로 문이과 구분이죠. 하지만 의대는 분명 문과이면서 이과인 학문입니다.

《미생물이 철학을 만났을 때》는 제가 지금까지 읽은 국내 작가들 책 중에서 가장 통섭적입니다. 철학에 빠진 생물학자와 생물학에 빠진 철학자가 생물학과 철학을 넘나들기 때문에 고등학생들에게 딱 추천할 만합니다. 보통 공저라면 어디부터 어디까지를 누가 썼는지 구분을 하기 마련인데, 이 책에는 모든 내용에 필자의 구분이 없습니다. 읽다 보면 '이건 철학자(김동규)의 생각이겠군, 이거는 생물학자(김응빈)의 견해야'라고 느낌이 오기는 하는데 확실치 않습니다. 철학 속에 생물학이 있고 생물학 속에 철학이 자연스럽게 녹아 있어서 한 사람의 글을 읽는 느낌이 들 정도입니다.

두 사람의 호흡이 잘 맞기 때문에 이런 책이 나왔을 것 같은데, 두 사람은 연세대 대학원에서 동일 주제로 수업을 했답니다. 그 수업의 결실이 이 책이겠죠. 그런데 대부분의 학생이 생물학과였다고 합니다. 문과는 사회학과 학생 1명이었다고 하는데, 문과 쪽에서 이과 쪽으로 넘어가기가 그만큼 어렵다는 것을 보여 준다 하겠습니다.

　국어 교과서에도 실린 시인 정현종은 이 책의 추천사에서 "이 책은 철학과 생물학 강의가 대위법적으로 진행되는 이중주 같다. 서로 다른 분야가 이렇게 솔기 없이 이어진다는 게 놀랍다"고 밝혔습니다. 전적으로 동감하는 바입니다. 다만 마지막 부분에서 사랑으로 수렴되는 간절한 마음이 가장 놀라웠다는 정현종 시인의 말에는 동의하기 어렵습니다. 저자들은 생명을 진리, 자유, 사랑의 복합체로 정의를 내리고 진리는 기억으로 전치하는데, 제가 보기에는 저자들이 그렇게 비판하던 인간 중심주의의 결론과 진배없다는 생각이 들었기 때문입니다. 공생이든 경쟁이든 먹고사는 문제를 해결하기 위해 죽을 때까지 죽이고 죽는 것이 생명 아닐까요? 저자들은 경쟁 못지않게 공생 또한 생명의 원리임을 보여 주면서 사례들을 드는데 대부분 박테리아 수준의 미생물 단계에서 벌어지는 일입니다. 식물과 동물 수준으로 올라갈수록 생명의 법칙은 누가 봐도 약육강식이며, 공생은 예외적입니다. 그리고 인간의 관점에서 보았을 때나 진리가 중요하고 자유가 중요한 거지, 생명은 생존이 더 중요한 차원의 가치가 아닐까 하는 생각이 들었습니다. 다른 하위 차원에서도 의사가 존재한다면 진리나 자유보다 생존이 더 중요한 판단 기준일 테니까요.

　　　　　《미생물이 플라톤을 만났을 때》 김동규, 김응빈

가장 인상적이었던 것은 도킨스에 대한 비판이었습니다. 도킨스는 잘 알려진 대로 유전자 중심주의의 꼭대기에 서 있는 인물입니다. 의대 지원자 중에 생기부에 이 책이 안 적힌 사람이 없습니다. 그런데 그의 주장에 반대하는 의대 교수도 많습니다. 유전자가 주인이고 인간은 탈 것에 불과하다? 그런 그가 밈이라는 문화유전자를 책에서 제시하고 있는 것은 논리적 모순이죠. 이 밈 때문에 자살을 한다든지 피임을 한다든지 하는 일이 벌어진다는 것은 더더욱 납득하기 어렵습니다. 아이를 낳기 전에 자살을 한다든지 피임을 하는 것은 유전자를 퍼뜨리라는 명령을 어기는 것이기에 도킨스 같은 유전자 중심주의자들에게는 해결하기 어려운 난제였습니다. 그래서 그가 빌려온 것이 문화유전자 밈인데, 이렇게 하면서 유전자 중심주의에서 인간 중심주의로 슬쩍 신분을 위장합니다. 그래서 논리의 일관성이 떨어진다는 비판을 듣고, 저도 《이기적 유전자》를 읽으면서 의심이 들었던 대목인데, 두 사람의 저자 덕분에 확실히 이해할 수 있었네요.

그다음으로 의대 준비생에게 좋을 부분은 면역과 정체성을 연결시킨 부분입니다. 정체성은 자기와 비자기를 구별하는 것이고 면역 세포의 역할도 자기와 비자기를 구분하는 것입니다. 예를 들면 NK세포 같은 면역 세포의 경우, 암세포를 비자기로 인식해 공격하는 것이죠. 그런데 이게 철학의 정체성 문제와 연결된다고는 생각하지 못했습니다. 이런 생각이 융합적 사고를 통해서 창의적 사고로 확산하는 경험일 겁니다. 저자들은 기지를 통해 미지를 포섭함으로써 앎의 주체를 확장하고 강화했다는데, 이런 멋진 표현만큼이나 멋진 발상이었습니다.

　　대학원 강의를 바탕으로 썼다지만 글은 쉽게 읽히는 편입니다. 통합과 융합에 관심이 많은 고등학생이라면 꼭 의대 준비생이 아니라도 일독을 권합니다.

POINT 1 │ 이 책을 **창체**에 녹이는 방법

★**자율 활동** : 문과와 이과가 섞여 있는 고 1이 책을 활용해 자율 활동을 하기에 적합하다. 의대 희망생은 이과를 갈 수밖에 없으니 문과 희망생과 함께 가장 문과적인 주제 그리고 이과적인 주제를 골라 토론하는 시간을 가져 보자. 토론 내용과 함께 우정을 다진 에피소드를 자율 활동에 적을 수 있다.

★**동아리 활동** : 예술 동아리와 문학 동아리에서 이 책을 쓸 수 있다. 책에 나오는 문제적 문장, 즉 예술을 바이러스에 비유하는 부분에 대해서 토론해 보는 것이다. 예를 들어 전염성이라는 관점에서는 예술과 바이러스가 분명히 통하는 부분이 있지만, 예술은

바이러스처럼 인류를 괴롭히거나 공포를 주지 않는다. 이와 함께 대안도 제시해 보자.

★진로 활동 : 이 책을 계기로 미생물에 대한 심층 조사를 시도할 수 있다. 인간 몸에는 뼈, 근육, 혈액, 뇌 등 다양한 신체 부위에 미생물이 서식하고 있다. 이러한 미생물들은 인간의 건강에 다양한 영향을 미치며, 인간의 삶에 없어서는 안 될 존재이다. 표피 미생물, 구강 미생물, 장내 미생물, 호흡기 미생물, 생식기 미생물 등으로 분류해 유익균과 몸에 해로운 것까지 알아보면 진로 활동으로 특히 도움이 될 것이다.

POINT 2 | 이 책을 세특에 녹이는 방법

★과학탐구실험 : 과학탐구실험은 1학년 때 배우는 과목 중에서 유일하게 등급이 안 나오는 과목이다. 세균의 증식을 관찰하는 실험을 해 보자. 세균은 무성생식을 통해 증식하기 때문에, 세균을 배양하여 그 증식을 관찰할 수 있다. 실험 재료로는 LB 배지, 멸균된 피펫, 멸균된 샬레, 현미경이 필요하다. LB 배지에 세균을 접종한 다음, 37℃에서 24시간 배양한다. 그다음 배양된 세균을 현미경으로 관찰하면 된다.

★생명과학 1 : 생명의 특성 단원에서 미생물이 언급되니까 이 책을 활용하면 알맞다. 세균, 곰팡이, 원생생물로 분류되는 미생물 범위와 세포벽, 세포막, 세포질, 핵 등으로 이루어진 미생물의 구조, 영양, 생식, 운동, 호흡 등으로 이루어진 미생물의 기능 등을 적을 수 있다. 이때 미생물에 대한 참신한 시각을 위해 이 책을 찾아 읽었다고 하면 더 좋을 것이다.

《미생물이 플라톤을 만났을 때》 김동규, 김응빈

의대에 가면
무엇을 배우게 될까?

수시에서 의학 계열을 꿈꾸는 학생들은 2가지 특징이 있습니다. 일반고는 내신 1등급 초반, 자사고와 과고는 내신 2등급 중반에서 3등급 초반 사이 극강의 내신 소유자라는 점과 봉사 활동, 동아리 활동의 비교과가 다른 계열 지원자들을 압도한다는 것이지요. 다들 내신이 우수하고 비교과가 좋기 때문에 당락은 다른 곳에서 결정되는 경우가 많습니다. 바로 얼마나 의대에 맞는지 전공 적합성 여부입니다.

전공 적합성을 쌓는 데 가장 좋은 방법은 의사 마인드를 확실하게 갖추는 것과 의대 강의를 미리 들어 보는 겁니다. 둘 다 책이라는 간접 경험이 절대적으로 필요하죠. 의사의 마인드를 갖추기 위해서 가장 좋은 방법은 좋은 의사의 자전적인 책을 읽는 것이고, 후자는 의대 교수가 쓴 입문서를 찾는 것입니다. 전자는 많은데 후자의 책은 많지 않죠. 그중 2018년 출간된 《기초부터 탄탄하게, 처음 듣는 의대 강의》는 서울의대 출신의 안승철 단국대 의대 교수가 일반인과 청소년을 위해 쉽게 쓴 의학 개론서입니다. 적어도 고등학교 2학년 시기에 생명과학 1을 공부한 학생들이 읽을 수 있는 수준입니다.

의학은 인간의 몸과 정신의 병을 다루는 곳이죠. 정신이 몸에 포함될 수 있는지에 대해서는 반론의 여지가 있지만 일단 인간의 몸에 대해서 알아야 합니다. 의학에서는 인간의 몸을 11계로 분류하는데요, 저자는 이 중에서 순환계, 호흡계, 비뇨기계, 소화기계, 내분비계, 신경계 등 6개 계에 대해서 설명을 시도합니다. 골격계와 근계가 빠져 있어 외과 쪽이 다뤄지지 않은 것이 아쉬운 점입니다. 하지만 내과와 정신과 쪽 희망 학생들은 대학에서 무엇을 배우게 될지 그리고 자신의 적성이 어디에 있는지 쉽게 파악할 수 있도록 구성되어 있습니다.

또한 이 책은 인체에 대해서 배우면서 의학의 선구자들이 얼마나 노력했는지 그 과정을 엿볼 수 있습니다. 인체 해설서인 동시에 의학의 역사 책인 셈이지요. 다양한 병과 그 원인에 대한 과학적 설명도 빠지지 않습니다. 특히 마지막 장인 신경계 편에서는 올리버 색스의 《아내를 모자로 착각한 남자》가 풍성하게 인용되는데요, 책 속에 소개된 환자들의 질병들이 사진과 그림과 함께 소개되기 때문에 색스의 책을 읽은 학생들은 더 큰 재미와 함께 좀 더 확실하게 지식을 쌓는 기회를 가질 수 있습니다.

POINT 1 │ 이 책을 **창체**에 녹이는 방법

★**자율 활동** : 인체에 대해서 알아보는 과정에서 이 책을 골랐고, 책에 있는 수많은 그림 자료를 골라 읽으면서 이를 친구들에게 말로 설명해 보는 시간을 가졌다고 적을 수 있다.

★**동아리 활동** : 인덱스를 찾아보는 것은 도서부에서 가장 중요한 일이다. 이 책뿐 아니라 의대 관련 단행본들 중에서 '찾아보기'가 있으면 좋은 아이템이 될 수 있다. 찾아보기에 적힌 키워드의 내용을 정리해 본 뒤 해당 페이지를 찾아가 대조해 보는 과정을 거치는 것이다. 말로 해 보고 글로 써 보는 과정 속에서 습득한 지식들은 진짜 자기 것이 될 수 있으며, 심층 과학 면접 때 수시로 입출력할 수 있어서 도움이 된다.

★**진로 활동** : 이 책을 읽고 티빙에서 볼 수 있는 일본 애니메이션 '일하는 세포'를 엮으면 훌륭한 진로 활동 보고서를 쓸 수 있

의대에 가면 무엇을 배우게 될까?　　　　　　**191**

다. '일하는 세포'는 우리 몸의 세포를 의인화해서 백혈구, 적혈구, 암세포 등이 활동하는 모습을 재미있는 에피소드를 통해 쉽게 보여 주는 애니메이션이다. 이 책을 읽고 애니메이션을 찾아보면서 '인간의 세포는 어떻게 움직이나', '인간의 몸을 서양의학은 어떻게 구분하나' 등의 주제로 탐구 보고서를 써 보자.

POINT 2 │ 이 책을 세특에 녹이는 방법

★**영미문화읽기** : 영어 과목의 진로 선택 과목에는 영미문화 읽기, 실용영어, 진로영어 등이 있다. 영미문화는 학생들이 영미문학과 드라마, 영화 등을 소재로 영어 공부한 내용을 적을 수 있는데, 의학 용어는 대부분 영어이다. 예를 들어 책에 소개된 호흡기 내과 전문의는 영어로 하면 'Respiratory medicine specialists'이며, 원래 영미 문화권에서 '의사'라고 하면 내과 의사를 뜻했다. 외과 의사는 이발사가 같이 병행하다가 19세기에 의대 커리큘럼에 들어 왔다. 이런 문화적 내용들을 세특에 담아 보자.

★**생명과학 1** : 항상성과 몸의 조절이란 주제는 자극의 전달, 신경계, 항상성 유지, 인체의 방어 작용 등으로 구성되어 있다. 인체

의대 강의》 안승철

의 방어 작용은 인체가 외부에서 침입한 병원체로부터 자신을 보호하는 작용을 말하는데, 이는 비특이적 방어 작용과 특이적 방어 작용으로 나눌 수 있다. 이런 내용을 세특에 쓸 때 이 책이 심화학습의 계기로 활용될 수 있다.

★**화학 2** : 화학 2 교과서에서는 화학 평형이 소개된다. 화학 평형은 화학 반응이 일어나는 동안, 반응물과 생성물의 농도가 일정하게 유지되는 상태를 말하며, 이는 인체의 다양한 생명 활동에 중요한 역할을 한다. 대표적인 예시로는 호흡, 체온 유지와 같은 것들이 있다. 이 중에서 호흡은 포도당을 분해하여 에너지를 얻는 과정인데, 화학이 생명과학과 다른 점은 화학식으로 표현할 수 있다는 점일 것이다. 화학 2를 공부하면서 의대에서 배우는 일반 화학, 유기화학 등에 대해 알아보는 계기를 이 책이 제공했다고 적을 수 있다.

《암 : 만병의 황제의 역사》

싯다르타 무케르지 *Siddhartha Mukherjee*

암을 정복하기가
그토록 어려운 이유

앞의 안승철 교수의 책에서 소개되는 6계 인체의 시스템은 어떤 공통점이 있을까요? 바로 인류에게 가장 무서운 질병으로 일컬어지는 암이 생길 수 있는 곳이란 겁니다. 흔히 심장은 뜨겁기 때문에 암세포가 살 수 없다는 인식이 있었는데 해마다 아주 적은 숫자지만 심장암 환자가 발생하고 있습니다. 2020년 기준으로 대한민국에서도 74명의 환자가 발생해서 가장 빈도수가 낮은 암으로 기록되고 있지요. 사실 통념상으로는 심장에서 암세포가 생기는 게 어렵습니다. 염분 때문에 암세포 증식이 억제되기 때문입니다. 그런데 분명 환자는 있습니다. 우리가 모르는 심장암까지 존재하고 있으니 암은 인체의 어떤 곳에서도 생겨날 수 있는 것이죠. 피부외피계에는 피부암으로 불리는 흑색종이 버티고 있고, 근골격계인 뼈와 근육도 최초의 암 발생지는 아니지만 육종으로 암세포 전이가 활발하게 이루어지는 곳입니다. 한마디로 만병의 황제가 바로 암인 셈인데요, 이 책《암 : 만병의 황제의 역사》를 쓴 싯다르타 무케르지는 미국의 종양 의사이며 퓰리처상을 받은 작가입니다. 그의 책들은 의사의 마인드를 갖추는 데 최고의 교재로 활용될 수 있습니다. 싯다르타 무케르지는 아톨 가완디 그리고《숨결이 바람 될 때》의 폴 칼라니티와 함께 미국에서 가장 성공한 인도계 미국인 의사이죠. 그의 테드 강의는 수천만 조회 수를 기록했을 정도입니다.

　종양내과가 아니라도 거의 모든 의사들이 암에 관심이 많습니다. 암은 세포 분열의 무한 증식이 특징으로 단세포동물에서 다세포동물로 변한 생물의 필연적인 귀결입니다. 현재 가장 오래된 화석은 6,600만 년 전 공룡의 화석인데 여기에서도 암의 흔적이 발견됩니다. 그 후로도 6,600만 년 동안 암은 인류를 비롯한 다세포동물들을 괴롭혀 왔습니다. 2022년도 한국인 사망 원인 1위는 '암'이 차지했고, 한국인 중 4명 중 1명은 암으로 죽었죠. 그 비율은 전 세계적으로 비슷합니다. 암 중에서도 사망률이 가장 높은 암은 폐암입니다. 암 사망률은 인구 10만 명당 161.1명으로 해마다 1%씩 증가하고 있습니다. 노령화 때문이라고 할 수 있죠. 실제 20대가 암에 걸릴 확률보다

80대가 암에 걸릴 확률이 15배 이상 높습니다. 왜 나이가 들면 암세포가 늘어나는 걸까요? 무케르지에 따르면 다음과 같은 4가지 이유 때문입니다.

가장 큰 이유는 세포의 돌연변이가 늘기 때문입니다. 세포는 시간이 지남에 따라 돌연변이가 발생할 가능성이 높아집니다. 돌연변이는 세포의 정상적인 성장과 분화를 방해하여 암을 유발할 수 있습니다. 나이 들면 면역 체계의 약화도 피할 수 없습니다. 면역 체계는 암세포를 공격하고 제거하는 역할을 하는데, 면역 체계가 약해지면 암세포가 증식하기 쉽습니다. 세 번째 이유는 호르몬의 변화 때문입니다. 호르몬은 세포의 성장과 분화에 영향을 미칩니다. 나이가 들면서 호르몬의 변화가 일어나면 암의 발생 위험이 증가할 수 있습니다. 마지막으로 환경적 요인도 작용합니다. 흡연, 과음, 자외선 노출, 식습관 등 환경적 요인도 암의 발생 위험을 증가시킬 수 있죠.

'암' 전문의가 되어 암과의 전쟁에서 장차 승리하고 싶다는 학생들은 그의 책을 꼭 읽어 보기를 권합니다. 역자가 밝힌 대로 생물학적 내용은 최대한 풀어 쉽게 설명하고 있으며, 수많은 문학 작품들과 역사서, 드라마, 영화들이 인용되고 있어서 인문학 책을 읽는 느낌마저 듭니다. 그의 책은 전문적이면서 인간적이기도 합니다. 암 환자와 가족이 느끼는 고통의 깊이를 설명하기 위해 마거릿 에드슨의 희곡《위트》가 인용되는 식이지요. 좋은 의사는 이처럼 인문학 마인드와 자연과학 마인드를 모두 갖춘 인재임을 그가 잘 보여 주고 있습니다. 명의가 되려면 생명과학이나 화학만 잘해서는 안 되고 인문학과 예술에도 통달해야 한다는 이야기를 할 때, 싯다르타 무케르지는 아주 좋은 예가 될 수 있습니다. 특히 생명과학 2 세포 시간에 교과서와 함께 학습하면 아주 좋은 생기부를 만들 수 있습니다.

POINT 1 │ 이 책을 **창체**에 녹이는 방법

★**자율 활동** : 일부 학교에서는 자율 활동 시간에 편지 쓰기를 한다. 이때 암을 앓고 있는 주변의 지인이나 모르는 익명의 사람에게 편지를 쓰면서 무케르지의 책을 인용해 보자. 무케르지는 암에 걸리면 이제 죽음뿐이라는 암울한 시각보다 암과 함께 살아가는 시각을 강조했다. 우리 내부의 또 다른 자아라고 생각하고 받아들이는 자세가 필요하다는 내용을 쓸 수 있다.

★**동아리 활동** : 봉사 동아리에서 선생님의 학인 아래 서울대나 연세대 등의 암 병원을 탐방하고, 암 환자들이 모여 있는 공간에서 봉사 활동을 할 수 있다. 연주 실력이 있으면 암 환우들을 위해서 연주회를 할 수도 있고, 완화 치료를 받고 있는 환우분들의 이

야기를 들어 주는 것도 좋은 봉사 활동이 될 수 있다. 그리고 과학 연구 동아리에서는 암이라는 병 자체를 주제로 하여 탐구 활동 혹은 토론 활동을 할 수 있다. 무케르지라는 미국의 종양내과 의사를 통해 미국의 종양내과와 한국의 종양내과를 비교하는 것도 가능하다.

★진로 활동 : 일부 학교에서는 진로 특강 시간에 의대 교수님들을 직접 초빙하기도 한다. 이때 의대 교수님들 중에서 종양내과 교수님 초청을 직접 주선해 볼 수 있을 것이다. 암 전문의가 학교에 와서 강연을 하면 그분이 쓴 논문을 논문 사이트에서 찾아보거나 강연이 끝날 때 질문을 한 뒤 그 질문 내용을 진로 활동에 적어 보자. 진로 성숙도를 보여 주는 데 도움이 될 수 있다.

POINT 2 │ 이 책을 세특에 녹이는 방법

★사회문제탐구 : 암은 사회적 질병이기도 하다. 암과 암 환자들에 대한 사회적 비용 및 대우 등을 탐구하는 것 자체가 사회문제 탐구에서 큰 비중을 차지한다. 성별 및 연령대별 암의 발생률과 암 종류에 따른 사망률 등에 대해서 조사해 보자.

★**생명과학 2** : 세포의 구조와 기능 단원에서 세포의 연구 방법을 다룰 때 현미경 이야기가 나온다. 무케르지에 따르면 50년대에 죽은 환자의 암세포가 아직도 살아서 끝없이 분열하고 있다고 하는데, 암세포를 관찰하기 위해서는 현미경이 필요하다. 광학 현미경, 형광 현미경, 전자 현미경 등 암의 종류와 연구 목적에 따라 다른 현미경이 선택될 수 있다. 예를 들어 암세포의 구조와 형태를 관찰하기 위해서는 광학 현미경이 적합하고, 암세포의 특정 단백질이나 유전자를 관찰하기 위해서는 형광 현미경이 적합하다. 또한 암세포의 기원과 발생 과정을 연구하기 위해서는 전자 현미경이 적합하다. 현미경과 암세포라는 주제로 이런 심화 지식들을 세특에 쓰면 효과적이다.

BOOK 25

《브레인 케미스트리》
지니 스미스 *Ginny Smith*

모든 생명 현상은
결국 분자 수준의 화학 이야기

의대에 합격한 학생들은 1~2학년 때 상대적으로 가벼운 수준의 공부를 합니다. 1학년 때는 화학과 생명과학의 심화 버전인 일반 화학과 일반 생물학을 듣고 2학년 때는 유기화학과 생리학을 배웁니다. 그런데 F 학점을 받아 유급하는 비율은 어느 학교나 화학이 생명과학보다 높습니다. 생각보다 화학을 많이들 어려워하죠. 그런데 의대에서 화학은 생명과학 못지않게 중요합니다. 생명과학을 깊이 있게 들어가면 분자 수준에서는 모두 다 화학적 현상이기 때문이죠. 치료의 궁극적인 과정은 모두 화학적 원리를 기반으로 합니다.

화학에 관련된 책들은 많은 학생이 세특에 활용하고 있지만 23년도 하반기에 나온 따끈따끈한 신작 《브레인 케미스트리》는 뇌화학에 관한 책입니다. 뇌화학은 어떤 학문일까요?

뇌화학은 뇌의 구조와 기능을 화학적 측면에서 연구하는 학문입니다. 뇌는 신경세포neuron로 이루어져 있으며, 신경세포는 신경전달물질neurotransmitter을 사용하여 서로 소통합니다. 뇌화학은 신경세포의 구조와 기능, 신경전달물질의 종류와 작용, 뇌의 화학적 변화와 질병과의 관계 등을 연구합니다. 사랑도 어찌 보면 화학적인 작용이고, 인간의 감정에 관한 거의 모든 것이 호르몬 등 화학적 작용의 결과물입니다. 저자에 따르면 인간의 정체성을 규정하는 것은 뇌가 아니라 뇌의 화학물질입니다. 기억, 식욕, 동기부여, 사랑, 두려움, 수면, 결정 그리고 김승섭 교수가 강조하는 고통까지 모두 화학물질이 결정하는 거죠. 그리고 마약을 비롯한 모든 중독과 스트레스 역시 화학물질의 작용입니다.

영국의 유명 과학 커뮤니케이터이자 이 책의 저자 지니 스미스는 이렇게 말합니다.

우리 뇌는 어떻게 우리를 일정한 방식으로 행동하게 만들까? 내가 보기에 그 해답은 우리 뇌의 배선(연결)에 있는 것이 아니라 뇌를 적시는 화학물질에 있는 것 같다. 왜냐하면 앞으로 보게 되겠지만 뉴런들 사이의 연결은 변화할 수 있고 실제로 변화하는 데다, 그 과정이 천천히 진행되기 때문이다. 이것은 우리가 경험하는 밀리초 단위의 변화, 즉 찰나의 결정, 감정 변화, 직면한 유혹을 관장하는 것이 배선이 아님을 의미한다. 대신 이 변화들은 모두 뇌화학에 지배된다.

저자에 따르면 뇌화학은 다음과 같은 측면에서 중요합니다.

1. 뇌의 구조와 기능을 이해하는 데 중요한 역할을 합니다.
: 뇌화학을 통해 신경세포의 구조와 기능, 신경전달물질의 종류와 작용을 이해할 수 있습니다. 이러한 이해를 바탕으로 뇌의 작동 원리를 밝힙니다.
2. 뇌 질환의 이해와 치료에 중요한 역할을 합니다.
: 뇌화학을 통해 뇌 질환의 원인을 밝히고, 이를 치료하기 위한 방법을 개발할 수 있습니다. 예를 들어 알츠하이머병은 뇌에서 아밀로이드 베타라는 단백질이 쌓여 발생하는 질환입니다. 뇌화학을 통해 아밀로이드 베타의 합성과 분해 과정을 깊이 이해하게 되면, 알츠하이머병의 치료 방법을 개발할 수 있습니다. 우울증도 뇌화학적으로 접근하면 해결책이 보입니다. 우울증은 부정적 편향이 극대화된 경우이죠. 뇌에서 세로토닌 수치를 높이면 우울증도 가라앉습니다. 세계에서 가장 많

《브레인 케미스트리》지니 스미스

이 팔린 우울증 약인 프로작은 세로토닌 수치를 높여 주는 약물입니다. 세로토닌은 뇌에서 신경전달물질로 작용하는 물질로, 기분, 수면, 식욕, 통증, 학습, 기억 등의 기능에 관여합니다. 우울증 환자의 경우 세로토닌 수치가 낮은 것으로 알려져 있습니다. 프로작은 세로토닌이 신경세포에서 재흡수되는 것을 억제함으로써 세로토닌의 농도를 높입니다. 그 결과, 기분, 수면, 식욕, 통증, 학습, 기억 등의 기능이 개선되어 우울증 증상을 완화하는 효과가 나타납니다.

3. 뇌 기능 향상에 기여합니다.

: 뇌화학을 통해 뇌의 학습, 기억, 집중력 등의 기능을 향상시키는 방법을 개발할 수 있습니다. 예를 들어 뇌에서 도파민이라는 신경전달물질의 농도를 증가시키면 학습과 기억 능력이 향상되는 것으로 알려져 있습니다.

이처럼 뇌화학은 뇌에 대한 이해를 넓히고, 뇌 질환을 치료하며, 뇌 기능을 향상시키는 데 기여하는 중요한 학문입니다. 그러면 앞으로 의대에서 뇌화학을 공부하고 싶다고 포부를 밝힐 때 어떤 분야를 연구할 수 있을까요? 뇌화학의 연구 분야는 다음과 같이 크게 나눌 수 있습니다.

- 신경세포의 구조와 기능 연구 : 신경세포의 모양, 크기,

신호 전달 과정 등을 연구합니다.

　- 신경전달물질의 종류와 작용 연구 : 신경전달물질의 구조, 생합성, 분해 과정, 신호 전달 효과 등을 연구합니다.

　- 뇌의 화학적 변화와 질병과의 관계 연구 : 뇌 질환에서 나타나는 화학적 변화를 연구하여 질병의 원인을 밝히고, 치료 방법을 개발합니다.

　- 뇌 기능 향상을 위한 연구 : 뇌의 학습, 기억, 집중력 등의 기능을 향상시키는 방법을 연구합니다.

이 모든 게 결국 화학, 정확히는 뇌화학으로 도전하거나 해결할 수 있는 과제입니다. 여러분 생기부에서 이 책이 발견되면 2가지 효과가 있을 겁니다. 화학을 잘하는 학생 그리고 뇌에 대해서 제대로 아는 학생임을 어필할 수 있는 거죠. 합격으로 한 걸음 더 다가갈 수 있을 겁니다.

POINT 1 | 이 책을 창체에 녹이는 방법

★**자율 활동** : 자기주도학습은 자율 활동에 녹일 수 있다. 따라서 자기주도학습을 설계하고 실행하고 평가하는 과정에서 《브레인 케미스트리》를 활용할 수 있다. 의학에서 화학이 중요한 이유를

　　　　　　　　《브레인 케미스트리》 지니 스미스

적고, 의과학자가 되기 위해 필요한 것들을 찾아서 그것들을 실천하는 과정을 생기부에 녹여 보자.

★**동아리 활동** : 23년도 노벨 화학상은 모운지 바웬디**Moungi Bawendi** 미국 매사추세츠공과대학교**MIT** 화학과 교수, 알렉세이 예키모프**Alexei A. Ekimov** 미국 나노크리스탈 테크놀로지**NCT** 수석과학자, 루이스 E. 브루스**Louis E. Brus** 컬럼비아대학교 화학과 교수가 공동 수상했다. 양자점(퀀텀닷)의 발견과 상용화에 기여한 공로 덕분이다. 양자점은 반도체를 나노미터 단위로 작게 만든 입자로, 크기에 따라 다양한 색깔을 띠는 특징이 있다. 양자점은 디스플레이, 태양전지, 센서, 의료 진단 등 다양한 분야에서 활용될 수 있는 잠재력을 가지고 있다. 매해의 노벨 화학상과 노벨 생리의학상은 어떻게든 생기부에 녹이는 게 좋다. 23년도 수상자와《브레인 케미스트리》는 다음과 같이 연결시킬 수 있다. 양자점을 이용하면 뇌의 신경전달물질 분포를 비침습적으로 측정할 수 있는 기술도 가능하다. 이 기술이 우울증, 알츠하이머병, 파킨슨병 등 뇌질환의 진단과 치료에 활용될 수 있을 것으로 기대된다는 점을 생기부 동아리 활동에 기재할 수 있다.

★**진로 활동** : 이 책을 읽고 대학에서 뇌화학을 공부할 수 있는 방법을 조사해 보자. 대학원에도 의과학 대학원이 있고 의과대학

에서도 의과학 교실이 있다. 학교 홈페이지에서 교수님들의 이메일 주소를 찾아내 의학에서 생화학과 유기화학 외에 뇌화학을 어떻게 공부할 수 있는지 문의해 보자. 또 고등학교에서는 어떤 공부를 하는 게 좋은지 이 책을 읽고 궁금해서 메일을 보내게 됐다는 질문을 하면, 많은 교수님들이 답장을 해 줄 것이다. 물론 메일을 받았어도 교수님들이 재직 중인 대학교명은 밝힐 수 없다.

POINT 2 | 이 책을 세특에 녹이는 방법

★**생명과학 1** : 의학과 가장 비슷한 과학은 생명과학이다. 생명과학 중에서 인간이라는 종을 다루는 게 의학인 것이다. 의학과 생명과학의 차이점과 공통점 등을 비교하거나, 뇌과학에 생명과학과 화학이 어떤 역할을 하는지 등을 이 책을 읽고 조사했다는 식으로 세특을 작성할 수 있다.

★**과학사** : 과학사는 과학의 진로 선택 과목으로 ABC 성취도 평가만 이루어지고 대부분이 수행평가를 한다. 수행평가를 할 때 뇌과학의 역사와 화학의 역사란 주제로 의학사에서 두 영역이 만나는 지점을 찾으려는 시도를 해 본다면, 의미 있는 활동이 될 것이다.

《브레인 케미스트리》 지니 스미스

★화학 1 : 화학 1의 3단원이 분자의 세계이다. 이 단원에서는 분자의 극성에 대해서 공부한다. 세로토닌, 도파민, 노르에피네프린, 아세틸콜린 등이 극성 신경전달물질이다. 이러한 신경전달물질은 분자 구조에 극성기를 가지고 있기 때문에 다른 분자와 쉽게 결합할 수 있고, 신경세포 사이의 신호 전달에 중요한 역할을 한다. 비극성 신경전달물질은 가바, 글루타메이트, 아스파르트산 등이 있다. 이러한 신경전달물질은 분자 구조에 극성기를 가지고 있지 않기 때문에, 다른 분자와 쉽게 결합할 수 없다. 따라서 신경세포 사이의 신호 전달에 직접적인 역할을 하지 못하며, 대신 신경세포의 활동을 조절하는 데 중요한 역할을 한다. 이런 내용들을 쓰면 의학, 뇌과학, 화학 모두를 포괄할 수 있다.

《임상추론의 ABC : 환자를 볼까, 검사를 볼까?》

니콜라 쿠퍼 *Nicola Cooper*, 존 프레인 *John Frain*

의사에겐
추론 능력이 필요하다

여기 한 환자가 있습니다. 16세 때부터 매일 25개비의 담배를 피워 온 40세 여성입니다. 의사는 그녀에게 금연의 이득을 알려 주고 싶습니다. 어떻게 하면 좋을까요? 이렇게 말한다고 가정해 봅시다.

"담배를 피우는 여성이 비흡연자와 비교해 79세까지 살 확률은 32%가량 낮습니다. 또한 25세에서 79세 사이의 흡연자는 비흡연자에 비해 사망률이 3배가량 높습니다. 비흡연 여성의 평균 수명은 81세인 반면, 흡연 여성의 평균 수명은 71세죠. 40세 이전에 금연하면 담배와 관련해 사망할 절대 위험도가 90%나 감소하죠."

어땠을까요? 환자가 알아듣고 금연을 실천했을까요? 그렇지 않습니다. 이 방법이 통하지 않자 의사는 다른 방식으로 접근하기로 합니다. 이렇게 말했죠.

"자료를 검색해 보니, 환자가 내년에 금연한다면 담배를 계속 피울 때보다 9년 더 살 수 있습니다. 담배를 전혀 피운 적이 없는 경우와 비슷해지는 거죠. 어느 쪽을 선택하시겠습니까?"

의사는 담배를 계속 피우면 빨리 죽는다가 아니라 끊으면 더 오래 살 수 있다고 프레임을 바꿨고, 이 접근은 결국 성공했습니다.

영국의 의대 교수들이 쓰고 서울의대 신경과 교수가 번역한 《임상추론의 ABC : 환자를 볼까, 검사를 볼까?》는 의사들에게 얼마나 추론 능력이 중요한지, 의대에서 얼마나 추론 교육이 필요한지를 역설한 책입니다. 영국에는 의대생들의 추론 능력을 키워 주기 위해 임상추론이라는 교육 과정이 개설되어 있지만 국내 의대는 그렇지 못한 게 현실이죠.

임상추론 수업 시간에는 학생들에게 이런 것들을 가르칩니다. 확률(특히 베이즈 정리의 원리), 민감도와 특이도의 차이, 연역 추론과 귀납 추론의 차이, 다양한 추론 방법(귀추법, 확률 추론, 인과 추론 등), 인지 편향과 오류 그리고 메타인지와 인지 편향 제거 등이죠. 토론을 통해 의사소통 능력과 의미론적 언어 능력을 키우는 것도 교육 과정에 포함됩니다. 의학과 수학, 논리학, 인지심리학 등이 결합된 융합 학문인 거죠. 시간이 지남에 따라 새로운 정보와 추가적 경험이 쌓이면서 점차 더 어려운 수준으로 해당 주제를 다시 학습하는 나선형 교육 과정이 특징입니다. 희귀병이 아닌 흔한 질환의 단순한 임상 양상에 초점을 맞춰 지도하면서 학생들이 질병 스크립트라고 불리는 자신만의 데이터베이스를 구축하도록 돕습니다. 패턴 인식 능력을 키워서 실제 환자를 만나 판단을 내릴 때 추론을 제대로 할 수 있도록 하는 게 교육의 목표죠.

영국에서는 1년에 10%의 환자들이 의료진의 실수로 크고 작은 피해를 입고 그중 1%가 죽는다고 합니다. 1,500만 명이 입원한다고 했을 때 그중 1만 5,000명이 의료 사고로 죽는 거죠. 이를 막기 위해서는 실수하지 않는 것, 실수를 깨닫고 더 큰 실수를 방지하는 게 중요합니다. 의사도 인간인 이상 실수하기 마련입니다. 그러나 모름지기 좋은 의사는 실수가 발생할 수 있다는 생각을 하고 그에 근거해 행동하죠. 제대로 된 추론 교육은 좋은 의사를 만들어 내는 데 많은 기여를 합니다.

추론 교육을 제대로 받은 의사들은 이런 실수들을 방지할 수 있습니다. 예컨대 확인 편향으로부터 자유로워질 수 있습니다. 이전에 약물 과다 복용으로 응급실에 자주 왔던 사람이 의식 저하로 다시 왔을 때 과거와 마찬가지 이유일 거라고 지레짐작을 해 버리면 뇌 손상을 놓칠 수 있습니다. 상황에 들어맞거나 쉽게 적용할 만한 것을 찾은 다음, 대안을 찾는 작업을 중

단해 버리는 일도 방지할 수 있습니다. 가능한 모든 정보를 열어 보지 않아 문제를 놓치는 일도 막을 수 있습니다. 환자나 보호자로부터 완전한 병력을 얻지 못하면 진단을 제대로 할 가능성이 떨어지는 노인의학에서 자주 발생하는 문제죠.

번역자인 윤병우 교수에 따르면 지금은 의사가 컴퓨터를 마주 보고, 컴퓨터와 대화하며, 자판을 두드리고 결과를 모니터에서 확인하는 것이 표준적인 진료 방식이 되고 있답니다. 의사와 환자 사이에 신뢰가 있는 진료를 하려면 추론 교육이 꼭 필요하다는 점에서, 추론 교육은 그동안 급속히 디지털화되던 의학이 아날로그와 진정한 균형추를 이루는 노력의 시작이 될 수 있지 않을까 싶습니다.

POINT 1 │ 이 책을 창체에 녹이는 방법

★**자율 활동** : 의사가 환자의 병명을 진단할 때, 그리고 암 진단의 가능성 그리고 말기 암 환자의 생존 가능성 등을 결정할 때 어떤 추론 메커니즘을 쓰는지 다른 학생들과 팀을 이뤄 스터디를 할 수 있다.

★**동아리 활동** : 의학 동아리라면 의학 논문 사이트에서 확률 추

론 등의 키워드를 사용해 논문을 검색해 본 뒤 의사들의 의학 추론 실력을 높이는 데 무엇이 필요한지 해결책 위주로 정보를 찾을 수 있다. 찾은 정보를 동아리 부원들에게 가르쳐 주는 과정은 협력의 가치를 직접 드러낼 수 있다. 경제 동아리에서는 주식, 외환, 비트코인 등의 상품이 어떤 변동성을 보일지 확률과 통계 과목에서 배운 지식들을 토대로 예측해 보는 활동을 할 수 있다. 또한 확률과 예측 모델을 이용해 사람들과 대화를 나눌 때 어떤 변화가 나타나는지를 구체적으로 기록할 수 있다.

★**진로 활동** : 학교에서 하는 강연회나 선배 초청 멘토링 시간에 의료계 사람을 만나 그들이 환자와 어떻게 의사소통을 하는지 물어보자. 환자의 병과 앞으로 병의 변화를 사용할 때 평소 어떤 추론 방법을 사용하는지를 중심으로 인터뷰할 수 있다. 또한 과거 의사들이 의전원에 입학할 때 봤던 MEET 시험에서 의학 추론 기출 문제를 풀어 보며 도전 정신을 보여 준다.

POINT 2 | 이 책을 세특에 녹이는 방법

★**화법과 작문** : 설득을 위해 필요한 의사들의 기술에 어떤 것이 있는지 알아보자. 수학적 또는 확률적 언어 습관이 의사가 환자를

설득할 때 구체적으로 어떤 도움이 되는지 조사할 수 있다.

★수학(확률과 통계) : 의사의 소양을 쌓기 위해서 실제 기저 확률과 베이즈 추론 문제들을 풀어 본다. 확률과 통계 심화학습을 해 보는 것이다.

★영어 : 미국을 떠들썩하게 했던 헤로인급 진통제 '옥시코틴'이 널리 확산된 이유를 조사해 본다. 의사들이 환자들에게 이 약을 처방하는 과정에서 이 약의 부작용에 대한 확률적 계산을 제대로 하지 못한 점을 발견하고 지적할 수 있다.

★생활과 윤리 : 현대생활의 윤리적 쟁점 단원을 공부할 때 이 책과 연계해 의사로서의 윤리에 대해 고민할 수 있다. 환자에게 어떤 태도로 임해야 하며 어떤 식으로 병과 관련된 정보를 전달해야 의사로서의 소명도 지키고 환자의 건강도 지킬 수 있는지 그 방법을 모색한다.

《논문이라는 창으로 본 과학》
전주홍

의학 논문에 대한
기초 상식 쌓기

전주홍 서울대 의대 생리학 교실 교수가 쓴 《논문이라는 창으로 본 과학》은 진정한 연구가 무엇인지, 의생명과학자의 진정한 연구 자세는 무엇이어야 하는지에 대해 솔루션을 제시하는 아주 유익한 책입니다. 전 교수는 의생명학과 대학원에서 본격 연구를 할 대학생들을 겨냥해 이 책을 썼다고 밝혔지만, 영재고와 과고 학생들 그리고 과제연구 수업이 이미 이루어지고 있는 전국 단위 자사고와 개정교육과정에 포함되어 있는 일반고 학생들까지, 관심 있는 고등학생들은 모두 읽어 볼 만한 책이라는 생각이 듭니다. 입시에 소논문 R&E가 활용되지 않는다고 해서 대학 들어간 후 공부가 달라지는 것은 아닙니다. 소논문에 부모 찬스가 개입될 수 있으므로 입시에서 빼야 한다는 주장에는 저도 동의를 하지만, 소논문은 수능 공부나 내신 공부와는 차원이 다른 진정성 있는 공부를 가능하게 해 줍니다. 그러나 입시 툴로써의 신뢰도에 문제가 있다면 어쩔 수 없죠. 소논문보다 훨씬 더 중요한 독서까지 입시에서 빠지는 마당에 소논문이 대수겠습니까?

책은 총 4부에 걸쳐 구성되어 있어요. 1부에서는 현대적 의미의 논문이 어떻게 구성되어 있고 어떻게 작성되는지를 보여 줍니다. 2부에서는 학위 논문보다 저자가 더 중요도를 두고 있는 학술지 논문의 역사를 다룹니다. 3부에서는 논문에 관한 다양한 흥미 거리들, 인용도, 영향력 지수 등을 소개하죠. 마지막 4부에서는 좋은 과학 논문을 쓰기 위해 연구자가 기울여야 할 노력들, 예를 들면 논문의 비판적 읽기 모임인 저널 클럽과 랩 미팅의 적극적인 활용 등을 다루고 있습니다. 한 편의 논문 입문서이자 논문 역사서로 손색이 없는 책이고 제가 볼 때는 국내에 나와 있는 책 중 고등학생에게 가장 유익한 책 중 하나입니다. 게다가 저자가 인문학에 대한 상당한 지식을 갖고 있어서 이를 군데군데 고명처럼 얹어 부드럽게 읽히기도 하고요.

과학 논문은 문과 논문과 양식이 다릅니다. 서론, 방법, 결론 그리고 고찰로 구성되어 있죠. 그만큼 연구 방법이 중요한 게 이과 논문입니다. 저자에 따르면, 가장 많이 인용된 연구 논문들은 연구 사실이 새로운 논문이 아니라 연구 방법이 새로운 논문들이 압도적으로 많다고 합니다. 참고로 가장 많이 인용된 논문 1위와 3위는 단백질 정량 분석 방법, 4위는 DNA 염기서열 분석 방법, 5위는 RNA 분리 방법입니다. 5위까지 중에 4건이 연구 방법을 다룬 거죠. 2위만이 연구에서 획기적인 사실이 발견된 케이스로, 바이러스 단백질의 새로운 특징을 밝힌 논문입니다. 10위까지 노벨상을 수상한 논문은 없고 100위까지 중에서도 2편에 불과합니다. 우리 상식과는 반대되는 현상이죠.

저자에 따르면, 한국이 국제 학술지 시장에서 차지하는 점유율은 1.76%에서 2.62%로 올라갔습니다. 그만큼 우리나라 과학자들의 입지도 세계적인 수준으로 올라서는 중이죠. 그러나 부정적인 현상 또한 심각해지고 있습니다. 우리나라는 연구 조작에서 세계 7위, 표절 세계 6위, 중복 출판 세계 7위를 기록 중입니다. 논문 점유율보다 논문 부정이 더 심각한 나라가 우리나라인 셈이죠.

책에 보면 별의별 논문들이 있더군요. 한 연구자는 논문을 쓰다 무심코 'We'와 'Our'를 쓰는 바람에 논문을 다시 써야 하는 상황(예전 타자기 시절입니다)에 처하자 기지를 발휘합니다. 자신이 키우던 고양이를 논문 저자로 등재한 것이죠. 그러자 자신이 키우던 개를 공저자로 기재한 논문도 등장합니다. 우리나라의 경우, 대학 교수들이 자녀 대학 입시에 활용하고

자 논문에 자녀들을 저자로 등재하는 케이스가 보도돼 국제적으로 망신살이 뻗치기도 했습니다. 개중 유명한 사건도 있습니다. 조지 가모프라는 사람이 알파라는 제자와 화학원소의 기원에 관한 논문을 쓰면서 베타와 비슷한 이름을 가진 베테 교수를 두 번째 저자로 넣었습니다. 이에 알파 베타 감마라는 저자 이름으로 등재된 역사적인 논문이 탄생할 수 있었죠.

마지막으로 논문 중에서 과학과 공학의 차이를 알려 주는 재미있는 일화를 소개합니다. 본인을 포함해서 단 1명도 인용하지 않는 논문은 얼마나 있을까요? 저자에 따르면, 2006년 논문 중 한 번도 인용 안 된 논문은 의생명과학 4%, 화학 8%, 물리 11%, 공학 24%입니다. 공학 논문은 그걸 누가 읽었는지 어떤 영향이 있었는지조차 알 수 없는 논문이 전체 논문의 4분의 1이 된다는 거죠. 이는 공학의 경우 특정 문제를 해결하는 연구들이 많아서 그 문제가 해결되면 더 연구할 필요가 없기 때문이라고 합니다. '물화생지' 같은 순수과학은 이름이 잘 바뀌지 않으나 공학은 학과명이 계속 바뀌는 이유가 바로 이 때문일 겁니다.

현재 학생부에는 논문이나 소논문을 썼을 때 주제나 제목 그리고 본인이 논문을 썼다는 사실을 기재하는 게 불가능합니다. 그러나 논문 읽기까지 막고 있는 것은 아닙니다. 실제 전국 단위 자사고나 과고, 영재고에서 의대를 가는 학생들은 영어로

된 의학 논문 사이트에서 필요한 논문을 검색해 보면서 전공 적합성을 보여 주고 있으니, 이 책을 읽고 다음과 같은 활동을 해 보길 바랍니다.

POINT 1 │ 이 책을 **창체**에 녹이는 방법

★**자율 활동** : 의치한약수 계열 지원자뿐 아니라 생명과학, 화학과 등 자연과학 계열 자원자들끼리 모여 이 책을 읽고 과학자들에게 갖는 논문의 의미와 의학자에게 갖는 논문의 의미에 어떤 차이 및 공통점이 있는지 토론할 수 있다. 또한 학교 도서관에 이 도서를 비치한 뒤 독서 멘토링을 사서 선생님에게 신청하자. 이 책을 빌리는 학생들에게 책에 대해 소개하는 활동도 학생부 자율 활동에 기재될 수 있는 내용이다.

★**동아리 활동** : 의학 동아리의 경우, 이 책에서 기록된 의학 논문의 특징을 요약해서 생기부에 적는 것만으로도 평가에 긍정적일 수 있다. 그리고 실제 의학 논문 사이트에서 자신의 관심 주제(예를 들면 치매, 우울증 등)에 해당하는 최신 논문을 골라 그 양식을 정리해 보는 과정을 거치는 것도 도움이 될 수 있다. 비의학 동아리의 경우, 자연계에서 학생들이 쓰는 보고서와 실제 대학에서 작

《논문이라는 창으로 본 과학》 전주홍

성하는 논문의 차이에 대해서 배운 점 등을 기록하는 게 좋다. 자신이 배운 논문 요약의 기술을 친구들에게 설명하면 공동체 역량도 보여 줄 수 있다.

★**진로 활동**: 이 책과 함께 의학 박사가 쓴 논문 형태의 저서, 예를 들어 올리버 색스의 첫 번째 책《편두통》같은 책을 비교해 보면서, 의학 논문이 어떻게 하면 좀 더 쉽게 대중적으로 읽힐 수 있는지 등에 대해서 탐구해 보자. 학교에서 열리는 강연 중 의대나 공대, 자연대 교수님들의 강연이 잡혀 있을 때 논문 작성법에 대한 질문을 하거나 교수님에게 이메일을 보내 답장을 받았다는 내용도 평가에 긍정적일 수 있다. 물론 진로 활동은 학교에서 공인된 행사여야 하니 미리 1년 치 학교 활동과 이벤트를 파악해 이 책과 연계한 활동을 머릿속에 그려 놓고 학기에 임하는 게 좋다.

POINT 2 │ 이 책을 세특에 녹이는 방법

★**언어와 매체**: 매체의 유형과 언어에 대해 배울 때 신문이 의학 논문을 인용해 어떻게 기사화시키는지 조사할 수 있다. 이때 이 책 제목을 활용해 심화학습을 했다는 증거를 보여 준다.

★통합과학 : 학교마다 다르지만 2학기 때 배우는 생명과학 시간 효소 파트에서 이 책을 활용해 보자. 효소 관련 연구는 의학 및 생화학 관련 논문에서 가장 많이 인용되는 논문이다. 효소 최신 자료를 찾기 위해 의학 논문 사이트를 뒤졌으며, 그 논문을 읽기 위해 전 교수의 이 책을 읽었다면 좋은 생기부 세특이 될 것이다.

★고급 생명과학 실험 : 일부 학교에서는 3학년 때 이 과목이 개설되어 있다. 개설되어 있지 않으면 인근 거점 학교에서 개설된 학교를 찾아 수강하는 열정을 보이면 학생부 종합 전형에서 큰 도움이 될 수 있다. 가장 많이 하는 게 세포 관찰 실험으로, 현미경을 사용하여 세포의 구조를 관찰하는 실험이다. 의학 논문 사이트를 보면 현미경만 갖고도 해 볼 수 있는 좋은 논문들이 굉장히 많이 소개돼 있다. 기본적인 의료 기기의 사용법도 익히고 그 기기의 성능에 관련된 논문을 읽기 위해 전 교수의 책을 읽었다면 충분히 설득력 있는 세특이 될 수 있다.

《경험은 어떻게 유전자에 새겨지는가》

데이비드 무어 *David S. Moore*

유전자가 모든 것을 결정하는 것은 아니다

서울의대에서 자소서를 받을 때 일이죠. 하도 많은 학생들이 리처드 도킨스의 《이기적 유전자》를 인용하자 한 교수가 이런 말을 했다고 하는군요. "이기적 유전자가 좋은 책이기는 하지, 그런데 그 학생들은 왜 그 후에 나온 더 좋은 책들은 읽지 않고 이기적 유전자만 고집할까." 《이기적 유전자》와 더불어 학생들이 많이 읽는 책은 매트 리들리의 《이타적 유전자》라는 책입니다. 이 책도 유전자가 결정한다는 리처드 도킨스와 전제는 비슷한데 결론이 다릅니다. 유전자는 이기적이지 않고 이타적이라는 거죠. 아버지에게서 물려받은 23개의 유전자와 어머니에게서 물려받은 23개의 유전자는 각자도생하는 게 아니라 유기체로 생존하기 위해 협력한다는 게 책의 요지입니다.

그런데 이 책도 아주 오래전에 나왔습니다. 그런데 마침 2023년 가을에 나온 따끈따끈한 책이 있습니다. '유전자인가, 환경인가'라는 해묵은 논쟁에 종지부를 찍으며 생명과학과 인간에 대한 관심을 동시에 보여 줄 수 있는《경험은 어떻게 유전자에 새겨지는가》라는 책입니다. 흔히 우리가 알고 있는 유전자 즉 DNA가 모든 것을 결정한다는 식의 유전자 결정론이 후성유전학의 등장과 함께 종언을 고하고 있음을 이 책에서 확인할 수 있죠. 후성유전학은 부모 혹은 심지어 조부모의 경험이 DNA에 새겨져 영향을 미칠 수 있다는 주장입니다. 70년대까지는 거의 무시되던 이론이었는데, 놀라운 연구 결과가 밝혀지면서 학계의 주목을 받았죠. 바로 44년 즉 30년 전에 어머니 배 속에서 기아를 겪었던 사람들(2차 세계 대전 막판에 독일군은 네덜란드와 벨기에 지역에 레지스탕스 진압을 이유로 의도적으로 식량 반입을 절반으로 줄입니다. 그때 성장기에 있었던 사람 중 대표적인 인물이 깡마른 미인의 대명사인 오드리 헵번입니다)이 성인이 되어 당뇨, 비만, 심장 질환 등에 걸린 확률이 그렇지 않은 케이스보다 훨씬 더 높았던 것이죠. 당뇨나 비만은 식습관의 문제지, 어머니 배 속에서 겪은 일이 영향을 미쳐서는 안 되는데 말이지요. 획득형질 즉 후천적으로 얻은 개체의 성격이 유전된다고 주장한 이는 레마르크였습니다. 현대 생물학에서 완전히 틀린 것으로 잊혀졌었는데 그가 화려하게 부활한 겁니다. 즉 기린이 목이 긴 이유는 높은 나무에 열린 열매를 따 먹기 위해서이지만, 목을 죽죽 늘린 결과 목이 늘어난 기린이 다시 목이 긴 기린을 낳을 수도 있다는 이야기죠.

저자는 유전자에 대해서 놀라운 비유와 통찰력을 제공해 주는데요, 유전자 중에서 어떤 것이 실제로 일어날지, 아니면 그냥 잠재되어 있을지를 결정하는 건 어디까지나 맥락이라고 주장합니다. 즉 내가 사이코패스의 유전자를 갖고 태어났다고 하더라도 어렸을 때 학대 등의 경험이 뒷받침되지 않으면 발현되지 않을 수도 있습니다. 그는 집에 책장에 꽂혀진 수많은 장서는 모두 나의 것이지만 그중에서 내가 읽어 보지 않은 것에 대한 지식을 내가 가질 수 없는 것과 마찬가지라며, 유전자와 인간의 관계를 설명합니다. 즉 유전자가 모든 것을 결정한다는 주장은 틀렸고 유전자와 내가 살면서 경험한 것들이 함께 유전자에 쓰여져 내 자녀와 심지어 내 손주에게도 물려주게 된다는 게 이 책의 주장입니다. 인간이 그림이라면 DNA는 그 그림을 그리기 위한 물감일 뿐이라는 거죠. 그러면 이런 반론도 가능할 것입니다. 아니, DNA가 똑같은 일란성 쌍둥이들은 외모와 성격 등 거의 모든 것이 비슷하지 않은가? 그렇지 않답니다. 처음에는 놀라울 정도로 유사해서 구분이 안 되더라도 친해지면 쉽사리 두 사람을 구별할 수 있죠. 저는 컨설팅을 하면서 일란성 쌍둥이 중 1명은 수학을 아주 잘해 이과로 가고 다른 1명은 영어와 국어를 더 잘해 문과로 가는 경우를 본 적이 있습니다. 태어날 때 같은 DNA를 갖고도 살면서 만나게 되는 사람, 만나게 되는 사건, 사건에 대해 내가 느끼는 감정 그리고 먹는 음식 즉 경험에 따라 완전히 다른 삶을 살 수도 있다는 게 인지신경과학자인 데이비드 무어의 주장입니다. 실제 강아지 복제보다 먼저 시작된 고양이 복제에서 첫 번째 복제 고양이 아만다는 주인의 바람과 달리 삼색 고양이가 아니었습니다. 3가지 색의 고양이는 모계에만 유전되는 경우인데 삼색인지 아닌지는 태어날 때 랜덤하게 결정되기 때문이지요.

후성유전학은 스트레스와 우울증에 대해서 연구하는 정신의학과에서 관심 있게 받아들일 수밖에 없습니다. 태어났을 때 핥아 주고 털을 골라 주는 어미를 박탈한 쥐들은 DNA 메틸화가 진행이 되면서 특정 유전자가 침묵하도록 지시를 합니다. 우울증 환자에게 적절한 약물과 정확한 사용법을 지켜 복용하도록 한다면 그들의 우울증 유전자가 2세에게 유전되지 않도록 할 수 있다는 게 정신과 의사들이 후성유전학에 흥분하는 이유입니다.

인간의 건강에 갈수록 영향을 주는 환경 문제도 후성유전학의 도움을 받을 수 있습니다. 저자는 이렇게 말하죠. "후성유전학은 특히 위험 물질 노출을 예방하고 건강 상태를 모니터링하며 보살핌을 제공할 개인 및 사회의 책임과 관련된 수많은 법적 윤리적 사안을 제기한다. 후성유전학은 환경이 건강에 미치는 부정적 영향에 다세대적 차원을 추가한다. 후성유전학은 생활 및 노동 여건의 불평등, 의료 및 기타 사회적 기대들에 대한 접근성 등 다양한 격차가 불러오는 결과들을 더욱 부각한다."

저자는 후성유전학의 연구가 자연의 아주 중요한 비밀을 더 많이 알려 줄 것이라는 기대를 밝히며 책을 마무리합니다.

POINT 1 │ 이 책을 **창체**에 녹이는 방법

★**자율 활동** : 학생들이 원하면 할 수 있는 게 학습 부장이다. 2학년과 3학년 때 생명과학 학습 부장을 맡도록 하자. 수능 문제를 매일 한 문제씩 칠판에 적고 해결하는 과정을 거칠 때, 유전과 후성유전학 부분은 이 책을 소재로 활용할 수 있다.

★**동아리 활동** : 의치한약수를 선택하려는 학생들은 이름에 바이오가 들어가는 바이오 포커스나 바이오 사이언스 같은 동아리를 선택해서 생기부 활동을 꾸미는 경향이 있다. 물론 생명과학이나 화학 탐구반에서도 이 책을 활용할 수 있다. 후성유전학은 바뀐 교과서에도 소개돼 있어 학생들이 생명과학 2를 선택한다면

배우는 내용이다. 논점을 후성유전학과 리처드 도킨스로 나눠, 학생들끼리 과학 토론을 해 보는 것도 도움이 될 것이다. 만약 방송반처럼 전혀 의학적이지 않은 동아리라면, 새 책 안내 프로그램을 제작해 볼 수 있다. 이 책의 저자와 목차 그리고 출판사 리뷰 등을 중심으로 5분짜리 안내 방송을 만들어 보는 것이다.

★**진로 활동** : 진로 활동에서는 책에서 소개된 포유류의 DNA에 대해서 알아보는 시간을 가져 보자. 또 인류의 몸에는 1조 개가 넘는 박테리아가 있는데 이 박테리아가 인간의 DNA에 어떤 영향을 주는지 조사해 보는 것도 도움이 될 것이다. 책에서 소개된 2000년도 노벨 생리의학상 수상자 에릭 킨델 박사의 군소 기억 연구 자료 역시 인간의 기억과 연계해 고찰해 볼 수 있다.

POINT 2 │ 이 책을 세특에 녹이는 방법

★**심화 영어 독해와 작문** : 후성유전학은 영어로 'epigenetics'이다. 'epi'는 '위에, 위층'이란 뜻의 그리스어가 어원이다. 'gene'에 붙는 수많은 영어 단어들의 어원을 조사해 그 뿌리를 찾아보도록 하자. 유전자에 대한 관심이 어디서 생겨나 어디를 거쳐 어느 곳으로 향하는지 탐구한 내용을 쓰면서 이 책을 녹여 낼 수 있

다.

★생명과학 2 : 3단원 유전 단원과도 연결되지만 특히 4단원 진화 단원과 연계하기 좋다. 이 책을 언급하면서 후성유전학이 진화에 어떤 도움을 주었는지 생기부에 적어 보자. 새로운 유전 형질의 발생, 환경에 대한 적응, 진화의 속도 조절 등 책에 나온 내용을 토대로 할 수 있다.

★경제 : 이 책은 경제 과목에도 쓰일 수 있다. 후성유전학과 행동경제학이 만나 행동후성유전학이라는 학문이 탄생했기 때문이다. 인간의 행동이 반복되면 유전자에도 분명히 영향을 끼칠 수 있기 때문에, 이런 후성유전학적 변화가 경제적 행동에도 영향을 미칠 수 있다는 게 핵심이다. 예를 들어 스트레스로 인해 생긴 후성유전학적 변화는 위험한 투자를 하거나 중독에 빠지게 만들 수 있다. 또한 후성유전학적 연구를 통해 경제적 정책을 개선할 수 있으며, 경제적 환경이 개인의 유전자 발현에 미치는 영향을 이해할 수 있다. 이를 통해 경제적 정책을 개선한다면, 개인의 건강과 복지를 향상시킬 수 있다.

크리스퍼 유전자 가위가
만들고 있는 미래

현존 최고의 전기 작가는 스티브 잡스 전기를 쓴 월터 아이작슨입니다.《타임》지의 편집장을 지낸 그는 레오나르드 다빈치의 전기, 아인슈타인의 전기, 역사상의 천재들의 공통점을 쓴《이노베이터》등 그야말로 위대한 인물의 삶을 극적으로 전달하면서 동시에 독자들에게 통찰력을 안겨 주는 책들을 집필했죠. 그런 그가 처음으로 살아 있는 사람의 전기를 써서 이슈가 됐었는데요, 바로 크리스퍼 유전자 가위의 발명자이며 2020년도 노벨 화학상을 수상한 제니퍼 다우드나 버클리대 교수의 전기입니다. 그는 그녀에게 '코드 브레이커'라는 별명을 붙였고 이는 책 제목이 되었죠. 이 책은 아마존과 뉴욕타임스 베스트셀러 1위를 기록하는 등 선풍적 인기를 끌었고 국내 출간 후

반응도 폭발적이었습니다. 그녀는 영혼의 단짝인 에마뉘엘 샤르팡티에와 노벨상을 공동으로 받았는데, 여성 2명이 노벨상을 받은 최초였습니다. 노벨 화학상을 받은 여성은 이 2명을 포함해 총 5명이 되었죠.

저는 예전에 다우드나 교수가 쓴 《크리스퍼 가위가 온다》를 흥미롭게 읽었습니다. 크리스퍼 유전자 가위가 인류의 미래를 바꿀 거라는 생각에서, 그녀가 설립하고 샤르팡티에가 CEO로 있는 회사 '크리스퍼 테라퓨틱스'에 투자도 했죠. 주가는 2명의 크리스퍼 영웅들이 노벨상을 받았을 때 최고점을 기록한 뒤 그 후로는 스멀스멀 내려와 3분의 1토막이 났지만, 저는 그래도 언젠가는 오를 거라는 확신을 갖고 버티는 중입니다. 이는 미래에 대한 확신이 뒷받침되기 때문입니다.

책은 다우드나 교수가 하와이에서 어린 시절을 보낼 때 영문과 교수인 아버지에게 강한 영향을 받아 독서에 파묻혀 지냈다는 일화로 시작합니다. 교수인 아버지는 그녀에게 과학의 고전들과 도리스 레싱, 앤 타일러 등 여성 작가들의 소설을 같이 읽게 했죠.

아버지는 그녀가 생물학자가 되기를 원했습니다. 생화학을 전공한 그녀는 아버지의 희망을 절반만 이룬 셈입니다. 그녀가 버클리대학에 진학할 때 그녀가 다니던 하와이의 고등학교 화학 교사는 이렇게 말했다고 합니다. "여자가 무슨 과학이야? 인문학이나 공부할 생각해." 사실 소설을 좋아하고 인문학에 관심이 많던 그녀는 전공을 인문학으로 선택할 수도 있었습니다. 하지만 그녀가 세상의 편견에 맞서려 하지 않고 순응했다면, 어쩌면 미국은 중국과의 생명과학 전쟁에서 시작도 못해 보고 졌을 수도 있습니다. 유전자 가위는 중국 정부도 전폭적인 지원을 하는 분야이기 때문이죠. 최초로 크리스퍼 아기를 탄생시킨 곳도 중국이고, 81년생으로 제니퍼 다우드나 교수의 라이벌로 올라선 신예 과학자 장 펑도 중국인입니다. 규제와 윤리 때문에 유전자 편집을 태아에 적용하지 못하는 미국과 달리 중국은 얼마든지 실험하고 도전할 수 있습니다.

그녀가 쓴 자서전에도 나오고 이번 전기에도 나오지만 다우드나가 평생 기억하는 악몽은 히틀러에 대한 꿈입니다. 돼지 형상을 한 히틀러가 그녀에게 "당신이 계발한 이 놀라운 기술의 용도와 영향력을 알고 싶소"라고 말했다고 하죠. 꿈속 장면뿐 아니라 대사까지 기억할 정도로, 그녀는 자신의 기술이 우생학에 악용될 수 있음을 두려워합니다.

아이작슨은 유전자 기술이 좋은 일을 할 수 있는 엄청난 힘을 가졌다는 점을 인정합니다. 아이작슨이 현존하는 인물의 전기에 처음 도전한 이유도 유전자 가위를 중심으로 한 생명공학 기술이 다음번 과학 대혁명이 되리라 확신하기 때문이죠. 물론 중국처럼 그 기술을 인간 개조에 쓸 수 있는 위험성도 충분히 있고 대량 살상 무기가 될 여지도 존재하지만, 저는 긍정적인 미래의 가능성이 현실화될 경우의 수가 훨씬 더 높다고 생각합니다. 현재 다우드나 교수가 연구 중인 겸상적혈구 빈혈증, 헌팅턴 무도병 같은 희귀 질환이나 치매, 암, 당뇨 같은 전세계인이 두려워하는 질병에 대한 연구 등을 생각하면 유전자 가위는 인류와 과학 모두에게 희망 그 자체입니다.

우리나라도 툴젠이라는 뛰어난 유전자 가위 업체가 있고 다우드나 교수도 인정한 서울대 화학과 김진수 교수(툴젠의 창업자이기도 하죠) 같은 인재도 있으니, 크리스퍼 가위는 우리에게도 낯설지 않습니다. 저는 이쪽 분야 전공자가 아니라서 전문적인 견해를 피력하기에는 조금 어려움이 있지만 크리스퍼 가위는 앞으로도 분명 어려움을 많이 만날 것 같아요. 코로나19와의 싸움에서 크리스퍼가 효율적으로 활용되면서 실용적인 가치를 더욱 인정받긴 했지만, 영화 '가타카'라든지 소설 《멋진 신세계》 같은 수준으로 기술이 발전하려면 아직 많은 시간이 필요하다는 생각을 합니다.

POINT 1 │ 이 책을 창체에 녹이는 방법

★**자율 활동** : 유전자 가위 치료는 초기 단계라 아직 비싸다. 크

리스퍼 테라퓨틱스가 개발해 영국 정부 승인을 받은 겸상적혈구 빈혈증 치료제를 제대로 이용하려면 200만 달러 이상이 든다고 한다. 물론 크리스퍼 가위 자체는 가격이 싸지만 이를 병원에서 적용해 치료하면 많은 돈이 필요할 수밖에 없다. 새로운 치료제의 가격 때문에 많은 사람이 치명적인 병에서 벗어날 수 없는 현실에 대해 토론해 보자.

★**동아리 활동** : 영자 신문부 동아리에서 이 소재를 골랐다면 2023년 11월 영국에서 처음 승인된 유전자 가위 치료에 대해서 쓸 수 있다. 이게 왜 혁명적인지, 미국이 아닌 영국에서 인정받은 계기가 무엇인지, 앞으로 의학계에 어떤 영향을 끼칠지 등에 대해서 조사해 보고 과학 기사를 쓰면 좋은 활동이 될 것이다. 또는 책을 토대로 최신 자료를 좀 더 서칭하여, 현재 유전자 가위 치료가 어디까지 상용화됐는지, 윤리적 문제에 대해서 어떤 논의가 오갔는지에 대한 특집 기사를 작성할 수 있다.

★**진로 활동** : 유전자 가위는 의대 생기부 진로 활동에서 가장 많이 발견되는 탐구 소재이다. 그러다 보니 많은 의대 교수들이 리처드 도킨스의 《이기적 유전자》처럼 흔한 소재로 생각할 수 있는 게 단점이다. 이럴 때는 상상력을 발휘해서 탈모 등 정말 다수의 사람들이 원하는 유전자 편집에는 어떤 게 있을지 탐구해 보자.

그리고 자연에 개입했을 때 어떤 영향을 미칠지에 대해서 알아보는 것도 좋다.

POINT 2 | 이 책을 세특에 녹이는 방법

★**화학 1** : 제니퍼 다우드나는 생물학자가 아니라 화학자이다. 정확히는 둘을 합친 생화학자이며, 그녀는 노벨 생리의학상이 아니라 화학상을 받았다. 유전자 가위는 화학적 방법을 이용하여 DNA를 절단하는 기술이기 때문에, 화학 교과서에서 다룰 수 있는 개념과 관련이 있다.

★**생명과학 2** : 생명과학 2 교과 중 유전자와 생명과학 파트에서 유전자 가위를 간략하게 다루고 있다. 유전자 가위는 특정 DNA 서열을 인식하고 절단할 수 있는 효소이다. 이를 이용하여 특정 DNA 서열을 제거하거나 교체함으로써 돌연변이를 유도할 수 있다. 돌연변이는 생물의 형질에 영향을 미치는 중요한 요인이다. 유전자 가위를 이용한 돌연변이 유도는 새로운 생명체를 만들거나, 기존 생명체의 형질을 개선하는 데 사용될 수 있다. 이런 내용을 중심으로 제니퍼 다우드나 교수의 이름을 언급하면 좋은 의대 생기부가 될 것이다.

《mRNA 혁명, 세계를 구한 백신》
전방욱

전염병과 백신에 대한 관심은 끝나지 않는다

의대생들이 면접을 MMI만 치르는 게 아닙니다. 연세대 미래 캠퍼스, 영남대, 건양대 등 지방 사립대에서 하는 면접은 생명 과학과 연관된 면접입니다. 2023년도 연세대 미래 캠퍼스 면접에서는 2022년도 노벨 생리의학상 수상자에 대해서 질문했는데요, 그해의 노벨 생리의학상은 면접을 준비하는 고 3이라면 꼭 알고 있어야 할 겁니다. 고 1~2도 생기부에 적으면 좋죠. 과목별 세특도 좋고 창체에도 좋습니다.

코로나는 거의 잊혀졌지만 백신과 전염병에 대한 관심은 언제나 있어 왔고, 앞으로도 필요합니다. 관련된 책은 여러 권 있지만, 그동안 저는 학생들을 상담하면서 강릉원주대 총장을 역임한 전방욱 명예교수의 《mRNA 혁명, 세계를 구한 백신》

을 추천했습니다. 저는 왜 이 책을 의대 준비생들에게 읽혔을 까요?

저는 엔데믹이 되면 백신 개발자가 노벨상을 받을 거라 예상했습니다. 2023년 노벨 생리의학상은 mRNA 백신 개발에 기여한 미국의 커털린 커리코 박사와 드루 와이스먼 박사에게 공동으로 수여되었죠. 코로나에 대한 인간 승리를 축복하는 축 포탄 같은 상이었습니다. 과연 mRNA 백신 없이 인류가 이 위기를 탈출할 수 있었을까요? 2020년 말 mRNA 백신이 나왔을 때 도킨스는 노벨상이 두 사람에게 돌아가야 한다고 주장했습니다. 다들 예상했는데 시간이 2년이 더 걸렸을 뿐이죠. 모더나 창업자이자 하버드 의대 교수인 데릭 로스도 21년 초부터 인터뷰에서 한림원이 두 사람에게 반드시 상을 주어야 한다고 힘을 주며 말한 바 있습니다. 이 책은 바로 두 사람의 전기입니다. 놀랍죠. 노벨상을 받기 전에 이 책이 우리나라에서도 출간됐다는 사실은 우리 역시 굉장한 기술력과 정보력을 가지고 있다는 증거가 아닐까 합니다.

커리코 박사는 헝가리 출신으로, 미국으로 이민 온 아메리칸드림의 주인공입니다. 템플대학교를 거쳐 펜실베이니아대학에서 면역학을 연구하던 중 mRNA를 이용한 백신 개발 가능성을 처음으로 발견했습니다. 물론 그녀가 백신 개발에 착수한 것은 98년이지만 mRNA 존재가 처음 증명된 건 1961년입니다.

 DNA, RNA, mRNA는 무엇이 다른 걸까요? DNA는 데옥시리보핵산$^{\text{deoxyribonucleic acid}}$의 약자로, 생명체의 유전 정보를 담고 있는 물질입니다. DNA는 두 가닥의 뉴클레오티드가 나선형으로 꼬여 있는 형태를 하고 있습니다. 뉴클레오티드는 염기, 당, 인산으로 구성되어 있으며, 염기의 종류에 따라 A, T, C, G 이 4가지로 구분됩니다. DNA의 한 가닥에는 A, T, C, G가 각각 한 번씩만 존재해야 하며, 두 가닥의 DNA는 A는 T와, C는 G와 결합하는 상보성^{complementarity} 원리에 따라 결합되어 있습니다.

 RNA는 리보핵산$^{\text{ribonucleic acid}}$의 약자로, DNA의 유전 정보를 단백질로 전달하는 역할을 합니다. RNA는 한 가닥의 뉴클레오티드가 나선형으로 꼬여 있는 형태를 하고 있으며, DNA와 달리 리보스^{ribose}라는 당을 가지고 있습니다. RNA의 염기의 종류도 DNA와 같지만, U(우라실)이 T(티민) 대신 존재합니다.

 mRNA는 메신저 리보핵산$^{\text{messenger ribonucleic acid}}$의 약자로, DNA의 유전 정보를 단백질로 전달하는 RNA의 일종입니다. mRNA는 DNA의 유전 정보를 읽어 단백질을 합성하는 역할을 합니다. mRNA는 DNA의 유전 정보 중 일부만을 전달하며, 전달된 유전 정보는 리보솜^{ribosome}에서 단백질로 합성됩니다.

와이스먼 박사는 커리코 박사와 함께 연구를 진행하여, mRNA 백신의 안전성과 효과를 입증하는 데 기여했습니다. mRNA 백신은 코로나19 팬데믹을 극복하는 데 혁신적인 역할을 했죠. mRNA 백신은 기존의 백신과 달리, 바이러스의 항원을 만들어 내는 유전자를 인체에 주입하여 면역 반응을 유도하는 방식으로 작동합니다. 이로 인해 기존의 백신보다 빠르게 개발되고, 생산할 수 있으며 부작용이 적다는 장점이 있습니다. 커리코 박사와 와이스먼 박사의 연구는 mRNA 백신의 개발을 가능하게 하여, 인류의 건강과 복지에 크게 기여한 것으로 평가받고 있습니다.

구조 면에서 DNA는 이중 나선 구조고 RNA와 mRNA는 단일 나선 구조입니다. DNA는 유전 정보를 저장하고, RNA는 유전 정보 전달에, mRNA는 단백질 합성에 기여한다는 차이가 있죠.

이 책을 보면 두 노벨상 수상자 외에 흑인, 여성, 소수민족 과학자들이 인류를 전염병으로부터 구하는 데 큰 활약을 했습니다. 여학생들은 이 사실에 주목하는 것이 좋습니다. 커리코는 백인이지만 여성이고 노벨상을 받지는 못했지만 그녀와 함께 백신 개발에 공을 기울인 키즈메키아 코벳은 흑인 여성 과학자입니다. 코벳 박사는 코로나 바이러스에서 사람의 수용체와 융합하기 이전의 스파이크단백질의 구조를 밝히고 이를 안

정화하는 변이를 도입해 효과적인 백신을 만드는 데 크게 기여했죠. 백신 개발의 마지막 단계인 임상 시험을 총괄한 사람도 여성으로 리사 잭슨 워싱턴 보건 연구소 선임연구원이었습니다.

책은 mRNA 백신의 강점으로 빠른 개발 능력, 높은 효능, 안전성, 그리고 저렴한 제조 비용을 꼽습니다. 가장 중요하고 유명한 차세대 백신이라 할 수 있죠. 코로나를 종식시킨 이후 이제는 암 백신에 도전하는 일만 남았습니다.

POINT 1 │ 이 책을 창체에 녹이는 방법

★**자율 활동** : 많은 학교들이 의생명 캠프를 실시하고 이를 자율 활동에 적는다. 의생명 캠프는 강의 위주이지만 일부는 실험도 포함하고 있다. 이때 강의와 연결한 후속 활동으로 독서를 할 수 있는데, 이 책의 후기를 쓰면서 전염병, 백신, 감염병 등에 대한 관심을 드러내는 게 좋다.

★**동아리 활동** : 의생명 동아리는 이 책이 갖는 장점, 노벨상 수상자의 전기와 과학 지식의 융합을 바탕으로, 이 책에서 소개된 지질 나노 입자에 대해서 알아볼 수 있다. 지질 나노 입자는 약물

　　　　　　　《mRNA 혁명, 세계를 구한 백신》 전방욱

을 전달하기 위한 지질로 이루어진 입자인데, 책 뒤에 소개된 참고 문헌 중 영어 논문을 찾아보는 것도 도움이 될 것이다. 의대뿐 아니라 약대에도 도움이 되기 때문에 화학 동아리에서도 응용할 수 있는 소재이다.

★**진로 활동** : 코로나 바이러스가 다양한 변이를 만들었지만 전파력에 비해 사망률이 급속도로 떨어지면서 지금은 독감 정도로 약화되었다. 책을 보면 코로나 백신을 처음 개발한 모더나의 스토리는 자세하게 다루어지지만 화이자 등 다른 백신들의 역사는 드러나지 않는다. 국내 백신 이야기는 당연히 없다. 그러므로 미국 유럽 외에 타 지역은 어떤지를 찾아보자. 다만 코로나와 전염병 등은 식상한 키워드일 수 있으므로, 5학기 중에 1학기 정도 그리고 분량은 전체 진로 활동 700자 중 300자 이내로 조절하여, 바이러스와 백신 그중에서 mRNA 백신 이야기를 진로 활동에 담는 게 좋다.

POINT 2 | 이 책을 세특에 녹이는 방법

★**생명과학 실험** : 수행평가와 실험으로 ABC 성취도와 세특이 주어진다. 고급 생명과학 실험은 특목고와 자사고, 명문 일반고

등에 개설되는데, 백신 실험은 고급 생명과학에서도 진행이 불가능하다. 그러나 코로나나 독감 백신을 맞은 다음 어떻게 작동하는지 관찰하는 실험은 가능하다. 일지를 기록하면서 사람마다 상태 변화가 다른지 똑같은지를 살피고 이 책 이야기를 같이하면 좋은 소재가 된다.

★생명과학 1 : 백신은 생명과학 1과 2 교과에 모두 연결이 된다. 생명과학 1에서는 원리가 다뤄지고, 2에서는 구체적인 백신과 부작용 그리고 윤리적 문제까지 다룬다. 따라서 이 책은 생명과학 1과 2 모두에 활용할 수 있다. 그중 1에서 쓴다면, 면역 반응, 스파이크단백질, 수지상세포, 제한효소 등 책의 말미에 실린 백신 관련 용어 사전을 적절하게 활용해 학교 수업과 연계하고, 배운 것들과 조금 더 심화된 내용을 함께 정리하도록 한다.

PART 5

의대 합격을 위한 생기부 필독서

④ 의사라는 직업 편

: 의사라는 직업을
책으로 먼저 체험하라

《숨결이 바람 될 때》

폴 칼라니티 *Paul Kalanithi*

의사는 내 몸이 죽어도 다른 사람을 살리는 직업이다

의대 자소서가 남아 있던 2023년까지 통계를 내보면 의대 자소서에서 가장 많이 발견되는 두 사람의 의사가 있습니다. 2013년 전에는 시골 의사 박경철, 그리고 로빈 윌리엄스가 주연한 영화로 잘 알려진 실존 인물 '패치 아담스'가 가장 많이 인용됐습니다. 2013년부터는 《나는 고백한다 현대 의학을》의 저자이자 인도계 미국인 의사 아툴 가완디가 이들을 서서히 따라잡기 시작했고, 2017년도부터는 2명의 인도계 미국인 의사가 추가됐습니다. 둘 다 미국에서 베스트셀러 저자라는 공통점이 있는데요, 《숨결이 바람 될 때》의 저자 폴 칼라니티와 《의학의 법칙들》의 저자 싯다르타 무케르지입니다. 의학뿐 아니라 문학과 철학, 역사 등을 두루 섭렵한 융합적 인물들이죠.

칼라니티는 학부 때 전공이 영문학이었어요. 소설가와 의사 사이에서 고민하다 결국 의학도를 택했죠. 의사가 되어서는 암과 맞서 환자를 지키기 위해 싸우다 정작 자신이 암에 걸려 36세에 유명을 달리한 인물입니다. 암 수술을 받고도 현업에 복무해 죽기 직전까지 수술을 집도하며 환자를 살리려던 모습이 인상적이었습니다. 싯다르타 역시 퓰리처상을 받은 미국 최고의 암 전문의이지만, 글에는 철학이나 문학 등 인문학적 요소 또한 짙게 풍깁니다. 무케르지 책에도 나오는 이야기지만 의학은 물리학이나 화학과는 다른 차원의 과학(본인의 표현을 빌리면 '가장 젊은 과학')입니다. 생명 현상에는 물리학이나 화학 같은 법칙이 존재하지 않지요. 그가 말한 의학의 법칙 3가지가 각각 직관, 예외, 편향인 것을 보면(이 말은 의학에는 법칙이 따로 존재하지 않는다는 뜻입니다) 의학이 자연과학보다 인문학 쪽에 더 가깝다는 사실이 와닿습니다.

책 이야기를 해 보죠.《숨결이 바람 될 때》에는 의사로서의 사명감과 환자로서의 고통이 다음과 같이 절실하게 묘사되어 있습니다. "무수한 종양이 폐를 덮고 있었다. 척추는 변형되었고 간엽 전체가 없어졌다. 암이 온몸에 전이된 것이다."

그는 신경외과를 택했으니 주로 뇌암 즉 뇌종양 환자들의 뇌를 수술했을 겁니다. 뇌종양은 치사율이 굉장히 높습니다, 그 이유는 조기 발견이 어렵기 때문입니다. 뇌종양은 뇌에 고통을 느끼는 세포가 없어서 통증을 느끼지 못합니다. 그래서 종양이 커지고 전이되기 전까지는 증상이 나타나지 않는 경우가 많습니다. 그 결과, 진단이 늦어지고 치료가 어려워지는 것이죠. 그런 그의 복부에 악성 종양이 퍼졌다는 걸 뒤늦게 알게 됐습니다. MRI가 남발된다는 생각에서 환자들에게도 적극 권하지 않았던 그의 양심이 암의 조기 발견을 막은 것입니다. 어쩌면 수련 과정이 너무 고통스럽고 힘들어서 몸이 망가지는 걸 몰랐을 수도 있습니다. 의사는 전문의가 되기까지가 어렵고 되고 나서부터는 덜 힘들다고 하죠. 책에는 의사의 길과 가족의 길 사이에서 끝없이 갈등하는 저자의 모습이 보입니다. 그런데 이런 생각도 듭니다. 그렇게 가족을 아끼고 아직 어린 딸을 생각한다면, 자신의 몸을 먼저 챙겨 항암 치료에 좀 더 집중하고 의사로서의 현업 복귀를 최대한 미뤘어야 하지 않을까? 여러분이라면 어떤 선택을 하시겠습니까? 칼라니티의 책이 감동적인 이유는 이 과정에서의 갈등이 매우 세세하게 드러나 있어서, '의사도 인간이구나'라는 생각을 절로 갖게 해 준다는 점입니다. 의사라고 낭만 닥터 김사부 급의 슈퍼 히어로가 되어야 할 이유도 없고 그럴 필요도 없죠. 어찌 보면 의사이기 이전에 환자로서 자신의 건강을 먼저 챙기는 게 올바른 선택일수도 있습니다.

그는 자신이 의사가 될 거라고 생각하지 못했습니다. 문과 출신인 데다가 병원보다는 사막이 더 어울릴 거라고 믿었죠. 그런 그를 변화시킨 계기는 무엇일까요? 인간의 의미를 추구하고 인간관계를 무엇보다 우선시하는 그의 가치관과 의사라는 직업이 너무나 잘 맞았기 때문입니다. 그래서 그는 의사로서의 길을 받아들이고, 죽음이 확정적으로 다가오는 순간에도 다른 환자를 위해 일했습니다. 나는 죽더라도 환자를 살리는 사람이 의사라는 사실을 칼라니티보다 더 잘 보여 주는 사례가 있을까요?

POINT 1 │ 이 책을 **창체**에 녹이는 방법

★**자율 활동** : 칼라니티의 이 책은 지금도 학생부에 많이 활용되고 있다. 의대 진학 희망 학생뿐 아니라 다른 학과 지원자에게도 흔히 발견된다. 아침 독서 시간이나 독서 토론, 학생회 자치 활동 등 모든 자율 활동에 어울리기 때문이다. 학급 임원이라면 책에서 발견되는 수많은 명문장들을 골라 학급에서 운용하는 단톡방 등에 올리는 것도 좋은 방법이다. 이 책은 수험생들의 마음챙김에도 큰 도움이 된다.

★**동아리 활동** : 책에는 미국 의학 전문 대학원의 수업 과정이 자

세히 드러난다. 다양한 뇌 손상 환자들을 다룬 수업에 저자가 깊이 빠져 있는 장면이 나오는데, 의학 관련 동아리라면 토론 주제로 '의사와 환자의 거리'를 다룰 수 있다. 칼라니티처럼 너무 환자에 몰입하면 자신의 건강을 해칠 수도 있을 것이다. 그렇다면 적정한 수준의 관계는 어디까지인지 친구들과 토론한 내용을 적어 보도록 하자.

★**진로 활동** : 책에는 저자가 겪은 환자와 환자의 가족 이야기도 많이 나온다. 그중 한 환자의 보호자가 환자를 포기하자, 어떻게 부모가 자식을 포기할 수 있냐면서 칼라니티가 한숨을 쉬는 장면이 나온다. 의학 논문 중에는 환자뿐만이 아닌 환자 가족들의 건강과 심리 상태를 조사한 논문들이 많이 있으므로, 이 책을 발판 삼아 환자의 가족들에 대한 심층적인 조사를 하는 것도 도움이 될 수 있다.

POINT 2 │ 이 책을 세특에 녹이는 방법

★**화법과 작문** : 화법과 작문 시간에 대화와 면접이란 단원이 있다. 이 책에서는 의사와 의사 가족의 대화, 환자와의 대화 그리고 내적 대화 등 의사가 할 수 있는 거의 모든 대화가 등장한다. 책에

《숨결이 바람 될 때》 폴 칼라니티

등장한 대화를 활용해 '의사의 대화법'이란 주제로 간단한 보고서를 작성해 보자.

★생활과 윤리 : 생활과 윤리 시간에는 죽음에 대한 각국의 다양한 윤리관이 소개된다. 생의 마지막 단계에서 어떤 윤리관을 가져야 행복한 삶과 행복한 죽음에 이를 수 있을까? 저자의 책을 인용하며 죽음에 대한 가치관을 드러내는 것은 과목 특성에도 맞고 의대 적합성에도 좋은 전략이다.

★진로와 직업 : 칼라니티의 책에는 의사를 꿈꾸며 의전원 수업을 들을 때 듣는 필수 과목들이 나온다. 그런데 미국 의전원은 생명과학과 화학이 아니라 화학과 물리학이 필수이다. 그 이유에 대해서 생각해 보고 왜 국내 대학들은 생명과학을 강조하는지 그 이유를 분석해 보자.

《사명과 영혼의 경계》

히가시노 게이고 *東野 圭吾*

원수를 만난
한 의사의 선택

지금은 서울의대에 합격한 학생들이 한창 자소서 및 학생부를 준비할 무렵의 일입니다. 다양한 대화를 나누며 독서 지도를 하던 도중, 그들이 문학 작품 중에서 가장 많이 읽는 작가가 일본의 추리소설 작가 히가시노 게이고임을 알았습니다. 왜 의대를 가려는 학생들이 히가시노 게이고 소설을 그렇게 열심히 읽은 걸까요? 그의 작품에는 몇 가지 특징이 있습니다. 먼저 의대는 아니지만 공대 출신인 저자가 추리소설에서 다양한 의학적 지식들을 활용합니다. 다른 추리소설들이 '왜' 즉 동기에 초점을 맞추는 반면에, 게이고의 소설은 '어떻게' 즉 방법에 초점을 맞춘다는 차이가 있습니다. 의대 준비생들은 그 방법론의 치밀성에 눈을 뜨고 그의 소설에 빠져들게 되죠.

또 다른 특징은 의학 소설로 분류될 소설들이 특히 많다는 점입니다. 《변신》이 그렇고 《인어가 잠든 집》이 그렇습니다. 가장 대표적인 것이 이 책에 소개된 《사명과 영혼의 경계》입니다. 서울대 의대에 합격한 제 제자 중 하나는 이 책을 인생책으로 고르면서 그 이유를 이렇게 밝히더군요. "인생이란 그냥 아무 목적 없이 살아서는 안 되고 사명감을 가지고 성실하게 살아야 한다는 사실을 저는 이 책을 통해서 확실히 깨닫게 되었습니다."

어떻게 추리소설에서 단순한 재미 이상의 의미를 깨달은 걸까요? 책에 대해서 살펴보겠습니다.

《사명과 영혼의 경계》는 2006년에 출간된 미스터리 소설입니다. 대학병원에서 일어난 의료 사고 협박 사건을 중심으로, 의사로서의 사명과 직업윤리에 대한 문제를 다룬 작품입니다. 소설의 주인공은 데이토 대학병원에서 레지던트로 일하는 히무로 유키입니다. 유키의 아버지는 경찰관으로, 심장 질환을 앓다가 니시조노 요헤이 교수의 수술을 받고 사망했습니다. 유키는 아버지의 죽음에 의문을 품고, 니시조노 교수를 쫓아 데이토 대학병원에 입사합니다. 그러던 중 데이토 대학병원에서 의료 사고가 발생합니다. 환자가 수술 도중 사망한 사건인데, 유키는 이 사건이 니시조노 교수의 의료 과실로 인한 것임을 확신합니다.

유키는 니시조노 교수를 고발하기 위해 증거를 수집하지만, 니시조노 교수는 유키를 협박합니다. 니시조노 교수는 유키의 아버지가 자신의 아들을 죽인 범인이라며, 유키가 응하지 않으면 진실을 폭로하겠다고 합니다. 유키는 니시조노 교수의 협박에 굴복할 것인가, 아니면 진실을 밝히기 위해 맞설 것인가의 기로에 놓이게 됩니다.

소설의 결말에서, 유키는 니시조노 교수의 협박에 굴복하지 않고, 진실을 밝히기 위해 맞섭니다. 유키는 니시조노 교수의 아들을 죽인 범인을 찾아내고, 니시조노 교수의 의료 과실도 밝혀내죠.《사명과 영혼의 경계》는 의료 사고라는 현실적인 문제를 다루면서도, 치밀한 추리와 묵직한 메시지를 통해 독자의 마음을 사로잡는 작품입니다.

여기서 인상적인 것은 유키의 아버지가 사실상 의료 사고로 '죽은' 것이 아닌 '죽인' 것이라고 의심하던 마음이었습니다. 마지막에 전기가 끊겨 환자의 생사를 도저히 짐작할 수 없던 특수 상황에서, 니시조노 교수는 환자의 목숨을 살리기 위해 최선을 다합니다. 그의 사전에는 포기란 단어가 존재하지 않았죠. 그래서 유키는 이렇게 말하며 의심을 내려놓습니다. "니시조노 교수는 사명을 말할 자격이 있는 의사다." 다음 장면은 의학도가 아닌 일반인이 봐도 감동적입니다.

"이 정도 일로 녹초가 되다니 나도 나이가 들었군."

"그렇지 않습니다. 그런 수술을 할 사람은 니시조노 선생님 말고는 없을 겁니다." 유키가 말했다. "정말로 그렇게 생각해 줄 건가?"

"그렇습니다." 유키가 고개를 끄덕였다.

"그래? 그렇다면 다행이군." 니시조노는 일단 눈을 감은 다음 다시 고개를 들었다. "진성궁부대동맥류 이 병명은 자네에게 중요한 의미를 갖고 있을 거야."

"알고 있습니다. 아버지와 같은 병명입니다."

"집도의도 똑같지." 니시조노가 말했다. "바로 그렇기 때문에 자네에게 보여 주고 싶었네. 그리고 보여 주게 된 이상 어떻게 해서든 살려내야만 했네."

그 교수가 살리려던 환자는 바로 자신의 아들을 죽음 직전으로 몰고 간 유키의 아버지였습니다. 그 사실을 깨달은 유키 교수는 니시조노 교수를 용서하고 화해를 합니다. 살인 사건이 없는 이 추리소설의 진정한 묘미는 의사라는 직업의 소명의식을 자연스럽게 깨우치도록 돕는 게 아닐까 합니다. 원수보다 더 중요한 건 내 앞의 환자를 살리는 것이고, 의사에겐 원수보다 그리고 어쩌면 사랑보다 더 중요한 게 사명이라는 뜻을 전하고 싶었던 거죠. 이 책을 인생 책이라고 말한 제 제자도 앞으로 원수보다 사랑, 사랑보다 사명을 강조하는 의사가 될 거라 기대해 봅니다.

POINT 1 │ 이 책을 창체에 녹이는 방법

★**자율 활동** : 의생명 캠프 등은 의대를 많이 보내는 학교라면 단 골로 열리는 행사이다. 진로 활동에는 연구와 탐구를, 자율 활동 에는 의사의 길을 주로 적을 수 있다. 추리소설에서 그려진 의사 상을 주제로 발표를 한 뒤 친구들과 토론을 해 보도록 하자.

★**동아리 활동** : 의학 관련 동아리에서라면 소설에서 그려진 응 급 수술의 세계에 대해서 알아본 뒤 발표하는 과정을 적을 수 있 다. 예전에 외부 활동이 가능했을 때는 병원에 방문해 수술 과정 을 지켜보는 라이브 서저리를 적을 수도 있었지만, 지금은 이를 적을 수 없다. 대신 소설 속 수술 장면을 보면서 자신이 지켜보았 던 것(병원 이름은 밝히면 안 된다)과 비교해 녹여 내는 방식으로 동아리 활동에 활용할 수 있다.

★**진로 활동** : 소설 속에 드러난 질병에 대한 자세한 탐구는 진로 활동에 적합하다. 소설에서 중요한 모티브가 되는 진성궁부대동

맥류는 대동맥의 궁부 부위가 정상적인 직경보다 1.5배 이상으로 늘어난 상태를 말한다. 대동맥은 심장에서 혈액을 온몸으로 보내는 가장 큰 혈관이며, 궁부 부위는 대동맥의 시작 부분으로 가슴과 등뼈 사이에 위치한다. 진성궁부대동맥류는 대동맥의 벽이 약해져서 발생하는데, 파열되면 소설에서처럼 그 즉시 사망에 이르는 치명적인 병이다. 동맥과 관련된 질병에 대해서 탐구해 보고 그 계기를 히가시노 게이고 소설에서 찾았다면 좋은 평가를 받을 것이다.

POINT 2 │ 이 책을 세특에 녹이는 방법

★**일본어** : 의대 준비생이 가장 많이 선택하는 제2외국어 일본어 과목에 이 책을 적을 수 있다. 추리소설이자 의학 소설인 이 책에 대해 간단한 리뷰를 하면 전공 적합성도 보여 주고 학과목의 특성에도 맞는 세특이 될 수 있다.

★**화학 2** : 이 책은 화학 2 교과서에도 연결시킬 수 있다. 그 이유는 심장병의 가장 큰 유발인자인 고혈압 때문이다. 고혈압은 혈압이 정상보다 높게 유지되는 질환으로, 고혈압의 화학적 작용은 아직 완전히 밝혀지지 않았지만, 다음과 같은 몇 가지 가설이 있다.

- 레닌-안지오텐신-알도스테론**RAAS** 시스템 가설: RAAS 시스템은 혈압을 조절하는 데 중요한 역할을 하는 시스템이다. 고혈압 환자의 경우 RAAS 시스템이 비정상적으로 활성화되어 혈압이 높아진다는 가설이다.

- 신경계 가설: 고혈압 환자의 경우 신경계가 혈압을 조절하는 데 문제가 발생한다는 가설이다.

- 호르몬 가설: 고혈압 환자의 경우 호르몬의 분비가 비정상적으로 이루어져 혈압이 높아진다는 가설이다.

이러한 가설들은 고혈압의 화학적 작용에 대한 이해를 돕는 데 도움이 되고, 향후 고혈압을 치료하거나 예방하는 새로운 방법을 개발하는 데 기여할 수 있다. 소설에서 계기를 얻어 화학 2 수준으로 지식을 확장시키면 지식의 심화와 융합을 동시에 보여 줄 수 있다.

BOOK 33

《닥터스 씽킹》

제롬 그루프먼 *Jerome Groopman*

의사는 어떤 방식으로
사고해야 하는가?

우리는 의학을 이과 자연 계열 학과로 생각하지만, 의학은 문과와 이과적 기질이 모두 필요한 대표적인 융합 학문입니다. 한국의과대학협의회에서 발표한 의과대학의 교육 목표에서도 다음과 같은 제안을 합니다.

　- 제안 4. 의료에 영향을 주는 인문 사회과학적 지식과 의료 관리 능력을 갖춘 의사를 양성한다.
　- 제안 5. 도덕적이고 이타적이며, 지도자적인 의사를 양성한다.

　수학과 과학만 잘하고 인문 사회 과목을 등한시하는 인재는 원하지 않는 것이지요. 과거 자소서가 있었을 때 서울대 의대 지원자들이 가장 많이 언급했던 책 3위에 오른 이 책 역시 그 점을 강조합니다. 의학은 바로 과학과 인간의 결합이라고 말이죠.

저자인 제롬 그루프먼 박사는 하버드대 의대 교수이며 활발한 저술 활동을 통해 의학의 대중화에 앞장서 온 인물입니다. 의대 지망자들은 이 책에서 무엇에 집중해야 할까요?

저자가 이 책을 쓴 의도에 대해서 주목해 보죠. 저자는 이 책을 '의사는 과연 어떤 방식으로 사고해야 하는가?'라는 질문에 대한 해답으로 썼다고 밝힙니다.

또한 저자는 모든 의사에게 다음과 같이 요구합니다. "질문하라. 의사는 환자와 다른 의사들은 물론 스스로에게 물어보는 것을 망설여서는 안 된다. 스스로에게 물어라. 내가 놓치고 있는 것이 무엇인가?"

저자는 의사가 하는 실수를 논리적 오류 측면에서 분석합니다. 그런 의미에서 이 책은 의대 지원자뿐 아니라 논리적 사고가 필요한 문과 학생들에게도 도움이 됩니다. 그렇다고 의사들이 무조건 논리에만 의존해선 안 된다고 합니다. 다음 목소리에 귀 기울여 보죠. "오직 논리에 의한 접근법은 잘못됐다. 논리가 아무리 완벽해 보여도 결국은 인간인 내가 만들어 낸 논리이기 때문이다."

왜 논리가 완벽한 것이 아닐까요? 그 이유는 불확실성 때문입니다. 불확실성은 때로는 성공의 보증수표가 되기도 합니다. 책 속 에피소드 중에서 가장 감동적인 4장 '시간의 지배자'를 보면, 레이첼 스타인이라는 여인이 베트남에서 한 아이를 입양하는 사례가 나옵니다. 쉬라라는 이름의 이 베트남 아이는 희귀한 비정형적 형태의 SCID를 앓고 있었고 생존 가능성은 거의 없다고 모두가 입을 모아 말했습니다. 하지만 레이첼의 간절한 기도 덕분인지 아니면 모든 병에 담겨 있는 불확실성 덕분인지 쉬라는 기적적으로 생존합니다. 저자는 도저히 믿을 수 없는 이 경험을 통해 의사 자신들의 논리에는 틈이 분명히 존재하고 그 틈을 메워 줄 답은 사랑이든 믿음이든 가시적이지 않은 무언가에서 찾을 수 있다고 고백합니다. 사람의 몸은 가변적이기 때문에 100%의 확률이란 애초에 존재하지 않는 것이죠. 그래서 의사는 겸손해야 하며 늘 예외성에 대해서 인정해야 한다고 말합니다. 지나친 자신감은 오판을 가능하도록 하기에 항상 자신이 틀릴 수 있다고 생각하고 자신이 놓친 게 무엇인지 따져 보는 습관이 필요하다는 것입니다.

사족이지만 미국이나 한국이나 모든 환자의 가족 특히 부모는 의사들에게 이렇게 말하고 싶어 합니다. "제 자식이 선생님에게 단 1명뿐인 환자라고 생각하시면서 봐주세요."

이기적인 요구 같지만 눈치 빠른 의사는 그 말의 함의를 알아차린다고 하네요. 환자와 만났을 때 그 순간만큼은 오직 환자에게만 집중해 달라는 요구거든요. 그래서 좋은 의사는 무엇보다도 시간을 잘 관리할 줄 알아야 합니다. 유한한 인간과 무한한 신과의 힘겨운 시간 싸움. 그래서 의사란 직업은 지금이나 예전이나 동양이나 서양이나 힘들고 괴로울 수밖에 없는 것이 아닐까요?

POINT 1 │ 이 책을 **창체**에 녹이는 방법

★**자율 활동** : 학교에 마련된 진로 특강 중에 의사의 강의가 있다면 이 책에 대해 질문한 뒤 그 반응을 생기부에 적을 수 있다.

★**동아리 활동** : 의사들의 생각법이란 주제로 에세이를 써 보자. 의사들은 어떤 식으로 환자와 질병에 대해서 생각하는지 자신의 생각을 쓰되, 그 모티브를 이 책에서 얻었음을 밝힌다. 동아리 활동이 꼭 토론이나 실험이어야 할 이유는 없다.

★**진로 활동** : 일반고에서 진로 활동으로 가장 많이 적는 선배와의 대화에서 이 책을 주제로 삼아 보자. 의대에 간 선배에게 이 책을 읽어 보았는지, 정말 우리나라 의사들도 이런 식으로 생각하는

　　　　　　《닥터스 씽킹》 제롬 그루프먼

지 등을 물어보고 그 내용을 적도록 한다.

POINT 2 │ 이 책을 세특에 녹이는 방법

★독서 : 3단원 독서의 방법에서 이 책을 활용해 볼 수 있다. 특히 추론적 독해 파트에서 이 책이 활용되면 아주 좋다. 의사는 추론을 잘해야 성공하는 직업이고 이 책이 다루는 내용도 의사들의 논리적 사고를 추적해 가는 과정 그 자체이기 때문이다. 비판적 읽기 단원에서는 의사들이 진단에서 오류를 범하는 이유를 정리하고 비판할 때 이 책을 근거로 삼을 수 있다.

★화법과 작문 : 의사의 의사소통에 관심이 생겨 이 책을 선택했다고 기록할 수 있다. 의사가 환자에게 말하는 방법의 좋은 예와 나쁜 예를 알아보는 활동을 해 보고 이를 책 제목과 함께 써 보자.

★영어 : 이 책이 원제는 《Doctor′s Thinking》입니다. 원서로 읽으며 원서와 번역본의 차이를 정리해 보자. 또한 저자가 강조하는 지점을 영어 키워드로 제시한 뒤 이를 우리 말로 해설해 주면 좋은 영어 세특이 될 수 있다.

《청년의사 장기려》

손홍규

김일성이나 이승만이나
똑같은 환자일 뿐이다

우리나라 의사 중에 좋은 롤 모델은 누가 있을까요?《청년 의사 장기려》라는 책은 우리나라 의사 중에서 가장 많은 존경을 받고 있는 장기려 고신대 의대 설립자에 관한 소설입니다. 장박사는 한국의 슈바이처로 불리는 인물이죠. 1911년 8월 14일 평안북도 룡천에서 태어난 그는 1936년 경성제국대학 의학부를 졸업하고, 평양연합기독교병원에서 외과의사로 일했습니다. 그러다 분단이 되기 전에 남한으로 내려왔는데 그 이유는 공산주의가 자신의 믿음과 맞지 않기 때문이었죠. 1950년 한국전쟁이 발발하자 그는 부산으로 피난을 갔고, 부산대학교 의과대학 교수로 임용되었습니다. 1954년에 설립한 부산복음병원에서는 가난한 환자들을 무료로 진료했고, 1961년에는 고신대학교 의과대학을 설립했으며, 이후 1995년 12월 25일 84세의 나이로 별세했습니다.

장기려 박사는 가난한 환자들을 위해 평생을 바친 의사로 유명하죠. 부산복음병원을 설립해서 가난한 환자들을 무료로 진료한 것은 물론, 의료보험조합을 설립해서 가난한 환자들에게 의료 혜택을 제공했습니다. 장 박사의 헌신적인 노력으로 인해 많은 가난한 환자들이 건강을 회복할 수 있었습니다.

한번은 수술받은 환자가 치료비가 없어서 퇴원하지 못하고 있다는 말을 들었습니다. 장기려 박사는 그 환자를 한밤중에 몰래 병원에서 도망치게 하고서는 그 뒷수습을 감당했다고 합니다. 이런 소식들이 모이자 가난한 사람들 사이에서는 돈이 없어도 장기려 박사를 만나기만 하면 수술받을 수 있다는 희망이 생겨났습니다. 장기려 박사에 대한 명성은 외국에서도 널리 알려져 1979년에는 아시아의 노벨상이라 불리는 '막사이사이상'의 수상자로 선정되었습니다. 당시 방송국에서 이 사실을 비중 있게 다뤘기에 저 또한 그 사실을 분명히 기억하고 있죠. 그는 독실한 기독교인이었는데, 내 이웃을 내 몸과 같이 사랑하라는 성경의 가르침을 따라서 자신의 생명 못지않게 다른 사람의 생명을 사랑하며 살았던 인물입니다. 소설에는 장기려 박사가 김일성을 수술하는 장면이 나오는데, 수술을 성공적으로 마치자 김일성이 이렇게 말합니다.

김일성 : "지금 여기 누워 있는 사람이 내가 아닌 이승만이라 해도 그랬을 갑니까?"

장기려 박사 : "한 치의 망설임도 없이 그렇습니다."

사실 이 상황은 장 박사가 죽을 수도 있는 위기였습니다. 그런데도 김일성의 기대와는 다른 정반대의 대답을 한 것이죠. 사람의 생명을 다루는 의사에게는 눈앞의 환자에게 최선을 다하는 자세 못지않게 용기가 중요함을 보여 주고 있습니다. 생전에 장기려 박사는 "정말 김일성의 수술을 했습니까?"라고 묻는 기자의 질문에 미소만 지을 뿐 답변을 하지 않았다고 합니다.

이상하게 의사 중에서는 교인들이 많습니다. 연세대와 이화여대, 고신대 등은 학교 설립 자체가 기독교의 전통에서 시작된 학교입니다. 가톨릭대와 대구가톨릭대는 가톨릭의 건학이념 아래 교수들 중에 상당수가 천주교 신자인 학교입니다.

가톨릭 관련 의대를 준비하는 학생이라면 생기부에 이분의 이름을 적어도 도움이 됩니다. 바로 이태석 신부죠. 이태석 신부의 삶도 의사라는 직업이 소명의식과 동의어임을 증명할 수 있는 좋은 모델입니다. 이태석 신부는 인제대 의대를 나온 의사 출신 신부입니다. 그의 말대로 오랜 끌림에 의해 외과의사라는 직업인으로 살다가 뒤늦게 가톨릭대 신학과에 입학해 신부의 길을 걷게 된 인물이죠. 그는 아프리카로 떠나 의료 봉사를 하며 헌신적인 삶을 살다가 결국 암에 걸려 2010년 선종했습니다. 이태석 신부에 관해서는 책도 있고 그 책을 바탕으로 만든 다큐 '울지마 톤즈'가 넷플릭스에 올라와 있기도 합니다. 《친구가 되어 주실래요》라는 제목의 이 책은 한때 서울대 의대에 합격한 학생들이 중고생 시절 거의 반드시 읽었던 필독서였습니다. 한 학생은 지금은 사라진 서울대 자소서에서 이 책으로 자신의 꿈과 인성을 증명하기도 했습니다. 잠시 일부를 살펴보겠습니다.

몇 번이고 완독하고 창업 대회에서 직접 이태석 E-BOOK 위인전을 만들 만큼 제 삶에 큰 영향을 준 책입니다. 그분이 보여 준 종교를 뛰어넘는 인류애는 제 삶에서 '봉사', '희생'이라는 단어에 대한 새로운 잣대가 되었습니다. 그동안 해외 아이들에게 물질적 선행을 베풀면서 만족해했던 스스로가 부끄러워지는 순간이었습니다. '총과 칼을 녹여서 악기를 만들고 싶다'는 톤즈 아이들의 목소리가 전 세계인들에게 닿기를 바랐습니다.

우리나라도 점차 해외 봉사 기관, 참여자 수가 증가하는 모습은 긍정적이지만 취업이나 진학을 위한 스펙으로 여겨지는 것 같아 안타까웠습니다. 문화공연을 하면서 '다음 달에 꼭 올게'라는 약속이 아이들에게 얼마나 큰 설렘과 희망을 주는지 알게 되었기에 시간 채우기식 단기 봉사, 허울뿐인 봉사는 지양되어야 한다고 생각합니다. 그래서 이후로 봉사 동아리를 운영할 때 저 자신도 모범을 보일 뿐 아니라 후배들에게도 봉사자의 의식과 태도에 더 신경을 쓸 것을 부탁했습니다.

이런 내용을 적고 싶은데 자소서가 사라져서 고민이라고요? 다음 이어지는 창체/세특 포인트에서 그 방법을 알아보도록 하겠습니다.

POINT 1 | 이 책을 **창체**에 녹이는 방법

★**자율 활동** : 강남의 일반고들은 자율 활동에 자유 탐구 주제 활동을 적도록 하고 있다. 이곳에 한국과 미국의 좋은 의사 상을 비교하는 연구 같은 것을 적어 보자. 미국 의사들은 민영 보험 속에서 환자보다 경영을 우선시할 것 같고 한국은 그 반대일 것 같은데 과연 그럴지 조사하는 것도 좋은 비교가 될 것이다.

★**동아리 활동** : 중학교 때 수학과 과학을 선행한 학생이라면, 과

《청년의사 장기려》 손홍규

학이나 수학 동아리를 해서 질병과 관련된 이야기로 창체를 채우는 것보다는 봉사 동아리를 추천한다. 봉사 동아리에서 한 봉사 내용을 적으면서 장기려 박사의 삶이나 책 속 문장을 활용하는 것은 좋은 전략이 될 수 있다.

★**진로 활동** : 이 책을 읽고 의사들의 도덕관과 가치관에 대해서 탐구해 보자. 의학 관련 신문에 실린 기사나 통계 등을 활용하고 이왕이면 외국의 자료들도 인용하면 좋을 것이다. 장기려 박사와 이태석 신부를 비교해 두 사람의 공통점과 차이점을 연구하는 것도 좋은 진로 활동이 될 수 있다.

POINT 2 │ 이 책을 세특에 녹이는 방법

★**언어와 매체** : 언어와 매체는 대부분의 의대 지망생들이 선택하는 국어 과목이다. 그중 매체의 정보 구성과 유통 방식이란 단원에서 매체에 따른 정보의 속성을 의대 적합적으로 꾸밀 수 있다. 의학 관련 상 중에 큰 언론사들은 노벨 생리의학상이나 '앨버트 래스커 의학연구상'(래스커상) 등을 보도하지만, 진보적인 의사상을 추구하는 매체는 'MSD 청년 슈바이처상' 같은 상에 주목한다. 장기려 박사를 기리기 위해 서울의대 제자들이 만든 '장기려

의도상'도 있다. 이렇게 매체들이 포커스를 두는 의사들의 상에 대한 조사는 매체의 프레임에 대한 접근이어서 과목의 교육 목표와도 일치한다.

★**영어 독해와 작문** : 장기려 박사가 받은 막사이사이상 관련 기사는 거의 45년이 지났는데 지금도 인터넷에서 검색이 된다. 도대체 막사이사이가 누굴까? 왜 그가 평화와 독립의 상징이 되었는지와 70년대까지는 아시아의 강국이었던 필리핀의 역사 등을 영어 자료에서 찾아보자.

★**종교학** : 종교학에서는 기독교, 이슬람교, 불교 3개의 종교를 다룬다. 고대의 모든 의사가 기독교 문명에서 나왔을 것 같지만 그렇지 않다. 유럽 중세 의학에 큰 영향을 미친 이븐 시나 같은 의사도 있다. 외과의사로서 그는 그리스 의학과 현대 유럽 의학을 연결시켜 주는 브릿지 역할을 했다. 서양의학에 가까운 사람이지만 우리나라에서는 한의학에서 그의 철학을 다루고 있으며, 동국대 한의대 최효재 교수 등이 쓴 〈이븐 시나를 중심으로 고찰한 이슬람 의학의 이해〉 같은 내용은 세계사나 종교학 같은 데서 다루면 좋다.

《청년의사 장기려》 손홍규

BOOK 35

《온 더 무브 : 올리버 색스 자서전》

올리버 색스 *Oliver Sacks*

환자들의 삶으로 걸어 들어간 생생한 기록

의대 합격생의 생기부에서 가장 많이 발견되는 의사의 이름은 바로 올리버 색스입니다. 물론 단행본 중에 가장 많이 언급되는 책도 그의 베스트셀러 《아내를 모자로 착각한 남자》죠. 다른 사람처럼 저도 《아내를 모자로 착각한 남자》로 색스를 처음 읽었지만 알고 보니 훨씬 전 제가 20대 때 올리버 색스(1933~2015)와 첫 만남이 있었더라고요. 90년에 제작된 영화 'The Awakening(국내 제목은 '사랑의 기적'입니다)'의 원작자가 색스인 건 나중에 알았습니다. 20대 초반에 이 영화를 볼 때는 그 사실을 몰랐죠. 영화에서는 주인공 즉 색스 역을 로빈 윌리엄스가 맡았어요. '수면병(기면성뇌염)'에 걸려 수십 년간 얼어붙어 시체나 다름없는 상태로 살아 온 사람들과 그들을 치유하려는 의사의 이야기를 다룬 영화입니다. 원작에서는 여러 환자들이 나오지만 영화에서는 그중 열한 살 때 전신마비가 온 뒤 수십 년 만에 깨어난 환자 레너드에 초점을 맞췄습니다. 그 역할을 로버트 드니로가 맡았는데 왜 그가 최고의 명배우인지를 증명해 주는 연기를 펼쳤죠. 처음에는 전신마비 상태로 연기하다 중간에 정상으로 돌아옵니다. 다시 영화 후반쯤 서서히 마비가 찾아오고 그러다 완전 마비되는 순간까지, 정말 모든 순간이 완벽했어요. 드니로는 영화 제작 전에 감독인 페니 마셜과 함께 색스를 여러 차례 방문했는데, 색스는 그에 대해 이렇게 평했습니다. "드니로는 자신이 연기할 인물을 이해하기 위해 현미경으로 들여다보듯 치밀하게 조사하고 연구하는 열정적인 배우였다. 나는 자신이 맡은 인물 그 자체가 되기위한 배우의 연구 과정을 드니로를 통해 처음 확인했다." 색스에 따르면 뇌염후증후군 환자들은 오른발이 안으로 굽어 있는데 드니로는 이것까지 정확하게 흉내 내서 영화 촬영 중 전신마비 상태에서는 똑같은 자세를 유지했다고 하는군요. 색스는 당시 임상 중인 신약 L도파(파킨슨병 치료제)로 이들 환자들을 깨우는 데 성공합니다. 이 영화도 여러 번 봐서 상세히 기억하는 편인데요, 이 장면은 정말 특별합니다. 로빈 윌리엄스가 반사 신경이 살아나는지 알아보기 위한 검사로 야구공을 가볍게 던졌는데, 전신에 전혀 미동도 없이 누워 있던 드니로가 손만 움직여 그 공을 잡죠.

색스는 이 병원에서 30대 초반의 나이에 하루 16시간씩
일했는데 이 경험이 자신에게 과학적 객관성, 환자들에 대한
유대감, 모든 과정의 경이로움을 느끼게 해 준 계기가 되었다
고 술회했습니다. 색스의 자서전《온 더 무브》를 보면, 색스는
60년대에 역도 같은 하드한 운동에 빠져 있어서 몸을 불렸고
턱수염을 길렀는데, 영화 속 로빈 윌리엄스는 당시 30대 색스
와 참 많이 닮았습니다. 로빈 윌리엄스 역시 이 영화를 위해 색
스와 병원에서 자주 만났다고 합니다. 정신 병동에서 어느 날
자신이 관찰한 환자들의 대화와 행동을 그대로 묘사하는데 색
스는 그것이 재현이 아니라 빙의 수준이었다고 극찬했습니다.
로빈 윌리엄스는 색스를 만나면서 행동 습관, 말투, 걸음걸이
를 배웠고 이를 따라 한 적도 있습니다. 거의 살아 있는 거울을
보는 수준이었다고 하네요. 있지도 않은 일란성 쌍둥이가 툭
튀어나온 기분이었다고 합니다. 저는 20세기 전반에 인류를
절망에서 웃음으로 구한 코미디언이 찰리 채플린이라면 20세
기 후반에는 로빈 윌리엄스가 그 역을 맡았다고 생각할 정도
로 사랑합니다. 의대를 가고자 하는 학생에게 저는 이 영화를
꼭 추천하는데, '패치 아담스'에서 그려진 로빈 윌리엄스와 비
교해 작품 속에 그려진 의사 이미지에 어떤 차이가 있는지 파
악해 보라는 과제를 주죠. 공통점은 공감과 헌신인데, 차이점

이라면 '패치 아담스'에는 유머가 있고(대신 슬픔은 없고) '사랑의 기적'에는 유머가 없다(대신 슬픔은 있다)는 지점입니다.

참고로 색스는 어린 시절 자신의 부모에게 자신의 성 정체성(게이)을 밝혔어요. 이때 어머니(부모님 모두 의사였어요. 특히 어머니는 27세 때 외과 레지던트를 땄던 대단한 여성이었습니다)로부터 "너는 태어나지 않았어야 했어"라는 극언을 들은 걸 평생의 상처로 안고 살았습니다. 그의 어머니는 성경 레위기의 구절 "너는 여자와 동침함 같이 남자와 동침하지 말라. 이는 가증한 일이니라"을 언급하며, 자신의 아들에게 "가증스럽다"고 말했죠. 이 일이 있고 나서 그는 자신의 성적 취향을 일체 누구에게도 이야기하지 않고 홀로 외롭게 살았습니다. 저도 색스의 책에 왜 부모 형제 삼촌(어린 시절 그에게 큰 영향을 준 삼촌과 화학의 인연을 그린 엉클 텅스텐이란 책이 있죠) 이모 이야기만 나오고, 자신이 만든 가족(부인과 자식) 이야기가 안 나오는지 궁금했었는데, 자서전을 보고서야 그 이유를 알게 되었습니다.

질병실인증, 코르사코프 증후군, 샤를 보네 증후군 등 온갖 희귀한 신경 정신병을 치료하던 색스는 망막암이라는 희귀암으로 사망했습니다. 오른쪽 망막에 종양이 너무 커져서 신생 혈관이 수시로 터졌고 수술 후에도 계속 터져서 완전 실명이 됐죠. 게다가 인간의 몸에서 가장 중요한 뇌, 간, 폐에 전이가 돼서 도저히 살 수가 없는 지경에 이르렀습니다. 자신의 환자를 돌보기 위해 몸과 마음을 희생하면서 얻은 질병이 아닐까 싶네요. 그에게 글쓰기가 없었다면 더 일찍 병이 찾아왔을지도 모른다는 생각도 듭니다. 글쓰기는 그의 말대로 생각의 발견이었죠. 그의 글은 그의 삶과 별개로 살아 숨 쉬는 유기체 같아요. 그는 글을 쓰다 보면 자기 안에 숨어 있는 생각들이 중구난방으로 튀어나와 문장 중간에서 글의 주제와 결합해 발전한다고 쓰기도 했는데, 저는 글에 관해 이보다 더 적합한 비유를 본 적이 없습니다.

POINT 1 │ 이 책을 **창체**에 녹이는 방법

★**자율 활동** : 자율 활동으로 체험 활동을 많이 쓴다. 이때 학교에서 한 활동뿐만 아니라 교장 승인 아래 다른 고등학교나 시도 교육청이 주관한 행사에 참여한 것도 쓸 수 있다. 단, 학교장 승인이라도 대학교나 시민 단체가 진행한 경우, 장소가 외국인 경우는 적을 수 없다. 인성이나 리더십 캠프를 다녀왔으면 그 캠프 내용보다는 자신의 직업과 연계해서 가치관을 드러내는 게 좋다. 희귀병을 연구하고 치료하다 희귀병으로 죽은 색스의 삶처럼 일과 삶을 감동적으로 일치시킨 사례를 희망한다고 적는 식이다.

★**동아리 활동** : 의대 동아리 중에 아주 심화된 동아리명을 가지고 심화된 활동을 하는 학교들이 있다. 예를 들어 윤리적 딜레마 토론반 같은 게 전형적이다. 3학년 때는 상위권 학생들을 위해 학교가 만들어 주는 경우도 있다. 그런 동아리에서는 미국처럼 병원의 TV 광고를 허용해야 할지, 의사의 영리 행위를 어디까지 허용할지 등을 논의할 때 올리버 색스 같은 유명한 인물을 사례로 활용할 수 있다. 물론 그는 살아생전 어떤 광고에도 등장한 적 없다.

★**진로 활동** : 교육청에서 주관하는 진로 진학 학습 캠프는 진로 활동에 적을 수 있다. 이 캠프에서는 학생부 작성 요령과 학교 활동 중에 대입에 유리한 것들을 컨설턴트들이 가르쳐 주는데, 이런 활동을 한다면 1학년인데 자신의 진로가 의대에 맞는다는 점을 캠프에서 깨달았다고 연결시키는 게 좋다. 더불어 의사의 적성을 보여 주기 위해서 올리버 색스의 인물 탐구 보고서를 진로 활동에 적으면 좋다.

POINT 2 │ 이 책을 세특에 녹이는 방법

★**화법과 작문** : 고 2 이상에서 배우는 화법과 작문의 3분의 1은 기본적인 태도, 3분의 1은 화법, 3분의 1은 작문을 다룬다. 의대

입시와 가장 연관이 되는 것은 화법이다. 올리버 색스의 삶을 다룬 자료는 찾기 쉽다. 다큐와 책도 있고 색스의 인터뷰도 유튜브에서 얼마든지 찾을 수 있다. 지적인 깊이를 드러내되 절대 교만하다는 인상을 주지 않는 색스의 화법을 분석하는 것은 교육 목표와도 맞고 의사 역량을 보여 주는 길이 될 수 있다.

★**심화국어** : 심화국어는 주로 고 3 때 배우며 진로 선택 과목이어서 등급의 부담이 없다. 교과서는 주제별로 나뉘어 있는데, 1단원 환경과 과학, 2단원 역사와 현실, 3단원 예술과 문화, 4단원 법과 사회로 구성되는 식이다. 사실 색스는 모든 단원에서 다 인용될 수 있지만 가장 좋은 건 1단원이다. 주제별이 아닌 사실적, 추론적, 비판적, 창의적 읽기로 나뉜 경우에도 역시 1단원에서 활용하기 좋다. 색스의 책 속에 등장한 다양한 신경 정신 질환의 의미를 파악하는 것은 고차원적인 독서 활동이 될 것이다.

★**운동과 건강** : 체육 선택 과목인 운동과 건강에도 색스의 책이 적용될 수 있다. 색스가 초기 연구했던 질병 등은 운동 장애가 많으며, 신경 정신에 문제가 생기면 운동 능력이 저하될 수 있다. 운동 능력을 저하시키는 질병들에 대해서 알아본 뒤 그에 대해 쓰면 의대 적합성을 잘 드러내는 소재가 될 것이다.

BOOK 36

《잃어버린 치유의 본질에 대하여》

버나드 라운 *Bernard Lown*

의사는 치료가 아니라
치유에 목적을 둬야 한다

"인간에 대한 사랑이 있을 때 의술은 사랑이 된다."

이 말을 한 사람은 누구일까요? 힌트를 주자면 모든 의대생이 그의 앞에서 선서를 한다는 건데요, 바로 그리스 최초의 의사 히포크라테스입니다. 이 정보를 알려 준 책이 이번에 소개하는 책《잃어버린 치유의 본질에 대하여》입니다.

저는 이 책을 읽은 뒤 정말 많은 의대 준비생들에게 추천했고 그들이 합격하는 것을 봤습니다. 책의 저자는 올리버 색스만큼이나 의대 적합성이 높은 인물인데요, 그는 바로 노벨상을 받은 의사 버나드 라운입니다. 특히 수학과 과학 쪽으로 편향된 학생이 이 책을 읽으면 생각이 많이 유연해지고 부드러워질 겁니다. 소통 능력이 강화되는 것이죠. 버나드 라운은 올리버 색스처럼 리투아니아와 연관이 있습니다. 라운은 리투아니아 출신이고 색스는 부모가 리투아니아에서 영국으로 건너온 유대인이죠. 라운이 색스보다 열두 살 많으니, 한국식으로 말하면 띠동갑입니다. 그는 직류 제세동기를 발명해 인류의 평화에 기여한 공로로 85년 노벨 평화상을 받았죠.

그의 책은 인간과 치료, 그리고 의사라는 직업에 대한 통찰로 가득 차 있습니다. 특히 이 말은 정말 의대를 준비하는 학생이 평생을 지녀야 할 금과옥조라고 생각합니다. "인간에 대한 이해 없이 유물론적 지식에 입각하여 환자를 치료하는 일은, 막힌 배관 파이프를 뚫어 주는 배관공의 행위와 다르지 않을 것이다."

사실 직업에 귀천이 없다는 시각에서 이 말을 들으면 본래 의도를 왜곡할 수 있습니다. 의사는 성스럽고 배관공은 천한 직업처럼 느껴질 수도 있으니까요. 그러나 라운의 의도는 의사라면 유물론적 사고를 버려야 한다는 이야기입니다. 제가 앞서도 과학자인 의사 중에 의외로 종교인이 많다고 했는데 이는 라운의 말과도 맥이 닿는 이야기입니다. 의사가 되려는 학생은 모름지기 다음과 같은 마이모니데스의 간절한 기도를 기억해야 합니다. "환자가 고통받는 나의 친구임을 잊지 않게 해 주소서. 그리고 내가 그에게서 질병만을 떼어 생각하지 않도록 하소서."

국내 많은 의대 교수들이 학생들이 생기부를 너무 질병에만 맞추어서 작성하는 경향이 있다고 지적하는데, 이럴 때 정말 좋은 책이 버나드 라운의 자서전입니다. 환자를 돈으로 보는 의사도 물론 존재하겠지만 소수지요. 특히 대학병원에는 그런 의사가 적을 겁니다. 여러분들의 학생부를 평가하는 사람이 나중에 개업을 할 수도 있겠지만 일단은 대학병원에서 일하는 교수이자 의사이니까요. 그런데 그들도 같은 질병을 오래 진료하다 보면 환자가 곧 질병 덩어리처럼 보일 때가 있습니다. 그러면 환자의 얼굴에서 질병의 흔적만 보이죠. 뭐가 문제일까 싶은데 그렇게 되면 환자를 기계적으로 대하게 된다는 게 라운 박사의 주장입니다. 그런데 우리처럼 3분 진료의 나라에서 그게 가능할까 싶기도 합니다.

또 하나 환자에 대한 자세를 그의 책에서 배울 수 있습니다. 바로 감각이죠. 그에 따르면 의사는 환자를 위해, 정확히는 환자의 병을 위해 모든 감각을 동원해야 하는 사람입니다. 그 이유는 다음과 같습니다. "75%는 상세한 병력 조사, 10%는 진찰, 5%는 일상적 검사, 그리고 5%는 전문적 검사로 의사가 병을 찾아낼 수 있다. 그러나 5%는 어떤 방법으로도 찾을 수 없다."

현대 의학의 맹점이자 한계는 바로 찾을 수 없는 5%에 있습니다. 그래서 의사는 지식뿐 아니라 감각도 총동원해야 하는 것입니다. 라운은 대학자이고 노벨상 수상자이며 최고의 심장외과 의사이지만 겸손합니다. "우리에게는 전능한 힘이 없으며, 단지 직관과 경험, 지각이라는 외관만이 있을 뿐이다. 그리고 우리가 인간이 겪는 고통에 지속적으로 커다란 관심을 기울일 때 우리가 가진 능력이 효과적으로 발휘될 수 있다."

의사는 신이 아니라 인간입니다. 그리고 신이 아니기에 좋은 의사가 될 수 있습니다. 신은 애초부터 완벽한 존재여서 불완전한 존재이자 아픈 존재인 인간을 모릅니다. 의사는 같은 고통을 겪는 인간이기에 다른 인간을 이해하며 진찰할 수 있는 겁니다.

백 살 가까이 산 그는 어떤 의사가 되고자 했을까요? 바로 이 문장이 그 답입니다. "확신이 서지 않을 때, 의사는 환자를 위한 옴부즈맨이 되어야 하며, 그때 환자에게 하는 조언은 애정이 밑바탕을 이루어야 한다." 옴부즈맨은 정부를 감시하는 민간인을 말합니다. 공무원이 국가 정부를 위해 일하는 게 아니라 국민을 위해 일하도록 스웨덴에서 만들어진 제도죠.

앞서 소개한 여러 인용문에서 느낄 수 있는 것처럼, 그의 글은 정말 아름답습니다. 다음 표현을 볼까요? "오래된 치통처럼 W씨의 죽음은 나의 무의식에 각인된 채 내 마음속에 출몰했다."

의대에 들어가기 위해서는 수능 수학의 킬러 문항을 무조건 맞히고 100점을 받기 위해 노력하는 게 맞습니다. 하지만 적어도 고 1~2 때는 문학성 높은 소설이나 에세이를 읽으며 감성과 감각을 키우도록 노력해야 합니다. 적어도 수시로 상위권 의대에 가고 싶다면 말이지요.

POINT 1 │ 이 책을 창체에 녹이는 방법

★**자율 활동** : 학교생활 충실성이란 측면에서는 학습 부장이나 학교 행사 참여 같은 레귤러한 자율 활동이 의미있겠지만, 의대 합격자 생기부를 보면 의외로 연구 탐구가 많다. 다음 교육부가 매년 발표하는 생활기록부 기재 가이드에서 발췌한 내용을 살펴보면 그 이유를 알 수 있다.

- 자율탐구활동: 학생들이 자율적으로 주제 선정부터 보고서 작성까지 전 과정을 수행하는 일련의 활동임. 예) 자료 수집 능력 및 분석 능력 탁월, 주제 선정 시 진로와 사회문제 연결 노력 등

즉 자율 활동에도 탐구 활동을 적을 수 있는 것이다. 버나드 라운이란 인물을 탐구하는 것은 진로 활동보다 자율 활동에 더 어울린다. 라운은 의사이면서 최고의 인격체였기 때문이다.

★**동아리 활동** : "의학은 탈인간화의 길을 걸어왔고, 기술이 우선

시되었으며 환자는 뒷전으로 밀려났다." 현대 의학에 대한 날카로운 그의 비판은 토론 동아리 활동에서 탐구할 만한 소재이다. '의학은 기술을 우선해야 할까, 환자를 우선해야 할까'라는 주제로 토론을 해 보자. 물론 이 주장에는 흑과 백이 있는 게 아니며, 환자를 위해 기술을 사용해야 한다는 균형적인 시각도 가능하다.

★**진로 활동** : 학생부 기재 요령은 진로 활동을 다음과 같이 정의한다.

　– 진로 활동의 특기 사항에 진로 희망 분야와 각종 진로 검사 및 진로상담 결과, 관심 분야 및 진로 희망과 관련된 학생의 활동 내용 등 학생의 진로 특성이 드러나는 사항을 담임교사가 입력한다.

라운의 책을 읽고 후속 활동으로 미국 영어 의학 논문 사이트에 'healing'과 'therapy'를 검색해서, 현대 의학이 치료와 치유 어느 쪽에 집중하고 있는지를 증명해 낼 수 있다.

POINT 2 │ **이 책을 세특에 녹이는 방법**

★**국어** : 고등학교 국어 1학년 2학기 때 배우는 공감의 이해와 듣기 말하기에 적용할 수 있는 책이 바로 버나드 라운이다. 이 책에

서는 의료를 뺀 나머지 부분에서 국어 세특에 쓸 좋은 내용이 많다. 예를 들어 "인간이 필연적으로 닥쳐오는 죽음에 대면하기를 회피하면 삶의 의미를 잃는다"라는 문장은 의대 교수뿐만 아니라 모든 이들의 공감을 얻기 좋다.

★**영어 2** : 이 책은 영어 2에 연계해서 활용하기 좋다. 영어 2는 2학년 2학기 때 모든 학생이 배우는 교과서로, 1보다는 독해와 단어의 난이도가 높다. 유튜브에 'Bernard Lown'이라고 입력하면 그가 생전에 했던 인터뷰나 발표 등을 검색할 수 있다. 그가 발언한 내용을 듣고 우리 말로 알아들을 수 있음을 보여 주면 생기부에 효과적이다.

★**공학 일반** : 기술 가정의 선택 과목으로 등급의 부담 없이 신청할 수 있다. 공학 일반을 들어 둔 학생이 있다면 버나드 라운이 발명한 제세동기가 어떤 원리이며 어떻게 작동하는지 등에 대해서 쓸 수 있다. 과학 교과로 활용하고 싶다면 가장 좋은 과목은 물리 1이다.

《어떻게 일할 것인가》

아툴 가완디 *Atul Gawande*

미국 최고 명의가 말하는
좋은 의사의 자격

아툴 가완디의 《어떻게 일할 것인가》는 좋은 의사의 자격에 대해 깊이 있게 다룬 책입니다. 가완디는 자신이 25년 동안 의사로서의 경험을 바탕으로, 3가지 키워드를 제시합니다. 바로 성실성, 올바름 그리고 새로움입니다. 첫 번째 장에서 그는 오스트리아의 대표 의사 제멜바이스의 사례를 들며 좋은 의사는 손부터 씻는 사람이라고 말합니다. 기본적인 성실성에서 증명이 되지 않으면 어려운 수술에 도전하는 게 아무 의미가 없다는 거죠. 두 번째 장에서 그는 무엇이 올바름인지를 고찰합니다. 의사들이 가장 불편해하는 페이 문제부터 현대 의학이 한계에 부딪혔을 때 죽음을 도울 수 있는지 등 다루기 힘든 문제들을 이야기하죠. 마지막 세 번째 장에서는 의사에게 얼마나 혁신이 필요한지, 그리고 그 혁신을 위해서 긍정적 일탈이 얼마나 중요한지에 대해서 이야기합니다. 이런 책 내용을 바탕으로 좋은 의사의 자격을 정리해 보면 다음과 같습니다.

- 첫째, 의사로서의 전문성입니다. 의사는 과학적 지식과 기술을 바탕으로 환자의 건강을 돌보는 전문가입니다. 따라서 의사는 최신 의학 지식을 끊임없이 습득하고, 의학적 판단과 처치를 정확하게 수행할 수 있어야 합니다.

- 둘째, 환자에 대한 공감과 이해입니다. 의사는 환자의 신체적, 정신적 고통을 이해하고 공감할 수 있어야 합니다. 또한 환자의 삶의 가치와 목표를 존중하며, 그에 맞는 치료 계획을 수립해야 합니다.

- 셋째, 팀워크 정신입니다. 현대의 의료는 의사, 간호사, 약사, 사회복지사 등 다양한 전문가의 협력을 통해 이루어집니다. 따라서 의사는 다른 전문가들과 협력하여 환자의 치료를 최적화할 수 있어야 합니다.

- 넷째, 끊임없는 자기 성찰입니다. 의사는 자신의 한계를 인식하고, 끊임없이 자기 성찰을 통해 성장해야 합니다. 또한 의료 현장의 변화에 민감하게 반응하고, 새로운 지식과 기술을 습득하기 위해 노력해야 합니다.

아툴 가완디는 이 책 외에도《나는 고백한다 현대 의학을》,《닥터, 좋은 의사를 말하다》,《어떻게 죽을 것인가》 등의 책을 썼죠. 그는 1965년 미국 뉴욕시 브루클린에서 인도인 미국 이민자 의사 부부의 사이에서 태어났습니다. 그의 아버지는 비뇨기과 의사였고, 어머니는 소아과 의사였습니다.

가완디는 스탠퍼드대학교에서 인문학을 공부한 후, 옥스퍼드대학에서 철학을 전공했습니다. 이후 하버드 의과대학에서 의학 박사학위를 받고, 하버드 보건대학에서 공중보건학 석사학위를 받았지요. 말콤 글래드웰이 기고했던《뉴요커》지 칼럼니스트로도 활동했습니다.

가완디는 앞서 이야기한 4가지 자격을 갖춘 좋은 의사는 환자의 삶을 보다 건강하고 행복하게 만들 수 있다고 말합니다. 그런데 이 외에 하나 더 강조하는 게 있습니다. 바로 개선을 위한 노력입니다. 그에 따르면 의사는 2가지 믿음의 소유자여야만 합니다. 하나는 환자가 반드시 나아질 수 있다는 믿음입니다. 그리고 환자의 병을 낫기 위해 필요한 의학적 지식과 기술을 의사 스스로 개선할 수 있다는 믿음을 소유하고 있어야만 합니다. 스스로 나는 나아질 수 있고 나아지고 있다고 최면을 걸어야 한다는 거죠.

가완디의 책은 좋은 의사가 되기 위한 구체적인 방향을 제시한다는 점에서 의미가 있습니다. 또한 의사의 역할과 책임에 대한 근본적인 성찰을 촉구한다는 점에서 가치가 있습니다. 미국 언론에서는 그를 평가할 때 그가 의학의 패러다임을 바꿨다고 말합니다. 사람의 몸을 고치는 사람에서 사람의 몸과 마음을 동시에 고치는 사람으로, 과학뿐 아니라 인문학 사회학에도 관심을 가져야 하는 사람으로 시각의 전환을 이룬 인물이 바로 가완디라는 거죠.

다음은 가완디가 제시한 4가지 자격에 대한 구체적인 내용입니다.

1. 의사로서의 전문성을 갖추기 위해서는 다음과 같은 노력이 필요합니다.

– 최신 의학 지식을 끊임없이 습득하기 위해 노력합니다.

– 의학적 판단과 처치를 정확하게 수행할 수 있도록 훈련합니다.

– 다양한 임상 경험을 통해 실력을 향상시킵니다.

2. 환자에 대한 공감과 이해를 갖추기 위해서는 다음과 같은 노력이 필요합니다.

– 환자의 입장에서 생각하고, 그들의 고통을 이해하려고 노력합니다.

– 환자의 삶의 가치와 목표를 존중합니다.

– 환자와 충분한 대화를 통해 신뢰 관계를 구축합니다.

3. 팀워크 정신을 갖추기 위해서는 다음과 같은 노력이 필요합니다.

- 다른 전문가들과 협력하는 방법을 배웁니다.
- 다른 전문가들의 전문성을 존중합니다.
- 팀의 목표를 위해 협력합니다.

4. 끊임없는 자기 성찰을 하기 위해서는 다음과 같은 노력이 필요합니다.

- 자신의 한계를 인식합니다.
- 자신의 행동과 생각을 성찰합니다.
- 새로운 지식과 기술을 습득하기 위해 노력합니다.

좋은 의사가 되기 위해서는 이러한 자격을 갖추기 위한 끊임없는 노력과 자기 계발이 필요합니다. 의사의 역할과 책임에 대한 근본적인 성찰도 함께 이루어져야 하죠.

한계 인식은 왜 중요할까요? 바로 최선을 다하는 자세가 나올 수 있는 배경에 한계 인식이 있기 때문입니다. 한계에 대한 인식은 의사가 환자의 질병과 증상에 대해 정확히 이해하고, 이를 바탕으로 최선의 치료를 결정하는 데 도움이 됩니다. 예를 들어 한계에 대한 인식이 없는 의사는 환자의 증상이 우울증으로 인한 것인지, 아니면 다른 질병으로 인한 것인지 자신이 배운 교과서대로 진단하기 쉽습니다. 그러나 교과서는 물론 자신이 현재 임하고 있는 의학 자체가 한계의 학문입니다. 그것을 인정해야 최선을 다하겠다는 자세가 생깁니다. 그렇지 않으면 의사들은 항상 주변에서 우러러보기 때문에 교만해지기 쉽습니다.

의사는 정답을 찾는 사람이 아니라 매 순간 최선을 다하는 사람이라는 점을, 가완디는 책으로써 의술로써 동시에 증명하고 있는 중입니다.

POINT 1 | 이 책을 창체에 녹이는 방법

★**자율 활동** : 《어떻게 일할 것인가》는 꼭 의대 생기부에만 적용되지 않는다. 가완디의 책 중에는 의학서가 아닌 자기계발서도 있으며, 그는 일에 관한 이야기를 의학이라는 현장에서 전하는 사람이다. 학급 5분 스피치에서 가완디의 이 책을 활용해 앞으로 사회에 나갈 때 어떻게 일하는 게 좋을지 의견을 밝혀 보자. 이 책에 실린 원칙들은 사실 거의 모든 직업에 다 포괄적으로 적용할 수 있다.

★**동아리 활동** : 3년 내내 의대 동아리를 파고드는 것이 결정적인 합격 요인은 아니다. 어떻게 일할 것인가를 놓고 자신이 맡은

　　　　　　　　《어떻게 일할 것인가》 아툴 가완디

동아리 운영에 대해서 고민하고 있다면, 그것이 꼭 의학적 활동이 아니어도 상관없다. 이 책은 모든 직업 및 동아리 운영까지, 모든 사회 활동에 다 필요한 이야기다.

★**진로 활동** : 모든 직업에는 키워드가 있다. 아툴 가완디가 생각한 의사의 키워드는 성실성, 올바름, 새로움이다. 이 책을 읽고 의학과 관련이 있는 직업들, 예를 들어 치과의사, 약사, 한의사, 생명과학 연구원, 바이오 기업 연구원, 의공학자 등으로 확산시켜 이들 직업의 키워드를 만들어 보는 작업을 해 보자.

POINT 2 │ 이 책을 세특에 녹이는 방법

★**언어와 매체** : 비율적으로 90% 이상의 의대 준비생들이 수능에서 언어와 매체를 선택한다. 언어와 매체는 앞에서 문법, 뒤에서 매체 언어를 공부하는데, 이때 기사, 방송 대본, 게임 대본 등 다양한 매체 언어가 활용된다. 가완디에 대한 국내 언론 기사는 많이 있으니, 주제를 정해 이를 활용해 보자. 예를 들어 가완디의 혈통을 지적해 의사는 인도계, 실리콘밸리는 유대계 등으로 일반화하는 경향을 지적하는 글을 써 볼 수 있다.

★**영어회화** : 일반 선택 과목으로 등급이 나오는 데다가 부담도 커서 기피하는 과목이긴 하다. 하지만 회화 과목의 특성상 말하기 수행평가가 많다. 'How to be a good working in medicine' 이란 주제로 대본을 만들어 영어회화 선생님과 몇 분 동안 프리 토킹을 해 보면 영어 실력과 전공 적합성을 동시에 평가받을 수 있을 것이다.

★**과학사** : 의학사를 이 과목에 담을 수 있다. 사실 의대 희망생들은 과학 2를 주로 선택하는 편이고, 이 과목은 문과생들이 더 많이 선택하고 있다. 그러나 이과생이 이 과목을 선택했다면 이 책과 연계하여 제멜바이스를 비롯해 서양 외과의사들의 청결에 대한 역사를 기재하면 좋을 것이다.

《뉴욕 정신과 의사의 사람 도서관》
나종호

사람을 만나
들을 줄 아는 능력

처음에는 사람 도서관이라는 제목에 끌렸습니다. 사람이 도서
관이라? 알고 보니 '인종의 도가니'라고 불리는 뉴욕에서 정
신과 의사로 일하는 저자가 자신이 만나는 환자들이 인종, 직
업, 종교, 성 정체성 등에서 정말 다양하기에 붙인 제목이었습
니다. 저자는 서울대 심리학과를 나와 미국 예일대학교 의대
에 진학해 미국 의사가 되었습니다. 미국 최고의 병원인 메이
요 클리닉에서 일하기도 했죠. 의사 특히 정신과 의사는 타인
의 삶을 이해하는 직업입니다. 그는 글을 쓰는 이유 역시 그가
만나는 환자들을 위해서라고 합니다. 이 책은 그들의 이야기입
니다. 그리고 그가 책을 쓰는 또 하나의 이유는 편견과 낙인과
싸우기 위해서입니다. 뉴욕은 다양한 인종이 사는 곳이다 보

니, 당연히 낙인이 있고 편견이 있습니다. 이슬람교도들은 어떻다, 흑인들은 어떻다, 유대인들은 어떻다 등의 편견은 바로 낙인 찍기에 다름 아닙니다. 환자는 민족과 인종을 떠나 모두 다릅니다. 그러면서 인간이란 이름으로 같습니다. 왜냐하면 모든 인간에게는 공감이란 능력이 내재돼 있으니까요. 그런 면에서 그는 성선설의 신봉론자인지도 모르겠습니다. 그의 말을 직접 들어 보죠.

사람들은 누구나 '공감'이라는 능력을 가지고 태어난다. 물론 각기 타고난 지적, 신체적, 정서적 능력이 다르듯이 공감 능력 또한 그들의 유전과 환경에 따라 다른 스펙트럼을 보이지만, 그렇기 때문에 우리는 《상실의 시대》의 와타나베에 감정 이입하고, 《죄와 벌》의 라스콜니코프를 이해할 수 있는 것이다. 영화도 마찬가지, 나와 공통점이라고는 하나 없어 보이는 방부제 인간 같은 <탑건>의 톰 크루즈를 보며 2시간을 온전히 즐기는 것 또한 우리가 공감 능력을 가지고 있기 때문이다. 그렇게 나와 공통점 하나 없어 보이는 다른 나라의 주인공들에게 감정 이입하며 울고 웃는 우리들은, 정작 나와 문화, 환경, 외모 등 많은 것이 유사한 한국의 타인을 이해하지 못하는 경우가 많다.

《뉴욕 정신과 의사의 사람 도서관》 나종호

사실 공감 능력이 없는 의사는 수능 만점으로 의대에 갈 수 있을지 몰라도 절대 좋은 의사가 될 수는 없습니다. 그래서 공감 능력이 부족하다고 느끼면 책을 읽으며, 특히 저자의 주장대로 소설들을 읽으며 공감 능력을 키워 나가야 합니다.

책에 담긴 다양한 사연 중에 가장 인상적인 에피소드는 자살을 시도하려는 여섯 살짜리 노숙자 아이의 이야기였습니다. 아니 어쩌다 이 어린아이가 자살을 시도했을까요? 비참한 가난과 텐트에서 살면서 주변의 마약 중독자들로부터 받은 폭행의 기억 때문입니다. 너무나 가슴 아픈 일이 아닐 수 없습니다. 그것도 세계 최고의 부국 미국에서 말이지요. 또 이런 노숙자도 있었습니다. 굶주린 그는 병원 응급실을 찾습니다. 그리고 병원에서 만들어 준 샌드위치를 먹고 잠에 푹 빠집니다. 그런 그가 응급실이 아닌 입원실을 찾았는데 그 이유는 자신이 기르던 개에게 음식을 나눠 주려고 했기 때문입니다. 반려견이 사람 이상으로 대접받는 미국에서도 응급실에 개를 데리고 출입할 수는 없습니다. 그 노숙자는 자신이 굶는 지경에도 자신의 반려견을 먹이고 싶었던 거고, 뉴욕의 의사들은 그 심정을 충분히 이해해 그 반려견을 입양 보내기로 하죠. 환자는 자신의 반려견이 안락사되는 것은 아닌지 끝없이 물어 왔고 의사는 책임을 지고 좋은 곳에 입양을 보냈다고 합니다. 환자는 그토록 사랑하는 존재를 입양 보내면서 얼마나 슬펐을까요? 그러나 그는 뉴욕의 추위를 돈 없이 버틸 자신이 없었습니다.

책에 나온 내용들은 하나하나 너무 공감이 됩니다. 의사에게 사람을 이해하는 공감력과 그 이해를 위한 경청의 자세가 얼마나 필요한지를 말해 주는 책입니다.

POINT 1 │ 이 책을 창체에 녹이는 방법

★자율 활동 : 행특에 담임 선생님이 바라본 지원자의 성격이 소개되지만, 별도의 에피소드와 함께 자율 활동에 녹일 수도 있다. 다른 친구들의 말을 들어 주고 고민에 대해 카운슬링한 경험을 녹일 때 이 책을 활용해 보자.

★동아리 활동 : 도서 동아리, 문학 동아리, 심리 동아리에서 이 책을 활용할 수 있다. 책에 드러난 수많은 사례 중에서 하나를 골라 발표해 보자. 책에는 워낙 다양한 인종과 정체성을 가진 사람들이 등장하고 있으므로, 타인에 대한 이해 및 공감 능력을 보여 줄 수 있다. 여기에 토론이라는 방법론까지 더해지면 의대 적합성을 보여 주기 좋다.

★진로 활동 : 좋은 의대생이 되려면 한 학기 정도는 진로 활동에

이런 노력을 들이는 게 좋다. 인간의 공감 능력에 대한 다양한 연구들을 집대성한 나만의 도서관을 만드는 것이다. 성선설과 성악설 그리고 소수지만 분명 존재하는 소시오패스, 그보다 훨씬 적지만 훨씬 더 위험한 사이코패스까지, 과연 모든 인간에게 공감 능력이 있는지 그 다양한 의견들에 대해서 조사 보고서를 써 보자. 물론 다수는 나종호 박사 같은 생각이지만 후천적으로 교육과 문화를 통해서 만들어진다는 주장도 만만치 않으므로, 역사, 의학, 윤리가 총망라된 좋은 탐구 소재이다.

POINT 2 │ 이 책을 세특에 녹이는 방법

★**문학** : 저자가 문학광이다 보니, 이 책에는 공감 능력과 연계된 다양한 문학 작품들이 소개돼 있다. 주로 외국 소설이어서 문학 세특보다는 3학년 때 일부가 배우는 고전읽기 수업 때 활용하기가 더 좋지만, 모든 지원자가 다 듣는 문학에서도 충분히 녹일 수 있다. 문학 작품의 수용과 소통 단원에서 나종호 박사의 이 책을 활용해 자신의 공감 능력을 드러내 보자.

★**영미권 문화** : 영미권 문화에는 영미의 좋은 문화만 담으려고 할 필요가 없다. 뉴욕의 노숙자 문제는 매우 심각하므로, 'New

York'과 'Homeless'를 키워드로 넣어서 기사를 검색해 보자. 《뉴욕타임스》나 《뉴요커》 등에 실린 기사 제목을 인용하며 미국의 빈부 격차 문제와 사회적 안전망에 대해 비판적인 시각의 영어 기사를 쓸 수 있다.

★**심리학** : 심리학이 학교에 개설돼 있다면 행운이다. 교과서는 교육 심리와 발달 심리, 임상 심리 등의 내용 위주로 진행되지만, 사회 심리학적으로 접근해도 얼마든지 좋은 생기부가 나올 수 있기 때문이다. 노숙자, 트랜스젠더, 소수민족이기에 겪게 되는 사회적 트라우마를 알아본 뒤 나종호 교수의 책에서 해결책을 인용해 보자.

《환자 혁명》

조한경

의사 혼자서
질병을 고치기 어려운 이유

다양한 이유로 현대 의학은 지금 같은 방식의 적극적인 개입을 거두려 하지 않고, 환자들 역시 지금까지 병을 키워왔던 것처럼 아무것도 바꾸지 않고 계속해서 아무거나 막 먹고 살면서 병을 고치는 것은 병원에서 환자를 고치는 것은 의사들이 할 일이라는 그릇된 사고방식을 가지고 있다. 최첨단 의학 기술이, 인류를 구원할 신약 개발이, 과학이 테크놀러지가 답을 갖고 있을 거라는 확신에 찬 환상을 갖고 있는 것이다.

2017년 출간 이후 6년 동안 건강 의료 관련 베스트셀러로 장수 중인《환자 혁명》은 미국에서 의사 자격증을 획득한 젊은 의사 조한경이 쓴 책입니다. 이 책은 의사가 질병을 고쳐 주는 직업인 것은 맞지만 건강을 지켜 주는 수문장은 아니라고 말합니다. 건강에 대한 일차적인 책임은 바로 환자에게 있다는 거죠. 병에 대한 환자의 관심, 환자의 지식, 환자의 의지가 치료의 시작이라는 건데요, 그래서 저자는 현대 의학이 인간의 건강과 관련해 다음과 같은 점들을 놓치고 있다고 주장합니다.

- 스트레스와 스트레스가 생체활동에 미치는 악영향
- 운동 부족
- 영양소 결핍
- 화학물질로 인해 변형된 토양에서 자란 채소와 과일
- 식품 첨가물과 가공식품
- 셀 수 없이 많은 환경 호르몬

고가의 장비나 수술 신약 등에 의존해도 인간의 몸은 각종 현대병으로부터 완전히 보호받을 수 없습니다. 그리고 암을 비롯한 많은 질병과 스트레스의 관계에 대해서도 현대 의학은 어떤 솔루션도 내놓지 못하고 있습니다. 이렇게 스트레스, 운동, 환경 등의 복잡다단한 요소들이 질병에 미치는 영향이 커짐에 따라, 질병이 생긴 후 병원에 치료를 맡기는 것만으로는 건강을 챙기기가 어렵게 됐습니다. 식습관과 수면 등 질병을

《환자 혁명》 조한경

예방하는 데에 더 많은 신경을 써야 하는 상황이 온 것이죠. 예방의학이 각광을 받을 수 있는 상황이 도래한 것입니다.

이런 현실 속에서 환자에게 어떤 자세로 임할 것인가 하는 주제로 MMI 면접을 치른다고 할 때, 의대 준비생들은 이런 식으로 답하는 게 유리할 듯합니다. 물론 이는 당뇨, 고혈압 등 주로 성인병을 앓고 있는 환자들을 위한 조언이어야 할 것입니다.

"000님, 병을 이겨 내고 건강해질 수 있는 열쇠는 000님 자세에 달려 있습니다. 우선 달라지겠다고 스스로에게 약속해 보세요. 그다음에 저희 의료진이 도움이 될 수 있을 겁니다."

이때 의사는 환자의 보호자라기보다 환자가 더 나쁜 길로 스스로 걸어 들어가지 못하도록 일깨우는 교사의 역할에 조금 더 가깝다고 봐야죠.

저자는 현대 의학이 문제 해결보다는 증상 완화에 초점을 맞추고 있는 현실을 비판합니다. 그 병이 완치되기를 바라기보다 그 병을 유지한 채 오래 약에 의존하기를 원하는 제약회사의 이익에 현대 의사들이 너무 많이 종속돼 있다는 것이죠. 의사는 환자를 진찰하고 치료하는 사람이지 제약회사 영업사원이 절대 아니라는 게 그의 날카로운 비판입니다.

미국 기능의학원 원장을 역임했던 데이비드 존스 박사는 "어떤 의사도 나쁜 의사가 되려고 의대에 온 경우는 없다"고 말합니다. 그럼에도 불구하고 환자보다 돈을 우선하는 나쁜 의사들은 분명 존재합니다. 그들 또한 적어도 히포크라테스 선서를 외치는 그 순간까지는 자신이 나쁜 의사가 될 것이라고 생각하지 못했을 겁니다. 결국 앞서 살펴보았던 김승섭 서울대 교수의 주장처럼, 문제는 관계에 있는 것이 아니라 시스템에 있습니다. 좋은 의사보다 나쁜 의사를 만드는 시스템에 1차적 원인이 있겠죠.

의사는 환자의 질병을 환자의 입장에서 길게 생각하고 완치까지도 항상 생각해야 한다는 게 저자의 주장입니다. 의사는 환자의 몸과 마음이 필요로 한 것들을 채워 주고 몸과 마음의 독소를 제거해 주는 것을 목표로 삼아야 한다는 것이죠. 몸과 마음이 다를 경우에는 어떨까요? 당뇨로 마음은 단 것을 원하지만 합병증 예방을 위해 단 것을 끊어야 할 때, 의사는 당연히 환자의 몸을 먼저 생각해야 합니다. 이럴 때는 환자에게 돌직구를 던져야 합니다. 환자가 살려면 가치관과 입맛을 바꾸라고요.

이런 여러 가지 딜레마 상황을 볼 때 좋은 의사가 되는 길은 무척 험난하고 어려운 길임을 알 수 있습니다. 앞서 소개한 후성유전학이 들려주는 진실에 따르면, 건강은 내 자신의 DNA에 달려 있는 것이 아니라 내 자신의 선택에 달려 있습니다. 좋은 의사가 되기 위해서는 좋은 책, 의사로서의 고민을 많이 담은 책을 골라 읽는 게 좋습니다. 그런 점에서 이 책은 좋은 의사가 되기 위해서 한 번쯤은 꼭 읽어 볼 만한 책입니다.

POINT 1 │ 이 책을 **창체**에 녹이는 방법

★자율 활동 : 학급 1인 1역은 아마 비율상 학급 회장 및 임원 다음으로 많을 것이다. 1인 1역이 있는 학교는 그 역할이 고정적이지 않다. 의대 희망생이라면 학생들의 건강에 대한 올바른 소식을 전하는 역할을 맡고 왜 환자가 의사만큼 치료에서 중요한지 알려주도록 하자. 국영수과 부장뿐 아니라 보건부장이나 건강 알리미 등의 역할을 해 보는 것도 좋다.

★동아리 활동 : 실제 많은 학교에서 의대 면접 대비반이라는 동아리를 운영한다. MMI 면접에 대비해 학생들이 평가자와 지원자를 번갈아 하며 체험한 뒤, 상호 피드백을 해 주는 동아리이다. 이때 아무 데서든 발췌해서 문제를 만들어도 좋은 책이 《환자 혁명》이다. 또 딜레마 상황에서 판단을 해야 할 때, 의사가 어디까지 환자와 협력하고 소통해야 하는지에 대한 자신의 생각(물론 이 생각은 책 내용과 다를 수 있다)을 적을 수 있다.

★**진로 활동** : 환자와 의사 사이의 공감과 친밀감이 치료에 미치는 영향에 대해 미국의 의학 논문 사이트 퍼브메드**Pubmed** 등에서 찾아 검색해 본 뒤 보고서를 써 볼 수 있다. 수치화하거나 데이터화된 자료를 적극적으로 찾아 접근하는 게 좋다.

POINT 2 │ 이 책을 세특에 녹이는 방법

★**독서** : 교과에서 배우는 독서의 태도 부분이 이 책과 잘 어울린다. 독자는 태도를 스스로 결정할 수 있다. 이 책의 경우, 책을 의사 입장에서 읽을지 환자 입장에서 읽을지에 따라 책에 대한 평가가 달라질 수 있으므로, 관점에 따른 책의 평가를 해 보도록 하자.

★**영어 독해와 작문** : 이 책을 읽은 뒤 한국에서는 절판이 된 책이지만《환자 주도 치유전략》을 쓴 미국 의사 웨인 조나스에 대해서 알아보는 일도 의미가 있을 것이다. 'Wayne Jonas'로 구글에서 영어 기사를 검색한 다음, 그의 주장에 대한 찬반 리뷰를 써서 영어 실력과 의학에 대한 관심을 동시에 뽐내 보자.

★**통합사회** : 1학년 통합사회 교과서 주제 특강으로 '행복'이 있

다. 우리가 진정으로 행복해지려면 융합 활동을 해야 한다. 의사의 행복과 환자의 행복은 일치할 수도 그렇지 않을 수도 있지만, 그 둘을 조화시키는 과정이 의사에게 필요하다고 주장하는 것은 자연스러운 귀결이다. 의사도 행복해지고 환자도 행복해지기 위해 필요한 것들에 대해 생각해 보고 그 내용을 적어 보자.

《차가운 의학, 따뜻한 의사》
로렌스 A. 사벳 *Laurence A. Savett*

의사는
뜨거운 인간이어야 한다

자소서 문항 : 고등학교 기간 동안 의미 있는 활동에 대해서 배우고 느낀 점 위주로 적으시오.

답변 : 비슷한 진로를 가진 친구들과 조를 이뤄 책을 읽고 생각을 나누는 진로 독서 프로그램에 2년간 참가했습니다. '어떤 의사가 진정 환자를 위한 의사인가?'를 주제로 한 토의는 앞으로 어떤 의료인이 될 것인지 분명한 목표의식을 다지는 가르침이 되었습니다.

2학년 진로 독서 활동에서 《차가운 의학, 따뜻한 의사》를 읽었습니다. 따뜻한 의사를 말하고 있는 이 책은 환자와 의사 간의 공감과 소통을 통한 유대관계 형성을 중시했습니다. 하지만 이는 1학년 때 읽은 《닥터스 씽킹》에서 얻은 교훈과는 상반되는 내용이었습니다. 《닥터스 씽킹》에서는 의사의 판단에 감정이 개입되어서는 안 된다는 것을 배웠기 때문입니다. 두 책을 모두 읽은, 의료인을 희망하는 학생으로서 '환자와의 관계 형성을 위해 감정을 개입하는 의사'와 '정확한 판단을 위해 감정을 배제하는 의사' 중 어떤 의사가 환자를 위한 것인지 의문이 들었고, 이를 주제로 토의할 것을 제안하였습니다. 처음에는 감정 개입과 감정 배제 중 어느 것이 옳은 것인지를 가려내려 하였으나 의견을 나누면서 환자와의 관계 형성과 객관적인 판단 중 어느 것하나를 택할 수는 없으며, 의료 행위에서 감정은 언제 개입시키느냐에 따라 이롭기도 해롭기도 한 '양인지검'과 같다는 결론을 내릴 수 있었습니다. 이로써 진정 환자를 위한 의사는 소통과 공감으로 환자와 유대관계를 형성하면서, 판단의 순간에서는 감정을 개입하지 않고 객관적인 판단을 내리는 의사라는 것을 배웠으며, 이는 곧 제가 이루고자 하는 의료인의 모습이 되었습니다. 이처럼 2년간의 진로 독서 프로그램을 통해 생각을 나누며 의료인으로서의 꿈과 목표를 다질 수 있었습니다.

서울대 의대 합격생의 예전 자소서에서 이 책은 참으로 많이 회자되던 책이었습니다. 이 학생처럼 앞에서 소개한《닥터스 씽킹》과 비교한 경우는 적었지만, 이 책에서 받은 감동을 차분하고 그러면서 따뜻하게 전한 학생들은 대부분 합격했습니다.

혹자들은 반문할지 모릅니다. 아니, 대한민국의 의사들이 얼마나 쌀쌀맞은데 따뜻한 의사라니 체감이 안 된다고 말입니다. 하지만 사실입니다. 대한민국 의사들은 갈수록 따뜻해지고 있습니다. 다만 의학이 여전히 차가운 학문으로 남아 있어 문제지요. 의사들이 따뜻해지는 이유는 바로 이 책 같은 의료사회학이나 인문사회의료학이 있기 때문입니다.

이 책은 의료 체계에서 환자를 무엇보다 중심으로 하는 의학을 강조합니다. 환자가 있고 그다음에 의사가 있다는 것이지요. 어떻게 하면 의사가 환자와 그리고 환자 가족과 의사소통을 잘 할 수 있을까, 그리고 환자를 살리려는 공동의 노력에서 성공할 수 있을까를 다룬 책입니다.

이 책은 환자 이야기나 의사 이야기만 나오지 않습니다. 불확실성이란 단원에서는 의사가 만나는 거대한 질병의 불확실성에 대해서 이야기합니다. 병 특히 암은 어떻게 진행될지 아무도 모르죠. 그래서 의사에게는 이 말이 최선인 겁니다. "항상 최선을 다하겠습니다." 그는 학생들에게 불확실성을 가르쳐야 한다고 주장합니다. 그는 의대 교수로서 이런 문제를 냅니다. 완전 논술 시험이죠. 그냥 의대 면접 MMI 문제로 써도 충분할

《차가운 의학, 따뜻한 의사》 로렌스 A. 사벳

것 같습니다.

살아오면서 불확실성이 대단히 중요한 요소가 되었던 순간이 언제였는지 기술해 보십시오. 그때 어떤 선택을 했습니까? 그 순간의 이슈는 무엇이었습니까? 모든 사실들을 다 알지 못하고 모든 자료를 다 갖지 못한 상황에서, 그럼에도 불구하고 당신은 뭔가 행동을 취할 수 있었습니까? 그 상황을 돌파했습니까? 그때 기분은 어떠했습니까? 그 딜레마를 해결하기 위해 무엇을 했습니까? 최종적인 결과는 어땠습니까?

저자는 모든 환자를 자기 인생의 주인공으로 생각해야 하는 사람이 바로 의사라고 말합니다. 의사는 환자라는 배우가 연기하는 연극을 보는 관객이죠. 그리고 그들의 이야기(즉 병력)를 청취하는 관객입니다. 이야기를 듣는 능력이 무엇보다 의사에게 중요하다는 게 그의 주장입니다. 환자의 이야기를 편집하고 재구성한다는 점에서 의사라는 직업은 의외로 영화감독과 비슷하다는 생각이 들 법도 하죠.

미네소타 의대 교수 출신인 그는 의사라는 직업을 이렇게 정의합니다.

우리는 환자에게 공감하며 환자와 관계를 맺는다. 환자의 이야기에 집중하여 환자를 잘 이해하고 잘 표현하는 것은 의사의 중요한 업무다. 우리가 관심을 기울이고 있는 '상호 작용'은 환자와의 유대를 강화하는 데 도움이 된다. 관계는 치유를 촉진한다. 거기에는 의심의 여지가 없다.

이 책은 의대 준비생뿐 아니라 나중에 의대생이 되어도 항상 서가에 꽂아 두면 좋을 책입니다. 주요 질병과 환자에게 물어야 하는 질문들이 표 형태로 자세하게 나오기 때문입니다.

예전의 의사들은 CT나 MRI 등 검사 장비가 없다 보니, 환자와 더 많이 이야기하고 더 많이 소통했습니다. 소통과 상호 작용 그리고 질문력이 좋은 의사의 조건임을 잊어서는 안 되겠습니다.

POINT 1 │ 이 책을 창체에 녹이는 방법

★**자율 활동** : 책의 저자는 의사에게 가장 중요한 건 환자에게 해를 끼쳐서는 안 되는 거라고 말한다. 책은 의학서이지만 이렇게 인생을 살면서 가장 중요한 자세를 많이 배울 수 있다. 인성 캠프든 학급 간부든 자신의 인성을 에피소드로 보여 줄 때 그 동기를

《차가운 의학, 따뜻한 의사》 로렌스 A. 사벳

이 책에서 활용해 보자.

★**동아리 활동** : 의학 동아리라면 같은 꿈을 가진 친구들과 16장에 나오는 전문가에 대해 토론해 보자. 저자는 이렇게 말한다. "전문가가 된다는 것은 기술적인 능력을 갖추고 해답을 찾기 위해 어디로 가야 하는지 아는 것이다. 당신이 모르는 것은 계속 배우게 될 것이다. 진정한 전문가들은 그 배움의 기회를 잡는다." 토론 결과를 보고서로 쓸 수도 있다.

★**진로 활동** : 책의 17장에 나오는 의사의 가치관은 진로 활동에 적기 좋은 내용이다. 의사는 다른 전문직보다 더 가치관이 중요하다. 가치관이 있어야 전문직이 최선의 서비스를 제공할 기회를 만든다는 것이 저자의 주장이다. 가치관은 환자들을 보호하는 역할도 한다. 이때 가치관과 변화에 대한 마인드를 조사해 보자. 변화란 우리의 개인적, 직업적 삶에 걸쳐 나타나는 실체이기 때문이다. 진로 활동은 한 학기는 실험, 한 학기는 탐구가 좋은데, 가치관과 변화는 의대 교수들이 아주 중요하게 생각하는 부분이다.

POINT 2 | 이 책을 세특에 녹이는 방법

★화법과 작문 : 이 책은 의사들을 위한 논술 교재이면서 화술 교재이기도 하다. 화법을 배울 때 이 책에 실린 대화를 인용한다면, 설득적이고 정서적이고 논리적인 그래서 이상적인 대화가 가능해진다. 이런 대화는 의대에 꼭 필요하지만 의대에만 필요한 것도 아니다. 세특에는 의대에만 필요한 것을 쓰려고 하기보다, 의대에도 필요하고 다른 누군가에게도 필요한 것들을 적는 게 좋다.

★영어 1 : 영어 1은 2학년 1학기에 모든 학생이 다 배우는 일반 선택 과목이다. '따뜻한'은 'Warm'이라면, 차가운 의사는 뭐라고 써야 할까? Cool, Chilly, Cold 등이 있겠지만, 다음과 같은 예시가 가장 맥락에 맞을 것이다. The doctor was a chilly man. He didn't seem to care about his patients(그 의사는 쌀쌀맞은 사람이었다. 그는 환자들에게 관심이 없어 보였다). 각 단어마다 분위기를 나타내는 미묘한 뉘앙스를 지니고 있으므로, 이런 영단어의 구체적인 의미를 예시문과 함께 정리해 볼 수 있다.

★논술 : 이 책은 많은 학교에서 선택하는 논술 과목에 쓰기 좋다. 그의 책에서 드러난 사례 중 나이 든 아버지의 앞모습과 젊은 딸의 뒷모습이 담긴 사진을 제시문으로 주고 그 상황을 의학적으로 논거와 함께 설명하라는 숙제는 논술 교육에 매우 적합하다.

《차가운 의학, 따뜻한 의사》 로렌스 A. 사벳

PART 6

의대 합격을 위한 생기부 필독서

⑤ 의학의 미래 편

: 뇌과학과 의공학,
데이터에 관심을 가져라

《의료 인공지능》
최윤섭

왜 많은 의대 교수들이
AI에 관심을 가지는가?

명문 학군지 출신이 아닌 평범한 일반고에서, 그것도 내신 등급이 1점대 초반이 아닌데도 메이저 의대 학종에 가는 케이스를 볼 때 저는 가장 뿌듯합니다. 1학년 때 《의료 인공지능》을 읽고 생기부에 적은 한 학생이 그랬죠. 다소 컴퓨터 공학적인 성향이 있긴 했지만 궁극적으로는 의사가 되려는 학생이었습니다. 저야 이 책을 비롯해 최윤섭 박사의 책 대부분을 읽었지만, 이 학생은 어떻게 고 1의 나이에 이 책을 읽게 되었는지 궁금해서 물어보았더니 이렇게 대답하더군요.

"컴퓨터를 어떻게 하면 의료와 연결시킬 수 있을까 궁금해서 인터넷 서핑을 하다 책 제목을 보고 호기심이 생겼어요. 그래서 책을 읽고 그 내용을 생기부에 쓰게 됐어요."

《의료 인공지능》은 2018년에 출간된 후 2019년부터 생기부에 적극 반영되기 시작했습니다. 정점은 코스닥에 상장한 국내 1위 의료 인공지능 기업 루닛이 10배 이상 주가가 뛰면서 성공한 23년도 생기부였죠.

이 책이 다루고 있는 것은 인공지능이 어떻게 의학의 미래를 바꿀 것인가 하는 문제입니다. 책에는 의료 인공지능의 대명사 IBM 왓슨의 도입에 앞장선 가천대 길병원과 부산대 의대 등 6개 대학의 현황을 체크합니다. 가천대 의대에서 공식 발표한 설문 내용도 소개하는데요, '인간 의사의 암 진단과 인공지능 의사의 암 진단 중 무엇을 신뢰할 것인가'란 질문에서 다수가 후자를 선택했다고 합니다. 벌써 5년 전의 일이니, 챗GPT가 나온 지금은 더 많은 사람들이 인공지능 의사를 택할 것 같습니다. 저자는 의공학 전문가인데요, 자신이 봤을 때 특이도(질병이 없는데 있다고 판단)에서는 인간 의사가 낫고 민감도(병이 있는데 없다고 판단)에서는 인공지능 의사가 낫다고 합니다. 그렇다면 당연히 인간은 민감도가 낮은 쪽을 택하겠죠. 앞에 오진보다 뒤의 오진이 더 치명적이기 때문입니다.

하지만 저자는 '인공지능+의사'가 미래 의학이 가야 할 길이라고 말합니다. 그 이유는 시간 때문입니다. 동시다발적으로 판독하는 인공지능은 속도에서 인간과 비교가 안 됩니다. 또 인간이 고령화되고 노인으로 사는 시간이 길어질수록 데이터가 늘어나기 때문에, 그 데이터로 학습하는 인공지능의 성능을 인간이 따라잡기가 힘들어집니다. 의료 데이터의 중요성은 이 파트의 다른 부분에서도 계속 강조할 내용인데요, 의학의 발전에 데이터는 정말 중요합니다.

의사들은 이렇게 반론할 것입니다. 의학에는 데이터에는 없는 감각의 영역, 즉 암묵지의 세계가 있다고요. 그렇지만 저자는 이 지점에도 반론합니다. 이미 인공지능은 암묵지도 흡수하고 있다는 거죠. 그건 이제 챗GPT로 증명이 되었습니다.

결국 의대는 인공지능을 커리큘럼에 반영할 수밖에 없습니다. 연대 의대와 성대 의대가 2018년 프로그래밍 과목을 선택했고 아주대 의대는 디지털 헬스 케어를 커리큘럼에 반영했습니다. 인공지능을 공부하지 못하면 좋은 의사로 성장할 수 없다는 믿음 때문이죠. 서울대 의대는 학생들이 뷰노, 루닛, 스탠다임 등의 의료 인공지능 업체를 방문하도록 유도하고 있습니다. 인공지능에도 물론 문제가 있습니다. 설득력을 과연 인간 의사만큼 갖출 수 있는가의 문제죠. 이성이 앞서고 감정이란 게 없는 존재이니 인간 환자의 감정이나 가족의 동요를 인공지능이 고려하거나 학습할 수 있을지가 관건입니다. 하지만 저는 이조차 가능하다고 생각합니다. 감정이란 것도 결국은 뇌의 작용이므로 언젠가는 알고리즘이 풀릴 겁니다. 해석력을 키우면 전달력과 설득력도 같이 늘어 갈 수 있겠죠. 그래서 우리

《의료 인공지능》 최윤섭

나라 의대 교수들은 일반 의사보다 인공지능에 더 많은 관심을 갖고 있는지도 모르겠습니다.

POINT 1 │ 이 책을 **창체**에 녹이는 방법

★**자율 활동** : 교내 학습 품앗이 두레는 학습을 나누는 것으로, 멘토 앤 멘티와 비슷하지만 공동 결과물을 창출해 낸다는 점에서 약간 다르다. 자율 활동에서는 전문성의 수위를 낮추고 협력의 수위를 높이는 게 좋다. 의사와 인공지능이 협력한다면 어떤 방식으로 협력해야 할지에 대해 작성해 보자.

★**동아리 활동** : 인공지능은 컴퓨터 공학과 의학 모두에게 환영받는다는 점에서 융합적으로 할 수 있는 동아리 활동이다. 이 책에 소개된 딥 러닝 기술이 어떻게 의사들의 의료 행위에 활용될 수 있는지 기술적으로 접근해 보자. 특히 의료 영상 분석에 쓰이는 딥 러닝에 주목할 수 있다. X-ray, CT, MRI, 조직 검사 등의 의료 영상을 분석하여 질병을 진단하는 데 딥 러닝 기술이 활용 중이다. 딥 러닝은 인간의 눈으로는 발견하기 어려운 미세한 병변까지도 정확하게 감지할 수 있어, 질병의 조기 진단 및 치료에 기여한다. 이런 내용을 숫자를 활용해 쓰면 수학이나 통계 관련 동

아리에서도 활용할 수 있다.

★**진로 활동** : 책에서 소개된 IBM의 의료 인공지능 왓슨에 대해 자세히 알아보자. 정확한 명칭은 '왓슨 포 온콜로지$^{\text{Watson for}}$ ^{Oncology}'로, 영어로 검색하면 전문적인 지식을 더 많이 찾을 수 있다. 암 진단에 대한 왓슨의 실적은 다양하지만, 범위를 좁혀서 특히 유방암 진단에 강한 이유를 조사해 보자. 이유는 크게 3가지로 추릴 수 있다. 먼저 대규모 유방암 데이터 학습이다. 왓슨 포 온콜로지는 유방암 환자의 임상 데이터, 의료 영상 데이터, 유전 정보 등 방대한 데이터를 학습한다. 둘째, 왓슨은 유방암에 특화된 알고리즘을 사용한다. 이러한 알고리즘은 유방암의 특징을 보다 잘 파악하고, 이를 바탕으로 유방암의 위험도를 보다 정확하게 예측할 수 있다. 셋째, 왓슨은 의사, 방사선사, 병리학자 등 다양한 분야의 전문가들과 협업하여 유방암 진단을 수행한다. 이러한 협업을 통해 환자의 개별적인 상황에 맞는 최적의 진단 및 치료 계획을 수립할 수 있다.

POINT 2 │ 이 책을 세특에 녹이는 방법

★**인공지능 수학** : 수학의 진로 선택 과목으로 등급이 안 나오기

《의료 인공지능》 최윤섭

때문에 세특만 신경 쓰면 된다. 2단원의 학습 목표 자체가 '인공지능에서 수학을 활용한 역사적 사례를 탐구하고 설명할 수 있다'이므로, 책의 모든 내용을 활용하기 좋다.

★프로그래밍 : 프로그래밍은 실제 코딩을 해 보는 실습 위주의 과목으로, 등급이 나오지 않기 때문에 부담이 없다. 딥 러닝을 이용해 의료 인공지능을 짜는 것은 고등학교에서 수준에서 불가능하므로, 간단한 의료 프로그램을 짜 보자. 예를 들어 손목에서 혈압을 측정하는 간단한 프로그램은 파이썬을 이용해서 고등학생도 만들 수 있다. 이 프로그램을 구현하기 위해서는 다음과 같은 단계를 거칠 수 있다. 먼저 손목에서 혈압을 측정하는 센서를 연결한 다음, 센서에서 측정된 혈압 데이터를 읽어 들인다. 이 혈압 데이터를 분석하여 혈압을 계산한다.

★통합사회 : 통합사회 마지막 단원은 '미래의 지속 가능한 삶'이다. 미래의 지구촌 모습과 삶의 방향을 배울 때, 의료 인공지능을 활용한 미래를 그려 보자. 미래에는 AI가 혈압과 혈당 등을 측정해 주고 바로바로 대처 방안을 알려 주는 세상이 올 것이며, 그럴 경우 인류는 어떤 혜택을 받을 수 있을지 쓰면 괜찮은 아이템이될 수 있다.

《딥메디슨》
에릭 토폴 *Eric Topol*

청진기가 사라진 자리에
컴퓨터가 놓여 있다

예전에 한 학생이 서울대 의대 일반 전형 1단계를 통과해서 저를 놀라게 한 적이 있습니다. 저와 3년 동안 꾸준히 만나 독서로 생기부 관리를 받았던 지방의 평범한 일반고 학생이었죠. 그 학생 이전에는 서울의대는커녕 서울대 합격자가 1명도 나오지 않았던 학교였습니다. 사실 저는 서울의대가 일반 전형에서 학교를 많이 본다고 믿고 있었던 터라 반신반의했지만, 마음 한편으로는 그 학생의 특별한 생기부를 서울대가 알아봐 줄 수도 있다는 기대를 했죠. 그 학생의 생기부에는 1학년 때부터 3학년 때까지 한 작가(본업은 의사)의 이름이 적혀 있습니다. 바로 36세의 나이에 미국의 명문 의대인 클리블랜드 의대 심장내과 교수로 임명된 에릭 토폴입니다. 1학년 때는 그의 첫 번째 작품인 《청진기가 사라진다》, 2학년 때는 《청진기가 사라진 이후》를 썼고 3학년 때는 이 책을 썼습니다. 바로 《딥메디슨》이죠. 이 책을 감수한 사람은 앞에서 다룬 《의료 인공지능》의 저자이며 국내 디지털 헬스 케어의 최고 필자인 최윤섭 박사입니다.

그 학생은 어린 시절 체험 캠프에서 의사 가운을 입고 청진기를 귀에 꽂은 경험이 지금도 생생하게 기억난다고 했습니다. 그러면서 저와 수업하는 도중에 이런 말을 하더군요.

"의사에게 청진기가 의미하는 것은 의료 행위 그 자체였어요. 가운보다 청진기가 더 멋있어 보인 적도 있었죠. 그런데 에릭 토폴은 이미 10년 전에 의사들이 청진기 대신 컴퓨터를 들고 환자를 볼 거라고 예상한 게 놀라워요. 좋은 의사가 되려면 무엇보다 의료를 기술적 관점에서도 봐야겠다는 생각을 했습니다. 의학은 진보하는 학문이니까요."

에릭 토폴에 따르면 인쇄술의 개발 이후 인류의 지식은 기하급수적으로 증가했습니다. 메가바이트를 넘어 기가바이트, 페타바이트 시대에 어쩌면 가장 발전한 학문은 의학일 수도 있죠. 그만큼 혁신과 창의력은 AI와 의료 행위가 만나는 미래에 의사에게 더욱더 중요한 덕목이 되었습니다.

청진기는 1816년 프랑스의 의사 르네 라에네크에 의해 발명된 이후, 약 200년 동안 의사의 필수 도구로 사용되어 왔습니다. 심장, 폐, 장 등 내부 장기의 소리를 듣는 데 사용되어 질병을 진단하는 데 중요한 역할을 해 왔죠.

그 시절에 의사란 몸의 소리를 듣는 사람이었습니다. 그러나 토폴 교수는 AI를 활용한 의료 기술의 발전으로 인해 청진기가 사라질 것이라는 전망을 최초로 제시했죠. AI는 방대한 양의 의료 데이터를 학습하여 진단을 내릴 수 있습니다. 또한 AI는 청진기 없이도 심장, 폐, 장 등 내부 장기의 소리를 들을 수 있는 기술을 개발하고 있습니다.

책은 딥 러닝과 의학이 만났을 때, 얕은 의학이 오히려 더 심화될 수 있다고 주장합니다. 그래서 '딥 메디슨'이죠. AI와 인간 의사가 완벽히 한 팀이 되어 환자의 건강을 위해 함께 노력할 때 인간은 행복해지고 사회는 더 살기 좋게 변한다는 주장입니다.

에릭 토폴이 강조하는 것은 '딥 메디슨'이 환자 개인의 맞춤 의학이 가능해지도록 만든다는 데 있습니다. GPS처럼 인간의 몸과 마음의 성장 및 건강이 어떻게 발전할지 예측함으로써 병에 걸린 뒤 치료해 주는 것이 아니라 병에 안 걸리도록 의학과 AI가 같이 이끌 수 있다는 게 딥 메디슨의 메시지입니다. 이제 메타버스와 VR기술의 발전으로 가상 의료 비서도 등장할 것이므로, 의사들이 환자에게 좀 더 심층적인 공감을 할 수 있다는 게 토폴 교수의 결론입니다. 그러려면 미래에는 디

　　　　　　　　　　　《딥메디슨》에릭 토폴

지털과 아날로그가 결합한 디지로그 의사가 되어야 하겠죠.

의대 교수님들은 이렇게 반문할 수도 있겠습니다. '환자들이 병에 안 걸리면 의사와 병원은 무엇으로 먹고살 것인가? 범죄자가 없어지면 경찰관이 필요 없어지는 것과 같은 이치가 아닌가?' 스웨덴에서는 경찰들이 자작극을 벌이는 그런 영화가 등장했었죠. 의료계에도 그와 비슷한 일이 일어날까요? 그렇지 않습니다. 토폴 교수는 의사는 더욱더 필요해질 것이며, 의사가 하는 일의 사회적 가치가 오히려 높아질 거라고 말합니다. 환자가 병 때문에 잃게 되는 생산성을 보존시킬 수 있기 때문에, 결과적으로 더 많은 가치를 사회에 제공할 수 있다는 거죠. 한 사람이 건강해지면 사회가 그만큼 더 발전한다는 이야기입니다.

또 환경 문제가 더욱 심각해지고 지금까지 만난 적이 없는 무서운 병들이 계속 생겨나는 상황에서, 기술을 알고 미래를 볼 줄 아는 의사의 능력은 더욱 빛을 발합 겁니다. 예비 의사들을 선발할 때 DQ(디지털지수)를 고려하는 학교와 교수님들이 급속하게 늘어날 거라 예상되는 이유는 그것이 바로 대세이기 때문입니다.

POINT 1 │ 이 책을 **창체**에 녹이는 방법

★자율 활동 : 자율 활동에 많이 적는 학급 특색 활동은 다양한 범위에서 정할 수 있는데, 학급 친구들에게 자신의 진로를 먼저 소개하고 그 진로가 사회적으로 어떤 가치가 있는지를 정해진 시간 동안 브리핑하는 방법이 있다. 과거에 의사가 지녔던 사회적 역할과 앞으로의 의사가 지니게 될 사회적 역할은 분명 다를 것이다. 특히 AI기술의 급격한 발달 속도를 감안한다면, 지금의 중고 등학생들이 의사가 됐을 때는 청진기 대신 컴퓨터가 일반화된 그 이상의 변화도 일어날 수 있다. 의학과 AI의 동반 발전이 가져올 긍정적인 변화를 이 책을 논거로 삼아 주장하면 좋을 것이다.

★동아리 활동 : 이 책에서도 미국 의료 시스템의 과도한 지출과 인건비 등을 비판하고 있다. 물론 인건비를 생기부에 담는 게 부담스럽지만, 의료 공공성의 가치에 어떻게 AI가 기여할 수 있는지를 논리적으로 주장하는 발표를 한 뒤, 학생들과 나눈 토론의 내용을 생기부에 기재할 수 있다. 의료 접근성 확대와 의료의 질 향상은 충분히 가능한 이야기다. 챗GPT 앱 대회에서 의사들의 차트나 진단을 환자들에게 쉽게 설명해 주는 의료 GPT가 1등을 한 사례 등을 들 수 있다.

★진로 활동 : 청진기 대신 딥 러닝이라면 진로 활동에서 직접 프로그램을 만들어 볼 수 있다. 실제로 파이선을 이용해서 연속 혈

《딥메디슨》 에릭 토폴

당 측정기와 권장 식단 등을 조언해 주는 프로그램을 짠 학생이 있었다. 부족한 건 챗GPT나 바드 등의 대화형 인공지능을 활용하자.

POINT 2 | 이 책을 세특에 녹이는 방법

★**정보** : 고등학교 정보는 거의 모든 학교에서 수업을 하며 등급도 나온다. 빅 데이터의 활용과 사회 변화를 정보 교과에서 배울 때, 사회 변화의 가장 긍정적인 분야로 의료계를 들 수 있다. 이 책은 의료 민영화의 길을 걷는 미국에서 AI가 어떻게 의료 격차를 줄이고 사회 정의 실현에 기여하는지 보여 주고 있다. 사이버 공간의 윤리 파트에서도 인용하기 좋다.

★**통합과학** : 통합과학 교과서 후반부에는 나만의 에코스피어를 설계하는 코스가 있다. 의료 AI는 지속 가능한 생태계를 만드는 데 어떻게 기여할 수 있을까? 책에 나온 이야기들을 근거로 삼아 통합과학 세특이나 일부 학교에서 개설한 환경 교과에 쓸 수 있다. 다음은 몇 가지 예시로 들 수 있는 내용이다.

 - 환경 보호: AI를 활용하여 의료 시설의 에너지 사용량을 최적화하면, 에너지 소비를 줄일 수 있다. 또한 AI를 활용하여 의료

폐기물의 재활용 및 재사용 방법을 개발하면, 폐기물을 줄일 수 있다.

- 자원 절약: AI를 활용하여 환자의 의료 데이터를 분석한 뒤 약물이나 치료의 최적의 용량을 결정하면, 약물이나 치료에 사용되는 자원을 절약할 수 있다.

- 건강 증진: AI를 활용하여 건강 증진 서비스를 제공하면, 사람들이 건강한 생활방식을 유지하도록 도울 수 있고, 건강 위험 요인을 예방할 수 있다.

《당신이 생각조차 못 해 본 30년 후 의학 이야기》

윤경식 외 공저

다양한 시선으로 바라본 의학의 미래

자율주행차와 드론 택배 같은 서비스는 의학의 미래와 상관이 있을까요, 없을까요? 당연히 큰 상관이 있습니다. 이 책은 이런 질문들에 대한 의대 교수들의 답입니다. 경희대 의대 한의대 치대 교수들이 필자로 나선 이 책은 미래 의학의 30년 뒤를 꼭 집어 예측력과 상상력을 발휘해 전망합니다. 이 책의 집필은 20년도에 이루어져 있으니 대략 2050년도 의학의 모습을 전하고 있다고 봐야 합니다. 대상이 청소년이어서 그런지 술술 읽히며, 파트 6에 수록된 책 중에서는 난이도가 가장 쉬울 겁니다.

이야기의 시작은 저 역시 미래 의학의 가장 큰 숙제라고 생각하는 비만입니다. 비만은 개인적 선택이 아니며 오히려 가난한 나라에서 심각한 문제라는 점, 그리고 인간뿐 아니라 개와 고양이 같은 동물들, 특히 인간과 가까운 반려동물부터 뚱뚱해지고 있다는 점을 다룹니다. 식단과 운동만으로 해결할 수 없고 설탕세 등 제도적 뒷받침도 필요하다고 주장합니다. 현재 추세라면 2020년에 탄생한 아이가 35세가 됐을 때 전 세계 인류의 65%가 비만일 것으로 추정된다고 합니다. 그런데 비만은 현재 의학에서는 답이 없습니다. 먹는 비만약의 부작용은 조만간 드러날 거라 예상하고 있죠. 약에 의존하지 말고 다른 방법을 의학이 찾아야 합니다.

그다음 경희대 약대 교수가 알츠하이머 파킨슨병 등 노인성 질환에 대해서 이야기합니다. 폭증하는 노령 인구 때문에 당연히 다뤄져야 하는 주제죠. 알츠하이머를 늦추는 약물 개발에 인공지능이 쓰이기 때문에 앞으로 기대해 볼 만합니다.

경희대 동서의학대학원 교수는 식단을 통해 빅 데이터를 이용한 헬스 케어를 실현할 수 있다고 주장합니다. 정밀의학으로 빅 데이터를 활용하면 맞춤형 영양제를 추천할 수 있고, 이를 통해 질병을 예방하거나 위장 장애를 개선하는 비타민을 만들 수 있다는 거죠.

책에서도 여러 번 언급한 유전자 검사의 미래에 대해서, 경희대 의대 생화학 교실의 윤경식 교수는 개인별 유전자, 생활 습관, 기존 질병을 앓았던 특성을 고려하는 정밀의료에 대해

논합니다. 지금까지는 의사가 그동안 배웠던 의학적 지식과 환자를 치료하면서 쌓인 경험에 근거해 판단을 내렸다면, 이제는 각종 데이터를 토대로 구체적인 분석 툴을 적용해 치료하자는 거죠. 우리나라의 튼튼한 건강보험 제도가 환자에 대한 모든 자료를 한곳에 모이도록 하기 때문에 정밀의료의 가능성은 열려 있습니다. 반면 정밀의료가 지나친 의료의 상업화로 변질되지는 않을지 우려의 시선도 있죠. 한마디로 양가적이라는 겁니다. 특히 저자는 중국의 정밀의료에 한국이 종속될 가능성을 걱정합니다.

김혁기 영상의학과 교수는 인공지대 시대를 맞이하는 중고등학생들에게 이렇게 말합니다.

아직 AI가 체감이 안 되거나 먼 미래로 느껴질 수 있습니다. 특히 의료 AI는 어쩌면 SF처럼 느껴질 수도 있습니다. 사람이 인지하기 가장 어려운 패턴 중 하나는 바로 '인체'입니다. 이런 복잡한 패턴을 정확하게 인지하는 데 인공지능이 가장 적합한 기술입니다. 하지만 인공지능을 단순 기술이 아닌 다양한 분야에 적합하게 적용하는 것은 인간의 '창의성'입니다. 창의적 사고를 기반으로 AI를 잘 활용해 보다 많은 사람들이 질병과 고통에서 벗어날 수 있기를 바랍니다.

제가 여러분들에게 하고 싶은 말을 김 교수님이 대신해 주고 있네요.

POINT 1 | 이 책을 **창체**에 녹이는 방법

★자율 활동 : 의대 준비생들이 이용할 수 있는 학교 행사가 바로 과학의 날이다. 과학의 날 기념 행사에는 일단 학교 행사 내용을 적고, 주제에 맞는 책의 내용을 조사하도록 한다. 만약 주제가 환경이라면, 환경 오염에 대한 화학적 처리 방법과 생물학적 처리 방법, 미생물의 사용 사례 등을 정리한다.

★동아리 활동 : 의대 지원생뿐 아니라 다른 이과 희망 학생, 심지어 문과 학생도 참여하는 과학 융합 동아리에서 이 책을 어떻게 활용할 수 있을까? 평소에 생명과학 기술에 관심이 있음을 표시하고 학교 축제 동아리 부스 때 '30년 후 의학의 모습'이라는 주제로 이벤트를 열어 보자. 책에 나온 내용을 표나 그림 등으로 묘사해서 미래의 과학 기술이 자신의 삶에 어떤 영향을 미치는지 깨닫게 하면 좋은 활동이 될 수 있다.

★진로 활동 : 1학년 진로 탐색 시간에 이 책을 가지고 풍성한 활

《당신이 생각조차 못 해 본 30년 후 의학 이야기》 윤경식 외 공저

동을 할 수 있다. 책에 소개한 미래상 중 하나를 골라 자신의 생각을 펼치는 것이다. 예를 들어 '드론 택배가 대중화되면 미래의 인류의 건강에는 어떤 영향을 끼칠 것인가?'라는 주제를 살펴보자. 드론 택배는 지상 교통을 대체함으로써 교통사고를 줄일 수 있다. 지상 교통은 차량 간 충돌, 보행자나 자전거와의 충돌, 과속, 음주운전 등 다양한 원인으로 인해 교통사고가 발생할 수 있지만, 드론 택배는 공중으로 이동하기 때문에 지상 교통과 달리 충돌할 위험이 적고, 운전자의 실수나 음주운전으로 인한 사고 발생 가능성이 낮기 때문이다. 대기오염 감소에도 효과적이다. 자동차나 트럭은 운행 과정에서 배출되는 매연, 질소산화물, 미세먼지 등으로 인해 대기오염을 유발한다. 반면 드론 택배는 전기나 태양광 등 친환경 에너지를 사용하여 운행되기 때문에 대기오염을 줄이는데 기여할 수 있다.

POINT 2 │ 이 책을 세특에 녹이는 방법

★국어 : 국어 교과 쓰기와 읽기에 과학 글쓰기가 나온다. 이 책을 쓴 저자는 대부분 의대 혹은 의생명 관련 교수들이므로, 과학적 글쓰기의 사례로 이 책을 활용해서 대중적인 과학 글의 특징을 분석해 보는 시간을 가질 수 있다. 대화체, 이미지를 통한 설명

의 강화 등을 예로 들 수 있을 것이다.

★통합사회 : 통합사회 교과서에서는 4차산업혁명과 미래의 일
자리에 관련된 내용이 있다. 4차산업혁명은 의학 관련 일자리에
어떤 영향을 끼칠까? 이 책을 통해 알아낸 지식들을 동원해 자신
의 생각을 써 보자.

★과학탐구실험 : 이 과목에는 첨단 과학 실험이 있다. 지속 가능
한 친환경 에너지 도시는 어떤 모습일까? 이 책에서는 두 파트 정
도 환경과 건강을 다루고 있으므로, 여기서 아이디어를 얻어 생각
을 발전시켜 보자. 예를 들어 책에서 다루는 친환경 플라스틱 대
체 물질에 대해서 좀 더 알아보고 그 내용을 써 볼 수 있다.

BOOK 44

《우울할 땐 뇌과학》

앨릭스 코브 *Alex Korb*

최신 뇌과학은
우울증을 어떻게 해결하는가

최근 몇 년 동안 의대를 지망하는 학생들의 생기부에서 가장 많이 발견된 책 중 하나가 《우울할 땐 뇌과학》입니다. 뇌과학 책은 제가 주로 권하는 편이지만 요즘처럼 학생들 관심사가 뇌과학에 쏠려 있는 시점에서는 거꾸로 추천을 받기도 하죠. 이 책 또한 학생들의 생기부를 통해 알게 된 책입니다. 브라운 대학에서 뇌과학을 공부하고 현재 UCLA 정신의학과에서 연구교수로 있는 앨릭스 코브 박사가 저자입니다. 원제는 책의 2부를 장식하는 내용을 축약한 《The Upward Spiral(상승나선)》인데, 출판사가 책 제목을 잘 지은 것 같아요.

조사해 보니 우리나라는 우울감 경험률이 13.2%로 OECD 최고 수준입니다. 우울증의 나라 미국 9.0%보다 훨씬 높습니다. 자살률 1위 나라답죠. 제 생각에 미래의 의학은 우울증을 거의 모든 과에서 연구하게 될 겁니다. 우울증이 더 이상 마음의 감기가 아니라 마음의 암이 되어 사망률 1~2위를 다툴지도 모르고요. 고령화 때문에 암과 치매 환자들이 집집마다 나오겠지만, 그만큼 돌봄 때문에 정신적으로 힘들어지는 노동 가능 인구 또한 늘어날 겁니다. 그들에게 우울증이 급습한다면 정말 많은 사람이 절망을 느끼겠죠. 그래서 미래의 의사는 우울증을 알아야 합니다.

이 책은 크게 2부로 구성되어 있습니다. 1부는 뇌가 우울증의 하강나선에 붙잡혀 빠져나오지 못하는 이유를 비롯해 그 과정에서 우리 뇌에서 어떤 일이 일어나는지 전문가의 시각에서 전문 용어를 사용해 설명하고 있습니다. 1부가 원인이라면 2부는 해결책입니다. 생활에 구체적인 변화를 줌으로써 다양한 뇌 회로의 활동을 변화시켜 우울증의 진행 방향을 뒤집는 방법을 설명하고 있습니다. 모두 8가지 방법이 제시되고 있는데, 운동, 의사결정, 잠, 습관, 바이오피드백, 감사, 사회적 지원, 전문적 도움(뇌 치료 및 상담과 약 복용 등)입니다.

뇌의 회로를 분석하면서 저자는 전방대상피질이 우울증에 가장 큰 영향을 미친다고 합니다. 전방대상피질은 편도체로부터 정보를 받아 필요한 반응을 지시하며, 감정이나 고통을 조절하는 역할을 합니다. 흔히 우울증이라고 하면 슬픈 상태가

《우울할 땐 뇌과학》 앨릭스 코브

계속되는 병이라고 생각하지만, 사실 우울증은 감정이 있어야 할 자리가 텅 비어 있는 상태입니다. 즐거움과 재미는 사라지고 모든 것에 의욕을 잃습니다. 텅 비어 있는 감정 너머에는 2가지 감정이 자리합니다. 바로 걱정과 불안입니다. 이 둘은 우울증의 증상이자 원인이기도 하지요. 걱정은 주로 전전두피질과 전방대상피질의 몇몇 부분이 연결되어 매개됩니다. 이에 비해 불안은 변연계 내의 회로들이 매개합니다. 그런데 이 책을 읽다 보면, 우울증이 특정한 부류의 사람들에게만 문제되는 게 아니라 모든 나이와 성별의 인간들에게 만연된(다만 겉으로 드러나는 것은 소수인) 그런 질병처럼 느껴집니다. 그는 인간의 존재를 우울증과 관련지어 이렇게 규정합니다.

"삶에서 일어났던 모든 비극은 너무나 쉽게 떠오른다."

그렇죠. 나쁜 기억은 항상 현재의 나를 괴롭힙니다. 즐거운 일은 무엇인가가 자극하지 않으면 웬만해서는 잘 안 떠오르죠.

우울증을 이겨 내는 방법은 친구든 운동이든 잠이든, 각자에게 맞는 상승나선을 찾아 변화를 시도하는 것입니다. 일단 생각부터 바꿔야 합니다. 인생에서 너무 좋은 것을 바라지 말고, 최고의 결정을 내려야 한다는 부담감을 내려 놓아야 합니다. 우울의 전 단계는 무기력이고, 무기력의 전 단계는 바로 원하는 것을 얻지 못했을 때 느끼는 좌절이나 패배감입니다. 그럭저럭 충분하다고 인식하면 복외측 전전두 영역이 활성화되어 자신이 상황을 장악하고 있다는 느낌을 갖게 해 주고, 이는 우울증의 나락으로 빠지지 않도록 도움을 줍니다.

8가지 방법 중에서 제가 볼 때 우울증에 가장 좋은 2가지 방법은 수면과 사회적 지원입니다. 그에 따르면 불면증과 우울증은 서로 주고받는 관계입니다. 불면증 환자치고 우울증 없는 사람이 드물고, 우울증에 걸리면 잠이 들기 어려운 것이 그 이유죠. 우울증이 있는 사람은 램수면의 양이 증가하고 서파수면이 줄기 때문에 잠을 자도 푹 쉬기가 어렵다고 합니다. 항우울제의 효능 중 하나가 바로 램수면을 줄이는 일이라고 하는데, 수면의 질이 개선되면 의사소통이 더 원활해지고 학습 능력과 기억도 향상됩니다.

그런데 푹 자려면 몇 가지를 실천해야 합니다. 우선 낮잠을 자지 말아야 합니다. 밤에 제대로, 더 정확히는 중간에 안 깨고 내리 8시간을 자도록 해야 합니다. 자기 전에 준비 단계로 반복적인 루틴을 만드는 것도 방법입니다. 매일 밤 똑같은 일을 반복하다 보면 지겨워져서 잠에 빠지기 쉽겠죠. 그런데 그 일은 반드시 일과 벗어난 주제여야 합니다. 그래야 전전두피질이 긴장을 풀 수가 있습니다. 잘 시간이 가까워지면 카페인을 피하고 운동을 하되, 자기 직전에는 운동을 피하고요. 이 방법은 지극히 상식적이죠.

또 다른 방법은 사회적 지원 즉 친구들입니다. 우리는 사

《우울할 땐 뇌과학》 앨릭스 코브

회적 동물입니다. 우울증은 사회적 동물에서 '사회적'을 빼려는 내 뇌의 부정적인 신호인 거죠. 그래서 주변에 행복한 사람들, 웃음이 많은 사람들이 있을수록 좋습니다. 사회 심리학 연구 결과로도 증명이 되지만 주변에 친구 1명이 행복해질 때마다 나의 행복 지수는 2.5%가 올라가게 되어 있습니다. 가장 가까운 이인 아내나 남편이 행복할 경우 나의 행복 지수가 올라갈 확률은 35%입니다. 우울증은 사람을 고립시키는 병입니다. 고립되지 않으려면 혼자 있어서는 안 되죠. 누군가와 같이 있으면서 아무 의미 없는 농담이라도 주고받으며 웃으려고 노력해야 합니다. 웃음은 도파민과 옥시토신을 쌍으로 움직입니다. 도파민 뉴런은 시상하부에서 옥시토신이 생성되는 부분에 연결되며, 옥시토신은 뇌간에서 도파민이 생성되는 부위를 자극합니다.

저자의 처방 중에 정말 실천하고 싶은 게 있더라고요. 바로 감사일기 쓰기입니다. 하루를 마치며 나는 오늘 누구누구 무엇무엇에 감사한다고 일기를 쓰는 거지요. 그러면 전방대상피질에서 세로토닌이 생성된다고 합니다. 그에 따르면 숨 쉴 때마다 '이 숨에 감사합니다' 하며 호흡하라고 하네요. 그렇죠. 내가 숨 쉬고 사는 것만큼 세상이 고맙고 행복한 이유는 없을 겁니다.

뇌과학 책을 보며 우울증에 대해서 알아가고, 친구를 만나 사회성을 키우고, 잠자기 전에 세상에 대해서 감사하며 푹 자기. 이게 바로 우울증 극복의 3가지 열쇠인 셈입니다.

POINT 1 │ 이 책을 **창체**에 **녹이는 방법**

★**자율 활동** : 창의적 글쓰기 수업 같은 내용으로 자율 활동을 채우는 학교가 있다. 창의적 글쓰기 수업은 학생들이 자유롭게 주제를 선택해서 창체를 쓸 수 있다는 점에서 유리하다. 이 시간에 책에서 읽은 사례를 토대로, '사람의 행복을 결정짓는 요소'라는 주제를 정해 글로 써 보자. 요즘에는 독서 활동을 자율 활동에 쓰는 경우가 많으므로, 아침 자습이나 점심시간 중에 이 책을 골라 읽는 것도 좋다.

★**동아리 활동** : 의대 준비생이 가장 많이 활동하는 의학 동아리, 봉사 동아리, 생명과학 동아리는 물론 사회 문제 탐구 동아리에서도 이 책을 활용할 수 있다. 학생들의 우울감에 대해서 조사한 뒤 설문조사 결과 중 의미 있는 결론을 도출해 적어 보자.

★**진로 활동** : MBTI 결과를 생기부에 적는 경우가 있다. 우울감은 MBTI 검사에서 드러날까? 논문 검색 사이트에서 우울감과 각

종 검사에 관련된 논문을 찾아본 뒤, 그 논문의 내용 중 대립되는 견해를 적어 기록해 보자. 균형 잡힌 의사 상을 보여 주는 데 유리하다.

POINT 2 │ 이 책을 세특에 녹이는 방법

★**심화국어** : 심화국어는 학습과 연구에 필요한 고급 국어 능력 구사를 목표로 하는 수업이다. 그러므로 고급 논문을 읽고 독해할 수 있는 능력은 심화국어 세특에 적합하다. 대인관계나 행복감 등의 키워드로 논문을 검색한 뒤 그 논문의 발췌본을 읽으면서 이 책의 내용을 인용하면 좋은 평가를 받을 수 있을 것이다.

★**생명과학 2** : 이 교과에서 세포와 뇌세포에 대해서 배우게 된다. 책에 나오는 뇌와 우울증의 정보를 활용해 과학 세특에 다음과 같은 내용을 적을 수 있다. 우울증은 해마와 전전두엽 편도체 등 뇌 영역과 관련되어 있다. 해마는 기억과 학습에 중요한 역할을 하고, 전전두엽은 감정 조절에 중요한 역할을 한다. 또한 편도체는 스트레스 관리를 담당하는데, 우울증에 걸리면 편도체가 커진다는 연구 결과도 발표된 바 있다.

★사회문제탐구 : 사회문제탐구는 1년 동안 2개의 주제를 골라 탐구하고 그 내용을 세특에 적을 수 있는 기회이다. 기본적으로 청소년의 우울증에 대한 연구는 의대뿐 아니라 사회과학 관련 학과 지원 때도 도움이 된다. 복잡성이란 관점에서 접근한다면 다른 주제도 가능하다. '인간의 뇌 질환은 왜 보편적인 진단이 불가능한가?'라는 주제로 탐구를 할 수 있다. 복잡성을 보여 주는 가장 좋은 증상이 우울증인데, 대중적이면서도 그 원인이 오랫동안 밝혀지지 않은 병이기 때문이다. 만약에 과학주제탐구 시간에 이 책을 활용한다면 우울증의 원인을 좀 더 과학적으로 접근해 정리할 수 있다. 유전적, 환경적, 신경화학적 요인이 복합적으로 작용하는 것으로 생각된다는 내용을 적는 것이다.

《우울할 땐 뇌과학》 앨릭스 코브

《일론 머스크가 그리는 미래, 뇌와 AI의 결합 IoB》

하마다 가즈유키 浜田和幸

BCI 기술이 발전하면
의학은 어떻게 달라질까?

의대 교수들이 의사가 아닌 사람 중에 가장 관심이 많은 이는 누구일까요? 여러 사람이 있겠으나 그중 하나가 바로 일론 머스크입니다. 테슬라나 스페이스X도 있지만, 무엇보다 그가 뉴럴 링크의 CEO이기 때문입니다.

　의대 교수들은 일론 머스크에 대해 다양한 의견을 가지고 있습니다. 일부는 머스크가 혁신적인 기술을 개발하고, 인류의 삶을 개선하기 위해 노력하는 리더라고 평가합니다. 머스크가 설립한 테슬라는 전기 자동차의 대중화를 주도하고 있으며, 스페이스X는 우주탐사를 위한 새로운 기술을 개발하고 있으니까요. 또한 뇌-컴퓨터 인터페이스, 인공지능 등 미래 기술에 대한 비전을 제시하고 있는 것도 사실입니다.

반면 다른 일부는 머스크의 비전이 현실화되기에는 아직 많은 기술적, 윤리적 장벽이 있다고 지적하고 있습니다. 예를 들어 머스크가 개발 중인 뇌-컴퓨터 인터페이스는 아직 초기 단계에 있으며, 안전성과 효과에 대한 우려가 있습니다.

전반적으로 보자면, 의대 교수들은 일론 머스크를 혁신적인 기업가로 평가하면서도, 그의 비전에 대한 현실적 평가와 우려를 함께 가지고 있는 것으로 보입니다.

일론 머스크에 대해서는 정말 다양한 책들이 나와 있는데, 생기부에 가장 녹이기 좋은 책은 인간의 뇌와 컴퓨터를 연결시키는 BCI 기술을 중심으로 그의 혁신에 대해서 탐구한 책 《일론 머스크가 그리는 미래, 뇌와 AI의 결합 IoB》입니다. 물론 《코드 브레이커》의 저자이며 세계 최고의 전기 작가 월터 아이작슨이 쓴 전기도 있긴 하지만, 의대 교수들은 그의 자만심과 허영, 독단, 독설 등에는 관심이 없습니다. 그의 놀라운 혁신, 특히 의료와 연결이 되는 뉴럴 링크에 관심이 많은 거죠.

개인적으로 저는 일론 머스크의 팬입니다. 머스크는 대단한 독서가이자 몽상가이면서도 치열한 현실주의자입니다. 지금도 하루에 책 2권을 읽고 주당 100시간을 일한답니다. 하루에 자는 시간이 5시간을 넘기는 날이 없죠. 그러면서 온갖 분야에 관련된 트윗을 시도 때도 없이 쏟아 내는데요, 워낙 팬덤이 많은지라 그의 발언 자체가 시장을 움직이는 중요한 역할을 합니다. 이중 BCI는 SF 애니메이션 '공각기동대'에서 '전뇌 해킹'이라고 묘사된 두뇌 해킹 기술입니다. BCI를 이해하려면 인간 머스크에 대한 이해가 좀 필요합니다.

먼저, 머스크는 자신이 떠야 자신의 사업이 뜬다는 것을 잘 알고 있는 사람입니다. 그래서 그는 수시로 적을 만들고 수시로 바꿉니다. 어떨 때는 진보가 적이고 어떨 때는 보수가 적이죠. 처음에는 포퓰리즘을 따라가다가 지금은 그가 만드는 게 포퓰리즘이 됩니다. 최고의 인플루언서이면서 최고의 싸움닭이죠. 그가 전기차를 통해 기후 위기를 막는 스타가 되었지만, 이후에 오히려 보수적으로 변해 민주당에 반대하는 트윗을 연일 올렸습니다. 그런데 2023년 후반기에 출간된 전기에는 트럼프를 지지하지 않는다고 발언했죠. 오락가락합니다. 러우 전쟁이 터지자 푸틴을 비난하며 자신과 한판 붙자고 트윗을 올린 그였지만 몇 년 전에는 당신은 멋있는 사나이라는 트윗을 올리기도 했죠. 비트코인도 그의 사랑을 받아 죽죽 올라가다가 갑자기 환경파괴의 주범으로 몰리며 폭락했던 경험이 있습니다. 이런 그를 이해하기 위해서는 관종이라는 측면에서 압도적인 일관성을 보여 주는 그의 사고법을 이해해야 합니다. 그의 머릿속은 수시로 바뀝니다. 그래서일까요? 그는 인간이 도대체 얼마나 많은 생각을 하는지, 그 생각을 알아낼 방법은 없는지에 관심이 많습니다. 그 결과 자신이 가진 돈과 연구 인력을 쏟아붓는 겁니다.

머스크의 비판자들은 그가 스톡 옵션을 행사해 100달러 미만으로 테슬라 주식을 산 뒤, 시장에 대량으로 내다 팔면서 현금을 쥐고 개미 투자자들만 손해 보게 만든다고 비판합니다. 그런데 그에게는 이유가 있습니다. 머스크는 아이작 아시모프 의《파운데이션》에 영혼을 바친 사람처럼, 화성으로 이주할 우주선이 발사되는 것을 반드시 보고자 합니다. 그러기 위해서 현금이 필요할 뿐입니다. 전문가들은 그가 가장 하고 싶은 분야가 '뉴럴 링크'라고 말합니다. 아직은 돼지의 뇌에 칩을 심는 수준이지만 조만간 원숭이로 실험이 가능할 겁니다. 궁극적으로는 인간에게 이식하고자 할 테고요. 인간을 사이보그로 만든 뒤 언젠가 등장할 초지능 AI에 맞서는 전사들을 만들려는 게 그의 진정한 목표일지도 모릅니다. 실제로 그는 영화 '매트릭스'처럼 칩으로 지식을 이식할 수 있는 세상을 만들고 싶어 합니다. 여기서 한발 더 나아가 BMI 뇌를 외부에서 컨트롤할 수 있는 정말 SF영화 같은 세상을 꿈꿉니다.

이쯤에서 BCI와 BMI의 차이에 대해서 알아보겠습니다. 일론 머스크가 꿈꾸는 BCI와 BMI의 가장 큰 차이점은 대상입니다. BCI는 컴퓨터와 뇌를 연결하는 것을 의미하는 반면, BMI는 기계와 뇌를 연결하는 것을 말합니다.

BCI는 주로 장애인의 재활을 위해 사용됩니다. 예를 들어 척수 손상으로 인해 팔다리를 움직일 수 없는 환자를 위해 BCI를 사용해서 휠체어를 조종하거나 컴퓨터를 사용할 수 있도록 합니다. 물론 비장애인도 BCI를 사용해서 게임을 하거나 뇌파를 이용한 의사소통 등이 가능하죠.

BMI는 인간과 기계의 융합을 목표로 합니다. 예를 들어 인공 팔다리나 인공 척추와 같은 기계를 뇌와 연결하여 자연스럽게 조작할 수 있도록 합니다. 또한 뇌파를 이용한 기계 제어를 통해 자동차나 로봇을 조종하거나 외부 정보를 뇌로 전송하는 등의 새로운 가능성을 열어 줍니다.

어쩌면 그는 세계 정복을 꿈꾸는 미친 과학자 같은 사람일 수도 있고, 인류를 기후 재앙과 핵전쟁의 위협으로부터 구하려는 영웅일 수도 있습니다. 어느 쪽이 맞는지는 좀 더 시간이 지나 봐야 알 수 있겠죠.

POINT 1 │ 이 책을 창체에 녹이는 방법

★자율 활동 : 일론 머스크의 이름은 생기부에 쓸 수 있지만, 테슬라나 뉴럴 링크 같은 회사명은 쓸 수 없다. 과학체험전에서 SF 영화를 볼 때 이 책을 활용해 보자. 자율주행차, 전기차 AI, 로켓, BCI 칩, 하이퍼루프 등 거의 모든 SF를 커버할 수 있다. 과학체험

전에서 볼 영화는 정해져 있거나 몇 편 중에서 골라야 하므로, 머스크의 관심사와 자신의 관심을 연동시켜 고르면 된다.

★**동아리 활동** : 의외로 의대 합격생들은 영자 신문부 활동을 많이 한다. 기사 주제를 자신에게 유리하게 선택할 수 있기 때문이다. 일론 머스크의 머릿속을 해킹한다는 주제로 이 책을 인용하며, 현재 BCI 기술이 어디까지 와 있는지 조사해 보자.

★**진로 활동** : 일론 머스크 책에서 영감을 받아, 뇌파로 하는 게임에 대해서 알아보면 어떨까? 넷플릭스 시리즈 '블랙 미러'에도 관련 내용이 나오며, 소소게임즈 같은 국내 업체는 일본의 게임업체와 함께 BCI 기술을 이용한 게임 플레이에 대해서 많은 투자를하고 있다. 이런 뇌파 활용 게임을 통해 장애인의 재활을 도울 수 있음을 함께 피력할 수 있다.

POINT 2 │ 이 책을 세특에 녹이는 방법

★**물리학 1** : 전류와 전압 등에 대해서 공부할 때 이 책에 나오는 BCI 기술에 대해 좀 더 정리해 볼 수 있다. 예를 들어 이런 내용들을 적을 수 있다. 뇌파는 기본적으로 전기 신호이며, 뇌의 활동

을 나타내는 지표로 사용된다. BCI 기술은 전류를 이용하여 뇌와 컴퓨터를 연결하는 기술이다. BCI 장치는 뇌파를 측정하여 전류 신호로 변환하고, 이 전류 신호를 컴퓨터로 전송한다. 컴퓨터는 이 전류 신호를 분석하여 뇌의 활동을 파악한다.

★**생명과학 1** : 의대생들이 고등학교 때 거의 필수적으로 듣는 과목으로, 뇌를 공부하는 시간에 BCI를 적용할 수 있다. 신경 회로를 공부할 때도 BCI 기술에 대해 쓸 수 있다. 뇌파를 측정하여 흥분이 신경회로를 통해 전달되는 과정을 관찰할 수 있다거나, fMRI, PET, EEG 등과 같은 다양한 기술을 사용하여 흥분이 신경회로를 통해 전달되는 과정을 측정할 수 있다는 등의 이야기를 하면서 뉴럴 링크의 기술에 대해서 쓰는 방법도 있다.

《디지털 전환 시대 리더가 꼭 알아야 할 의료데이터》

김재선 외 공저

의료 데이터가
갈수록 중요해지는 이유

대한민국의학한림원은 의대 증원 이슈를 비롯해 주요 의료 이슈들이 있을 때마다 리서치나 토론회 등을 주최하는 의사 관련 최고 연구 단체입니다. 그곳에서 기획하고 법대 교수들과 변호사들이 함께 쓴 이 책은 명문대에서 법대가 사라진 이상 의대 희망 학생들이 읽으면 딱 좋을 내용입니다. 딥 러닝과 딥 메디슨의 시대를 맞아, 앞으로는 의료 데이터가 너무나도 중요해지기 때문입니다.

의료 데이터가 뭐길래 중요해진다는 걸까요? 책의 앞머리에 그 이유가 소개되어 있습니다.

도로 상황을 고려하여 가장 빨리 목적지에 도착할 확률을 계산하여 길을 안내하는 내비게이션. 배차 수락 가능성이 가장 높은 운전사를 선택하여 택시를 배출하는 택시 호출 서비스. 신맛에 잘 반응하는 유전자를 가진 사람에게 신맛 요리의 식당을 추천하는 미식 앱. 개인이 좋아하는 콘텐츠를 지속적으로 노출하는 SNS 광고나 콘텐츠 추천.

이게 다 의료 데이터가 있어야 가능한 서비스입니다. 현재 우리 주변의 모든 게 데이터화되고 있고 플랫폼에서 다시 활용되고 있죠. 의료 영역에서도 많은 데이터가 디지털화되고 있습니다. 과거 종이에 의료진이 직접 기록했던 의료 기록은 '전자의무기록'으로 대체되었고, 환자와 의사의 대화 과정에서 언급되는 여러 정보들은 온라인 사전 질문지로 기록되고 있습니다. 진료 방식, 수술 절차 등 과거 암묵지에 머물던 것들이 모두 데이터화됨으로써 인공지능과 의료 행위의 결합이 가속화되고 있는 중이죠. 스마트워치를 몸에 부착해 자신의 건강을 체크하는 것은 의료 행위와 데이터가 만난 가장 전형적인 예라고 할 수 있습니다.

그렇다면 앞으로 의료 데이터는 어떤 곳에서 이용될까요? 책은 이렇게 답합니다.

환자의 암 발생 가능성을 고려해서 검사 시기를 알려 주는 의료기기, 유전적으로 훌륭한 예술가가 될 인재를 알아보는 유전자 검사, 건강보험 기록을 바탕으로 개인에 필요한 보험을 추천하는 보험사, 의료 데이터를 인공지능으로 분석하여 개발하는 감염병 백신이나 유전 질환 치료 기술, 수면치료를 개선하는 디지털 치료제.

대단하죠. 의료 데이터는 인간의 삶의 질 개선에 정말 다양하게 쓰일 수 있습니다. 실제 책에는 불면증을 수면제가 아닌 디지털로 치료하는 사례에 대해서 자세하게 언급하고 있습니다. 미국의 FDA 승인을 받은 이 제품은 피어 테라퓨틱스에서 개발됐습니다. 헤드스페이스사의 메디스테이션이라는 앱도 있습니다. 앱에 수면시간을 기록하면 앱이 필요한 시간을 계산해 줍니다. 그리고 어떻게 자야 하는지 패턴을 보여 주기도 합니다. 12주간 이 앱만으로 불면증을 치료한 사례도 있다고 하는군요. 결국 모든 병은 자신과 비슷한 증상과 패턴의 환자가 있을 것이고, 빅 데이터를 통해 이들의 사례를 바탕으로 더 나은 수면을 위한 제안이 가능하다는 이야기죠. ADHD 같은 질환의 경우 약물 치료가 아닌 비약물 치료로 가능한 방법이 2020년 아킬라 인터랙티브에 의해 개발됐습니다. 의료 데이터는 점점 더 의료 행위로 포섭되고 있고, 그에 따라 의학의 발전 속도도 더욱 빨라지는 중이죠. 앞서 잠시 얘기한 것처럼, 코

《디지털 전환 시대 리더가 꼭 알아야 할 의료데이터》 김재선 외 공저

로나 mRNA 백신 때도 대규모 의료 데이터가 사용됐습니다.

　문제점은 없을까요? 우선 의료 데이터는 정보를 보유하는 주체인 환자와 정보를 생성하는 주체인 의료진이 함께 생성해 낸 결과물이기 때문에, 생성 주체인 의료진에 따라 정보의 생성과 해석이 달라질 수 있다는 문제가 있습니다. 또한 잘 활용될 때의 가치가 높은 만큼 유출될 때의 피해도 예측하기 어렵죠. 게다가 내 질병이 익명화되어 데이터로 IT회사나 보험회사에 제공되면 프라이버시 침해 같은 문제가 생길 수 있습니다. 동국대 법대 김재선 교수는 연구 목적을 위한 데이터 이용은 별문제가 없겠지만 영리 목적이라면 문제가 생길 수 있다고 말합니다. 관련 법규인 생명윤리법에 근거가 있는지를 따져야 하는 이유죠. 김 교수는 2022년 발의된 '디지털 헬스 케어 진흥 및 보건의료 데이터 활용에 관한 법률'에 주목해야 한다고 주장합니다. 이 법에 따르면 개인 의료 데이터를 식별 의료 데이터와 가명 의료 데이터로 구분합니다. 전자의무기록이 의미 있는 활동에 이용되려면 개인별 맞춤 의료 서비스를 제공하는 데 목표를 두어야 한다며 공익성을 무엇보다 강조했죠.

　코로나 팬데믹 이후 의료 데이터에 대한 연구는 더욱 가속화되고 있습니다. 이 영역은 의학과 법학 그리고 컴퓨터 공학이 결합된 새로운 융합 학문이지만, 그 중심에는 의학이 있을 수밖에 없습니다. 그러면 이 책을 읽고 생기부에 무엇을 담아야 할까요? 이어지는 창체/세특 포인트에서 자세히 살펴보도록 하겠습니다.

POINT 1 │ 이 책을 **창체**에 녹이는 방법

★**자율 활동** : 이 책을 자율 활동에 녹이려면 자치 법정에서 활용하면 좋다. 자치 법정에서 '의료 목적을 위해서라면 개인 데이터가 공유되어도 되는가'라는 주제로 모의재판을 해 보는 것이다. 옹호하는 변호사와 반대하는 검사 등의 역할을 돌아가면서 맡을 때 책을 논거로 활용해 본다.

★**동아리 활동** : 이 책의 주제는 인문적이고 사회적인 동시에 자연과학적이다. 인공지능 관련 학습에 기초하고 있으니 컴퓨터 동아리에서도 활용할 수 있다. 의료 데이터가 어떻게 의미 있는 데이터로 변화하는지 그 과정에 대해서 친구들과 알아보고 그 내용을 적으면 좋을 것이다.

★**진로 활동** : 동아리 활동이 여럿이 함께하는 활동이라면, 진로 활동은 개인이 하는 활동이다. 의료 인공지능이 발전하려면 어떻게 의료 데이터를 확보해야 하는지를 주제로 보고서를 써 보자.

한국 보건의료 정보원에 가면 좋은 데이터를 많이 확보할 수 있다. 데이터를 많이 갖고 있는 병원과 분석이 가능한 컴퓨터 전문가의 협업이 중요함을 알 수 있을 것이다. 의료 인공지능의 병원 및 보험사의 실제 사례에 대해서 조사해 보는 것도 좋은 활동이 된다.

POINT 2 │ 이 책을 세특에 녹이는 방법

★**정치와 법** : 의대 준비생들이 이 과목을 듣는 경우는 많지 않다. 등급에 대한 부담, 난이도에 대한 부담 때문이다. 하지만 매년 의대 출신으로 로스쿨에 진학하는 학생이 수십 명에 이른다. 법의학자가 목표인 학생들도 이 과목을 들어 두는 게 도움이 될 수 있다. 만약 이 과목을 듣는다면, 과거의 법과 정치보다는 미래의 정치와 법을 공부할 때 이 책을 사례로 쓰면 좋다.

★**인공지능 기초** : 진로 선택 과목으로 등급의 부담이 없어 마음껏 선택할 수 있다. 기초와 응용이 각각 있는데, 응용은 조금 더 인공지능과 관련된 이야기를 쓰는 게 좋고, 의료 데이터의 기본적 정의나 유형 등은 기초 편에 쓰는 게 어울린다. 당연히 이 책을 출처로 활용할 수 있다.

《양자의학, 새로운 의학의 탄생》
강길전, 홍달수

양자역학의 관점에서
현대 의학의 한계를 극복한다

최근 몇 년 동안 느끼는 경험의 누적상, 의대 희망 학생들이 책을 제일 많이 읽습니다. 지금은 자소서가 사라졌지만 서울의대 지원자들은 말할 것도 없죠. 그런데 서울의대 지원자들이 저를 가끔 난처하게 만들 때가 있었습니다. 바로 대체의학에 관련된 책을 읽고 이를 서울대 자소서 독서 3권이나 타 의대 자소서 지원동기에 쓰려고 한 경우였습니다. 저도 대체의학에 관심이 많고 상당히 열려 있는 사람이지만 대부분 말렸어요. 제가 만나 본 의사들은 거의 예외 없이 대체의학에 부정적이었기 때문입니다. 종합병원 의대 교수님들은 오죽할까 싶은 거죠. 대체의학으로 지원동기를 풀어 가겠다는 발상은 교육 계열 지원자가 학교라는 공간을 문제 삼으며 대안교육을 해야 한다는 주장으로 자소서를 풀어 가는 것처럼 위험할 수 있습니다. 아주 포용적인 교수님조차도 "그런 주장을 하기 전에 현대 의학부터 제대로 공부하는 게 좋을걸" 정도의 말씀을 하실 거라 예상합니다.

그런데 최근 들어 추세가 바뀌고 있습니다. SF문학에 관심을 갖는 의사들이 많아지면서 상상력의 중요성도 높아지고 있습니다. 대체의학 그중에서도 양자물리학과 의학을 결합시킨 양자의학(혹은 파동의학이라고 불리기도 합니다)은 웬만한 SF소설을 뛰어넘는 상상력과 스케일의 끝판왕입니다. 이건 절대 비아냥이 아니고 제 진심입니다. 그러나 과학의 관점에 철저히 입각해서 모든 걸 검증하려는 의학의 눈으로 볼 때는 양자의학이 애매모호하기 짝이 없습니다. 어찌 보면 검증 그 자체가 불가능한 영역이라는 점에서 정식 의학의 범주에 포함되기에는 문제가 있다 여겨집니다.

양자의학의 창시자는 의학자가 아닌 물리학자입니다. 두 번이나 노벨 물리학상 후보에도 올랐던 영국의 물리학자 데이비드 봄(태생은 미국이지만 반미 성향이 강해 미국을 떠나 영국 런던 대학 교수로 일했습니다)입니다. 그러나 이 사람은 의학이 아닌 물리학에서 이단으로 불리며 철저히 배격되고 있는 인물이죠. 봄은 코펜하겐 해석은 물론 하이젠베르크의 불확정성 원리까지 부정하며 우주는 텅 빈 진공 상태가 아니라 초양자포텐

셜이라는 활성정보가 지배하고 있다는 도발적인 주장을 펼쳤습니다. 그의 양자의학을 국내에 도입한 인물은 서울의대를 졸업하고 한양대 의대 교수를 역임했던 강길전 충남대학교 의대 명예교수입니다. 강 교수가 봄의 이론과 함께 양자의학에서 중요하게 다루는 인물이 칼 구스타프 융입니다. 융은 노벨상 수상자이며 나치의 핵무기 개발 연구에도 참여한 볼프강 하울리와 공동 연구를 펼친 것으로 유명한데요, 강 교수는 봄의 활성정보와 융의 집단 무의식을 인간의 몸과 별도로 존재하는 양자 상태의 존재로 인정합니다. 인간의 몸과 별도로 마음의 존재를 인정한다는 점에서 현대 의학의 모태가 되는 유물론을 정면 부정하는 셈이죠. 여하튼 물리학적으로 비물질적인 마음의 존재를 인정하다 보면 이어서 영혼의 문제, 사후 세계의 문제까지 모두 인정할 수밖에 없기 때문에, 신비주의로 귀결되기 쉽습니다.

제가 전공이 아니라 정확하게 이해하지 못했을 수도 있지만 이런 식의 해석도 있을 거라 생각합니다. '사람의 몸을 비롯해 우주는 눈에 보이는 세계 즉 실수의 세계이며 인간의 무의식 그중에서도 집단 무의식은 인류의 마음이라는 눈에 보이지 않는 세계 즉 허수의 세계다. 허수의 세계도 엄연히 존재하는 물리적 실체다.' 대충 이런 논리가 되는 것 같습니다. 건강과 질병을 양자역학적으로 해석하면, 건강은 양자파동성의 결맞

《양자의학, 새로운 의학의 탄생》 강길전, 홍달수

음이 높은 상태이고 질병은 결맞음이 교란된 상태입니다. 그리고 슈뢰딩거의 고양이처럼 죽지도 않고 살아 있지도 않은 고양이인 미병 단계가 있습니다. 질병과 건강의 중간 상태로 각종 건강 검사에서는 이상이 없다고 나오지만 잠재적으로는 언제든 질병화할 수 있는 단계인 거죠.

그런데 이런 사실이 증명이 될까요? 초끈 이론도 증명이 안 되는 것은 마찬가지지만 이론 자체는 완벽하게 수학적으로 입증이 됩니다. 반면에 양자의학은 수학적으로도 완전히 설명되는 것은 아니죠. 그러기에 책에는 수학적 증명보다는 경험적 사례들이 이어집니다. 집단 무의식과 초양자포텐셜의 증거로 제시되는 것이 마약 중에서 두 번째로 강력한 LSD(첫 번째는 헤로인입니다)를 맞은 환자들의 체험담입니다. 일부 LSD 환자는 지금 생 이전의 전생을 체험한다고 하는군요. 그 전생 중에는 심지어 파충류 시절의 기억을 그대로 체험하는 경우도 있답니다. 그런데 환자의 개인적 주관적 경험이 의학적 증거가 될 수 있을까요?

데이비드 봄과 칼 구스타프 융에 이어 후성유전학도 양자의학의 탄생에 기여합니다. 후성유전학은 음식이나 활동 등의 태도 습관이 유전에 영향을 미친다는 입장이죠. 강 교수에 따르면 생명에서 유전자는 필요조건은 되지만 절대 충분조건은 될 수 없다고 주장합니다. 후성유전학도 처음에는 비판을 받았지만 지금은 생물학의 당당한 한 지류가 되었죠. 그런데 양자 의학은 상상력의 스케일에서 후성유전학을 뛰어넘습니다. 인지면역학에서는 마치 면역세포가 인지 기능을 갖고 있는 것처럼 생각하고 불치병의 원인과 해결책을 찾는 방향으로 나아가고 있는 실정이죠.

강 교수가 현대 의학에 문제의식을 느낀 건 저도 이해가 됩니다. 현대 의학은 원인 규명을 제대로 못합니다. 소위 '원인불명의 무슨무슨 병'이 너무 많습니다. 암만 하더라도 미토콘드리아 문제인지, DNA의 문제인지, 활성효소의 문제인지, 누적된 스트레스의 문제인지 정확한 원인 규명이 되지 않고 있습니다. 그러다 보니 불확실성과 어두운 미지의 영역을 밝혀 줄 수 있는 한 방의 멋진 아이디어가 필요했던 것이고, 양자의학이 그 대안으로 떠오른 게 아닐까 싶어요.

양자의학은 현대 의학의 기존 치료법과 달리 도움만 되면 모든 것을 다 인정하고 있습니다. 그나마 광양자치료와 겨우살이치료, 파동치료는 의학적으로도 수긍할 여지가 있을 듯한데, 기도치료, 이미지치료, 신념치료(미국에서는 신념의 생물학이란 양자의학 책도 있더군요)까지 가면, 이는 기존 의학계에서는 절대 동의하기 힘든 방법이 아닐까 싶습니다.

그러나 저 개인적으로는 양자의학의 관점과 책 속에 등장하는 수많은 경험 사례들이 진실로 증명되었으면 하는 바람이 있습니다. 인간이 세포 덩어리 정확히는 원자 덩어리에 불과하고 죽으면 모든 게 끝이라면, 존재론적으로 너무 허무해질 것 같아서요. SF소설이 때로는 과학을 뛰어넘어 판타지 소설이 될 필요가 있는 것처럼, 의학도 양자의학 같은 새로운 관점에서 문제를 돌아볼 필요가 있을 것 같습니다.

POINT 1 │ 이 책을 **창체**에 녹이는 방법

★**자율 활동** : 체육 대회 등 체육 관련 내용도 자율 활동으로 쓸 수 있다. 체육 활동은 결국 인간의 몸을 이용하는 활동이다. 운동이 몸의 회복력을 끌어올려 건강하게 만드는 데 기여하고 있으며, 미래의 의학은 운동의 중요성을 강조하는 방향으로 흘러갈 것이라는 점을 강조할 때, 이 책을 활용할 수 있다.

★**동아리 활동** : 이 책은 과학 탐구 동아리나 과학 독서 동아리에서 활용하기 좋다. 양자역학적 관점에서 본 의학은 실험이 불가능한 이론 물리학의 영역이기 때문이다. '의학과 양자역학이 양립 가능한가'라는 주제로 토론을 하면 굉장히 수준 높은 토론이 될 수 있으며 이 책을 논거로 풍부하게 활용할 수 있다.

★진로 활동 : 진로 활동에는 성격 검사나 진로 검사 등의 검사가 많이 들어간다. 이런 검사 결과를 적을 때, 인간 정신 질환 분류 DSM-5에 대해서 함께 알아보자. 그다음 인간 정신의 복잡성을 현대 의학이 이해하지 못한다는 점에서, 양자의학의 필요성이 대두되고 있음을 조심스럽게 타진했다는 보고서를 쓸 수 있다.

POINT 2 | 이 책을 세특에 녹이는 방법

★물리 1 : 역학은 물리 1에서 배우는 내용이다. 물론 뉴턴의 고전 역학을 배우지만, 물리학의 역학이 의학에 어떻게 기여하고 있는지 궁금해서 이 책을 찾아 읽었다고 쓰면 차별화가 될 수 있다.

★화학 2 : 현재 교육과정에서 양자역학은 화학 2에서 배운다. 양자역학이 현대 의학에 어떻게 활용되고 있는지 알아보면서 이 책을 인용하면 좀 더 깊이 있는 생기부가 될 것이다.

★고전과 윤리 : 진로 선택 과목이라 ABC 성취도만 표시될 뿐 결국은 세특이다. 데이비드 봄이라는 물리학자의 이론을 좀 더 조사해 보자. 이 과정에서 이 책을 사례로 쓰는 방법을 추천한다.

《양자의학, 새로운 의학의 탄생》 강길전, 홍달수

《재미있는 재생의학》
유지

여전히 재생의학의
미래는 밝다

2013년부터 15년 사이 의대 자소서에, 이 소재가 정말 많이 등장했습니다. 저도 관련 책을 구해서 제자들에게 읽히고 했던 기억이 납니다. 바로 줄기세포를 이용한 재생의학입니다. 그때 세상에 화제가 되어 노벨 생리의학상 이야기가 나오던 이탈리아 출신 의사가 있었는데, 그동안 이름을 잊고 살았죠. 그런데 넷플릭스 덕분에 기억났습니다. 바로 파올로 마키아리니입니다. 넷플릭스가 이 사기꾼 아니 악마를 정조준해 '배드 닥터 : 메스를 든 사기꾼'이라는 자극적인 제목으로 시리즈를 공개했죠.

파올로의 플라스틱 기관은 완전 사기극이었습니다. 나중에 고발 다큐를 찍은 탐사 언론이 내부 고발자를 통해 수술 영상을 입수했는데, 줄기세포 자체가 없었습니다. 그냥 멀쩡하지 않은 장기를 플라스틱으로 대체한 겁니다. 목에 기도가 망가진 사람에게 빨대를 꽂았다고 생각해 보세요. 진실을 몰랐던 전 세계 언론은 그의 연구 결과에 대서특필했고 특히 러시아에서는 푸틴이 국가 주도 프로젝트로 밀기까지 했습니다. 정작 그 환자들은 서서히 몸에서 썩어 가는 플라스틱 때문에 고통스러워하며 최악의 고통 속에서 죽어 갔죠. 이게 살인이 아니면 뭘까요? 그가 아우슈비츠의 도살자 요제프 멩겔레와 무슨 차이가 있을까요? 저는 도무지 이해가 가지 않았습니다. 그가 완전한 사기꾼에 살인마임을 밝힌 탐사 언론은 엄청난 뉴스도 전하죠. 파올로가 돼지 대상 실험은 물론 생쥐 실험도 하지 않고 바로 인간을 대상으로 실험을 했다고 하네요. 이 정도면 사기꾼이 아니라 악마라고 불러도 되지 않을까 싶습니다. 악마가 무척 싫어하겠지만 말입니다.

줄기세포는 아직 분화되지 않은 세포로, 다양한 종류의 세포로 분화할 수 있는 능력을 가지고 있습니다. 줄기세포는 크게 배아줄기세포와 성체줄기세포로 나눌 수 있습니다. 배아줄기세포는 초기 발생 단계의 배아에서 얻을 수 있는 줄기세포로, 모든 종류의 세포로 분화할 수 있는 능력이 있습니다. 성체줄기세포는 이미 분화한 조직에서 얻을 수 있는 줄기세포로, 분화할 수 있는 범위가 제한적입니다. 줄기세포는 손상되거나 퇴화된 세포를 대체하거나, 새로운 조직을 형성하는 데 사용할 수 있습니다.

이런 줄기세포의 능력을 이용한 것이 재생의학입니다. 그리고 줄기세포의 원리와 각종 의료 현장에 쓰이는 치료법에 대해 고등학교 수준에서 쓴 책이 《재미있는 재생의학》입니다. 줄기세포를 이용한 재생의학은 아직 초기 단계에 있지만, 최근 몇 년 동안 빠르게 발전하고 있습니다. 이미 몇 가지 질환의 치료에 성공적으로 적용된 사례도 있습니다.

예를 들어 당뇨병의 경우, 환자의 피부세포를 줄기세포로 분화시켜 췌장 세포로 만든 후 이식을 통해 혈당 조절을 개선하는 연구가 진행되고 있습니다. 또한 척추관 협착증의 경우, 환자 자신의 줄기세포를 이용하여 척추관을 확장하는 치료법이 개발되어 임상 시험 중에 있습니다. 책에는 다양한 응용 기술도 나옵니다. 바이오리액터**Bioreactor**는 미생물, 세포, 조직 등을 배양하여 생물학적 물질을 생산하는 장치입니다. 3D 프린터로 인공장기를 찍어 내는 기술, 세포 캡슐화 기술 등도 소개됩니다.

책에는 이런 내용이 나오는데요, 재생의학의 의의를 가장 압축적으로 설명하는 말이 아닐까 합니다.

우리 주위에는 불의의 사고나 갑자기 닥친 질병 그리고 선천적인 질환으로 어려운 삶을 살아가는 사람들이 많이 있다. 이들에게 사고 이전의 모습으로, 질병이 발생하기 이전의 신체로 되돌릴 수 있는 꿈같은 현실이 서서히 이루어지고 있다.

이 꿈을 이룰 수 있는 학문이 재생의학이다. 재생의학은 신체를 이루고 있는 각종 장기와 조직, 세포 등을 재생시켜서 원래의 형태와 기능을 복원시키거나 대체시키는 첨단의학이다. 끊어진 신경조직 때문에 신체의 일부가 마비되거나 장기가 심하게 손상된 환자들에게 재생의학기술을 이용, 환자 자신의 세포를 채취한 후 배양하여 건강한 조직과 장기를 만들어 되돌려 주는 기술이다. 우리나라의 경우 2013년 9월 현재 무려 1만 3천 명의 환자가 신장이식을 기다리고 있지만 기증자가 턱없이 부족해 기약 없이 좌절과 고통 속에서 병마와 싸워 가고 있는 실정이다.

파올로 마키아리니 이후 재생의학이 위기에 놓인 것은 사실이지만, 이대로 그냥 포기하기에는 환자들의 절망과 고통이 너무나 클 것 같습니다.

POINT 1 │ 이 책을 창체에 녹이는 방법

★**자율 활동** : 캠페인을 해 보자. 교통사고로 하체가 마비된 가수 강원래 씨 등 재생의학의 발전을 기다리는 사람들을 위한 카드 뉴스 같은 것들을 만들어 학교에 전시할 수 있다.

★**동아리 활동** : 파올로 마키아리니는 징역 2년 6개월을 선고받았다. 환자 8명을 사망시킨 처벌로 합당한가에 대해서, 법 체계를 비판하는 사법 동아리 활동이 인상적일 것이다. 그리고 의학적으로는 마키아리니의 실패 요인이 무엇인지 분석해 볼 수 있다.

★**진로 활동** : 재생의학에 관한 심화 보고서를 써 보자. 줄기세포를 이용한 난치병 치료법 개발이 좋은 주제가 될 것이다. 줄기세포는 당뇨병, 암, 퇴행성 뇌 질환 등 다양한 난치병의 치료에 적용될 수 있다. 하나의 병을 정해도 좋고, 여러 병을 조금씩 다루는 방법도 가능하다. 되도록이면 구글에서 영어 논문이나 보고서를 찾도록 하자.

POINT 2 │ 이 책을 세특에 녹이는 방법

★**생명과학 2** : 생명과학 2에서 세포에 대해 배울 때 이 책을 활용할 수 있다. 줄기세포는 생명과학의 세포 차원에서 보면 미분화

된 세포이다. 미분화된 세포란 아직 특정한 기능을 하지 않는 세포를 말한다. 줄기세포는 특정한 조건에 따라 다양한 종류의 세포로 분화할 수 있는 능력을 가지고 있다. 줄기세포를 먼저 언급한 뒤 재생의학으로 마무리하면 좋은 세특이 될 것이다.

★**생활과 윤리** : 재생의학에는 많은 난관이 있다. 줄기세포의 상업화에 따른 윤리적 문제다. 줄기세포 치료는 고가이기 때문에 환자의 접근성에 대한 우려를 야기하고 있으며, 효과와 안전성에 대한 검증이 얼마나 이뤄져야 하는지도 문제가 된다. 이런 내용은 생활과 윤리 교과에서 토론 주제로 삼기 좋다.

★**물리학 1** : 오가노이드는 줄기세포를 이용하여 사람의 장기와 유사한 구조와 기능을 가진 미니 장기를 만드는 기술이다. 오가노이드라는 이름의 미국 기술 기업도 있다. 오가노이드의 개발에는 다양한 물리학적 원리가 적용되는데, 이를 정리해 보고서를 작성할 수 있다.

다음을 참고하자. 오가노이드를 만드는 첫 번째 단계는 세포를 배양하는 것이다. 세포 배양은 세포가 생존하고 증식할 수 있는 환경 조성을 말한다. 이 과정에서는 세포의 성장과 분화를 조절하는 물리적 요인들이 중요한 역할을 한다. 예를 들어 세포의 성장을 촉진하기 위해서는 적절한 온도, pH, 영양소, 산소 농도 등이 유지되어야 한다. 오가노이드는 3D 프린터와 밀접한 관계에 있다. 3D 프린터는 세포와 세포 외 기질을 사용하여 오가노이드를 만드는 데 사용된다. 3D 프린터는 재료를 층층이 쌓아 올려 물체를 만드는데, 이 과정에서 재료의 이동과 조작이 필요하다. 재료의 이동은 역학의 원리에 의해 이루어지며, 조작은 기계공학의 원리에 의해 이루어진다. 또한 3D 프린터는 재료를 경화시켜 물체의 형태를 유지하는데, 이 과정에서는 열역학의 원리가 적용된다. 이런 내용들은 물리 1 세특에 좋은 소재가 된다.

《비만의 종말》

가쓰 데이비스 *Garth Davis*

끝나지 않는 건강 키워드,
비만을 말하다

2023년의 건강 키워드를 단 하나만 고르라면 바로 비만이 될 겁니다. 암보다도 치매보다도 검색 순위가 더 높았을 겁니다. 바로 기적의 비만 치료제라 불리는 노보 노디스크의 '위고비' 때문이죠. 노보 노디스크는 모르는 분들이 꽤 많았고, 그나마 인슐린 주사를 맞는 당뇨병 환자들에게나 익숙한 이름이었습니다. 그런데 이번 비만약 때문에 일반인들에게도 많이 알려진 것이죠.

더 놀라운 사실이 있습니다. 노보 노디스크는 미국의 뉴욕 증권 거래소에 상장돼 있는데 2023년 12월 기준 시총(모든 발행 주식을 더한 가격)이 4,700억 달러(한화 600조)가 넘습니다. 우리나라 삼성전자 시가총액보다 훨씬 더 많은 것은 물론이고,

덴마크의 국내 총생산보다 더 많죠.

의대를 준비하는 학생이 주식에 관심을 가질 필요는 없지만 바이오 기업에 대한 상식은 가지고 있는 게 좋습니다. 노보 노디스크는 미국의 바이오 기업 일라이릴리와 존슨앤드존슨에 이어 세계 3위를 차지합니다. 그렇다면 이 회사는 왜 그렇게 유명해졌을까요? 그 이유는 미국의 비만율 때문입니다. 40%가 넘습니다. 대한민국이 7%인 것에 비하면 6배 차이가 나죠. 이미 성인 비만 인구가 1억을 넘어섰습니다.

비만율은 BMI 지수라고도 하며 구하는 공식이 있습니다.

BMI(체질량지수) = 체중(kg) / 키(m)^2

이 숫자가 25 이상이면 비만입니다. 40 이상이면 초고도 비만입니다. 사람들이 뚱보라고 부를 정도로 살찐 사람이죠. 이 숫자도 미국에서는 4,000만 명에 이릅니다. 미국인들은 스트레스받을 때마다 그냥 미친 듯이 먹어 대고, 비만 때문에 2형 당뇨나 급성 심근경색 등에 노출될 가능성이 높아지니, 다시 돈을 투자해 살을 빼는 악순환에 빠져 있습니다. 미국뿐 아니라 전 세계가 비만 때문에 몸살을 앓고 있습니다. 비만은 당뇨뿐 아니라 심혈관 질환, 뇌졸중, 암 등 거의 모든 병의 궁극의 원인입니다.

그래서 미국의 비만 전문의 가쓰 데이비스 박사가 쓴 《비만의 종말》은 내가 비만이 아니어도 의대에 관심 있으면 꼭 읽어 볼 만한 책입니다. 데이비스 박사는 보통 비만이 탄수화물의 과다 섭취 때문이라고 생각하지만 실제로 동물성 단백질의 위험성을 간과해서는 안 된다고 주장합니다. 과잉 단백질은 독성 물질이라고 단언하기도 합니다. 식품업계와 육류업계의 끝없는 로비 때문에 사람들은 단백질이 최고라며 고기를 먹어대는데, 그 결과 얻는 것은 비만뿐이라는 거죠.

책의 문제의식에 의대 희망 학생들은 대부분 공감할 겁니다. 증거는 차고 넘치며 의사는 무엇보다 증거를 믿어야 하는 사람들이니까요. 그렇다면 비만의 종말을 가져오기 위한 대안은 있을까요? 연간 1,000만 원을 주고 약을 먹으면서 살을 빼는 것은 분명 어떤 부작용이 있을 겁니다. 의사들은 잘 압니다. 모든 약은 결국 부작용이 있다는 것을요. 저자의 대안을 직접 들어 보죠.

인류는 수만 년 이상 통곡물을 먹으면서 생존해 왔는데도 사람들은 갑자기 통곡물을 두려워한다. 통곡물을 먹는다는 것은 우리 장 속의 유익한 세균에게 섬유질과 과당류를 공급한다는 것을 의미한다. 당신은 밀가루가 썩지 않는다는 것을 알고 있는가? 자연에서 나와서 가공하지 않은 것들은 공기와 접촉하여 상하고 썩기 마련이다. 그것이 자연현상이다. 그런데 어째서 밀가루는 공기에 노출해도 썩지

《비만의 종말》 가쓰 데이비스

않는 것일까? 그렇다. 각종 보존제와 표백제를 투하했기 때문이다. 그 밀가루로 만든 음식을 당신은 먹고 있는 것이다. 그 밀가루로 만든 피자와 국수와 라면을 먹는 당신에게 '탄수화물은 살이 쪄서 안 됩니다'라고 충고하는 하얀 가운의 전문가들은 제정신인가? 그 음식은 독극물이지 순수 탄수화물도 아니고 진짜 탄수화물도 아니라는 말이다. 나는 음식을 바꾼 후에 '과민성 대장 증후군'이 완전히 사라졌다. 나는 이제 닭고기와 고기가 많은 식단을 끊고 통밀이나 통곡물로 만든 음식을 먹는다.

의학은 비만과 싸우기 위해 의사들에게 다음과 같은 명령을 합니다. 바로 영양학에 대해서 제대로 공부하라고요. 날씬한 몸과 질병 없는 삶은 사실 동의어입니다. 제발 생각하면서 먹자는 게 저자가 다시 한번 강조하는 메시지입니다.

POINT 1 | 이 책을 **창체**에 녹이는 방법

★**자율 활동** : 실제 많은 의대 준비생들이 살찌는 음식이나 살 빼는 약 등에 대해 경고 캠페인을 한 바 있다. 비만 외에도 각성제나 각성 음료 등 청소년이 탐닉할 수 있는 음식물에 대해 정확한 실

태를 알려 주는 이벤트를 하고 그 내용을 자율 활동에 적을 수 있다. 아주 참신하지는 않지만 입시에 도움이 되는 활동이다.

★동아리 활동 : 의과학 관련 동아리라면 비만을 실험으로 표현하는 방법은 뭐가 있을지 생각해 보자. 예를 들어 친구들과 집에서 혈당을 측정해 보고 먹은 음식들과 비교해서 혈당을 움직이는 음식들이 따로 있는지 아니면 개인차가 있는지 조사하는 것도 의미 있는 활동이다.

★진로 활동 : 단백질과 탄수화물 등 비만을 유발하는 음식들에 대한 다양한 견해를 조사해 보자. 책의 저자인 가쓰 데이비스의 의견은 물론이고 다른 의학 연구자들이 어떻게 접근하고 있는지 그 차이를 찾아 정리할 수 있다.

POINT 2 │ 이 책을 세특에 녹이는 방법

★화학 2 : 화학 2 교과서에서 강조되는 촉매 개념으로 비만을 설명해 보자. 비만과 관련된 호르몬의 작용을 촉진하는 촉매가 개발되거나 지방의 흡수와 축적을 방해하는 촉매를 개발한다면, 비만 치료에 도움이 될 수 있을 것이다. 미국 스크립스 연구소에서, 식

《비만의 종말》 가쓰 데이비스

욕 억제 호르몬인 그렐린을 분해하는 촉매항체를 개발한 사실을 언급할 수 있다. 이 촉매항체는 그렐린의 분해를 촉진하여, 식욕을 억제하고 체중 감량을 돕는 것으로 알려져 있다.

★**생명과학 1** : 고등학교 생명과학 교과서에서는 다음과 같은 내용을 중심으로 호르몬에 대해 다룬다. 호르몬은 생명체의 다양한 생리 기능을 조절하는 중요한 역할을 하는 물질이다. 따라서 생명체의 구조와 기능을 이해하기 위해서는 호르몬에 대한 이해가 필수적이다. 비만과 관련된 호르몬은 혈당을 조절하는 인슐린 포만감을 느끼게 해 주는 렙틴, 위장에서 식욕을 억제하거나 증가시키는 그렐린 등이 있다. 《비만의 종말》을 읽은 뒤 추가로 공부할 만한 아이템이므로, 이들을 중심으로 세특을 쓸 수 있다.

BOOK 50

《노화의 종말》

데이비드 A. 싱클레어 *David A. Sinclair*, 매슈 D. 러플
랜트 *Matthew D. LaPlante*

어떻게 노화를 막고
건강을 지킬 수 있을까?

제가 고른 마지막 책은 노화와 관련된 베스트셀러입니다. 의학
의 목표는 환자의 질병을 치유하는 게 아니라 노화를 늦추거
나 멈추는 일이라는 대전제 아래서 논의를 풀어 나가는 책입
니다. 노화를 멈추면 그게 영생이 아니냐고 반문할 수 있지만,
좀 다릅니다. 하버드 의대 장수 프로그램을 전면에 내세운《노
화의 종말》이란 책은 120세가 한계로 여겨지는 인간의 나이
를 150세 그리고 장기적으로는 '바이센테니얼 맨(200세)'으로
늘리는 프로젝트를 의미합니다. 이 책이 대히트하자 2023년
하반기에는《역노화》라는 책까지 나왔죠. 이 책의 저자는 의사
가 아니라 투자자입니다. 투자 중에서 바이오 투자를 전담해
왔습니다.《노화의 종말》도 하버드 의대 교수가 쓴 책이지만

《노화의 종말》데이비드 A. 싱클레어, 매슈 D. 러플랜트

그 역시 생명과학 벤처 기업 CEO이기도 하죠.

그래서 노화와 관련된 책은 조심스럽게 접근해야 합니다. 바로 상업성 때문입니다. 부자는 대부분 나이 든 사람들이고 이들은 젊어지는 데 돈을 쓰고 싶어 하죠. 그런 심리를 이용한 거라며 노화 관련 책을 부정적인 시선으로 보는 의대 교수들도 있습니다. 대표적인 인물이 우리가 2권이나 살펴본 한림대 의대 김현아 교수죠. 그녀는 이렇게 비판합니다.

그러나 노화의 종말 류의 책들의 더 큰 문제는 과학적인 문제가 아니다. 이 책에서는 각종 수명 연장 기전에 대한 과학적 성취와 장밋빛 미래를 야심차게 펼치다가 마지막 장 '앞으로 벌어질 일들'(환경 오염, 경제적인 문제 등)에 가서 과학만으로는 해결할 수 없는 수명 연장이 가져오는 문제들을 지적하며 조금 우울한 톤으로 바뀐다. 하지만 종국에는 다시 낙관적인 기술론으로 이야기를 맺고 있다. 현대 의료는 이제 노화를 병으로 간주하고 죽음을 몰아내겠다고 선언하고 많은 과학자는 인간의 한계 여명 120세를 넘겨 살 수 있는 방법을 연구하고 있다. 지난 한 세기 동안 평균 수명이 고작 10여 년 길어지면서 야기된 어마어마한 사회적 문제에 대해서는 누구도 고민하지 않는 것 같다. 기술이 모든 인본적 사회적 함의를 집어삼킨 결과이다.

하지만《노화의 종말》을 쓴 데이비드 싱클레어 하버드 의대 교수는 정말 대단한 사람입니다. 연구자로서도 말입니다. 그는 예쁜 꼬마 선충을 이용한 노화 실험에서 서투인이라는 물질이 노화를 제어할 수 있다는 사실을 밝혀 이미 스타 과학자가 된 인물이죠. 프랑스 사람들은 왜 기름진 음식을 먹는데도 살이 안 찔까요? 70세에 가까운 여배우 이자벨 아자니의 최근 모습을 보면 마치 30대처럼 보입니다. 그에 따르면 비결은 프랑스인들이 먹는 와인 때문입니다. 포도에는 서투인을 항진시키는 레스베라트롤이라는 물질이 다량 함유되어 있습니다. 물론 이 서투인 프로젝트는 가설일 뿐 실험으로 증명되지 않았다는 문제가 있습니다. 현대판 불로초는 아직 만들어지지 않았다는 거죠.

싱클레어 교수가 주장하듯 모든 생물이 노화를 겪는 것은 아닙니다. 히드라는 늙지 않죠. 해파리도 노화가 없습니다. 그린랜드 상어도 늙지 않습니다. 그러나 노화의 종말이 죽음의 종말이 아닌 것은 실제 이들도 생물인 이상 죽기는 합니다.

저는 인류 평균 수명이 100세를 넘어 120세까지 가는 데는 그리 오랜 시간이 걸리지 않을 거라고 생각합니다. 문제는 과학이 아니라 정치와 경제에 있습니다. 그 혜택을 부자와 빈자, 부유한 나라와 가난한 나라가 골고루 나눠 가질 수 있느냐가 문제죠. 저자는 말합니다.

부자와 빈자가 단순히 경제적 차이가 아니라 인간 삶을 정의하는 방식 자체를 통해 분리되는 세계, 부자는 친화하도록 허용되고 빈자는 뒤처지는 세계 말이다.

결국 저자가 보기에도 불평등이 인류의 건강에 가장 큰 위협이라는 얘깁니다. 의학의 미래는 과학 기술에 전적으로 달려 있지 않습니다. 불평등을 해결하기 위한 정치와 경제도 의학의 미래에 큰 영향을 미칠 수밖에 없습니다.

POINT 1 │ 이 책을 창체에 녹이는 방법

★자율 활동 : 자율 활동의 본질은 실천이다. 책에서 소개된 노화 예방을 위한 생활 습관을 실천하고 그 효과를 기록할 수 있다. 또한 노화 연구에 대한 관심을 바탕으로, 같은 반 친구들의 생활 습관과 식습관을 바로잡는 교정 활동을 할 수도 있다.

★동아리 활동 : 봉사 동아리는 외부 봉사가 가능하다. 이때 노인분들과 나눈 대화를 기록해 보자. 나이 듦에 대해 그 사람들이 직접 말하는 생각을 적고, 나이 듦과 더불어 찾아오는 외로움, 고통, 질병 등을 줄이기 위해, 의학과 과학 그리고 자본주의가 무엇을

해야 하는지 이 책과 연계해서 쓸 수 있다.

★**진로 활동** : 노화와 관련된 연구는 결국 정밀의학 즉 빅 데이터에 기반한 의학으로 발전시킬 수 있다. '건강 데이터를 정밀의학에 쓰려면 어떤 노력이 필요할까?'는 좋은 탐구 주제가 되므로, 모범 사례를 찾아보도록 하자.

예를 들어 다음을 참고할 수 있다. 미국 국립보건원**NIH**은 2018년부터 'All of Us' 연구를 통해 100만 명 이상의 미국인을 대상으로 건강 데이터를 수집하고 있다. 다양한 인종, 민족, 계층의 건강 데이터를 통해 개인의 유전적 특성, 생활 습관, 환경 요인 등이 질병에 미치는 영향을 연구한다.

데이터의 표준화에 대해서 진로 보고서를 쓴다면 의대와 컴퓨터공학 모두에 도움이 된다. 수많은 사람과 질병을 어떤 표준으로 정리하면 좋을까? 종류를 따지면 유전자 데이터, 임상 데이터, 식습관 데이터 등이 있을 수 있다. 이런 식으로 표준을 만들어 보는 것도 의미 있는 활동이 될 것이다.

POINT 2 │ 이 책을 세특에 녹이는 방법

★**통합사회** : 노화 즉 노인 문제는 1단원 인간의 행복부터 마지

《노화의 종말》 데이비드 A. 싱클레어, 매슈 D. 러플랜트

막 단원 인구 문제까지 모든 장에서 활용할 수 있다. 노인들이 건강한 삶을 살 수 있도록 젊은 사람들이 도와주고 함께 노력하는 사회는 긍정적이다. 이는 세대 갈등이 그만큼 적고 통합이 잘 된다는 의미이기 때문이다.

★**생명과학 2** : 생명과학 2 교과에서는 텔로미어 세포를 배우며 노화에 대해 다룬다.《노화의 종말》에서 소개된 노화하지 않는 동물들의 세포 특징을 찾아서 조사한 뒤, 그 내용을 세특에 적어 보도록 하자.

★**종교학** : '영원한 젊음을 꿈꾸는 것이 인간의 본성인가?' 이 주제는 종교학뿐만 아니라 논술, 철학 등에 모두 활용할 수 있다. 이 책은 물론 역사, 문학, 철학, 종교, 과학 등의 다양한 사례를 통해 멋진 논거를 펼 수 있다. 진시황의 불로초, 오스카 와일드의 소설 《도리안 그레이의 초상》, 영화 '블레이드 러너' 등을 논거로 활용해 자신의 의견을 개진해 보자. 영원한 젊음을 추구하는지 반대하는지가 핵심이 아니라, 그에 대한 논거가 중요하다.

왜 서울의대는 면접에서
책에 대해 물어보는가?

　24년도 수시 의대 MMI 면접이 끝났습니다. MMI 면접은 길게는 1시간 동안 6개의 방을 돌면서 제시문에 적힌 상황을 갖고 의대 교수님들과 의학적 대화를 나누는 고난도 역량 테스트입니다. 그중 서울대 의대를 비롯해 많은 의대에 생기부 방이라고 불리는 면접실이 있습니다. 이 방에서는 별도의 제시문을 주지 않고 오직 생기부에 적힌 것만 질문합니다.

　생기부에서 무엇을 물어볼까요? 봉사 활동을 물어볼까요? 그렇지 않습니다. 창체의 3대 영역인 자율 활동, 동아리 활동, 진로 활동 그리고 과목별 세특에 적힌 내용 중 특이한 내용을 주로 질문합니다. 학생마다 개인차가 있겠지만 제가 지도한 학생 중에 가장 많은 부류가 독서 질문을 들었다고 합니다. 생기부에 독서 활동이 사라지고 자소서에서 독서가 사라져서 독서가 의대 입시에 중요하지 않은 것 아닌가 하는 세간의 염려에 대해, 서울의대 교수들은 여전히 독서가 중요하다고 답한 것이죠. 특히 실험과 연계해 사전 조사 차원에서 읽은 책들 그리고 의사의 길이나 의사의 삶에 대해서 쓴 책들이 집중적인 질문의 대상이 되었습니다. 교과 공부와 수능 공부도 중요하지만, 성장기에 책을 읽고 의사의 길에 가까워지는 학생들을 선호하고 있다는 증거죠.

　서울의대를 제외한 나머지 의대, 예컨대 울산대 의대 등에서도 면접 때 생기부를 물어봅니다. 고등학교에서 한 활동 중 예전에는 외부 봉사 활동과 독서 활동을 비슷하게 물어봤는데, 외부 봉사는 아예 기재가 안 되니 생기부에 적혀 있는 공부(교과는 기본+독서는 심화)를 눈으로 확인하고 말로 물어보는 경향이 강화됐다는 겁니다. 그만큼 교수님들은 세상을 보는 넓은 눈이 의사에게 필요하다고 말합니다. 그래서일까요? 교수님들이 독서를 많이 하고 특색 있게 생기부 관리를 잘한 학생을 칭찬했다는 소식을 해마다 듣습니다. 실제 울산대 의대에 합격한 모 학생은 이렇게 말하기도 했습니다. "면접은 평소 생각의 깊이가 중요하다. 많은 양의 독서도 좋고, 일상의 모든 일이나 사물들을 다른 각도로 바라보려고 시도해 보는 것도 큰 도움이 된다."

저 역시 이 책에서 단순한 지식 전달이 아니라 생각의 깊이와 사물과 일상에 대한 다양한 접근을 담으려고 노력했습니다. 의대 입시에 대한 미니 해설로 시작해 '인문/사회/의과학/의사라는 직업/미래의 의학'이라는 5가지 테마별로 정말 도움이될 만한 책들을 소개했죠. 이렇게 필독서 50권에 대한 리뷰와이를 생기부에 녹여 내는 작업을 끝냈습니다.

의대 입시는 일단 객관적 수치로 드러나는 숫자가 중요하고 그다음이 글자입니다. 글자가 모이면 책이 되죠. 독서는 그자체로 폭넓은 지적 활동입니다. 앞으로도 생기부에 적힌 독서활동은 의대 입시에 중요한 평가 요인이 될 것입니다. 이 책을읽고 열심히 수능과 내신 공부하며 틈틈이 세특을 챙기세요. 꼭 수시로 그리고 현역으로 의대 입시에 성공하기 바랍니다. 이 책이 큰 도움이 될 거라 약속합니다.

인생은 짧고, 의술의 길은 멀다.
기회는 순식간에 지나가고,
경험은 불완전하며, 판단은 어렵다.
따라서 의사는
스스로 옳은 일을 할 뿐만 아니라,
환자와 보호자, 외부인 모두가
협조하도록 준비해야 한다.

_히포크라테스 Hippocrates

의대 생기부 필독서 50

초판 1쇄 발행 2024년 3월 4일
초판 4쇄 발행 2025년 1월 13일

지은이 신진상
펴낸이 정덕식, 김재현
펴낸곳 (주)센시오

출판등록 2009년 10월 14일 제300-2009-126호
주소 서울특별시 마포구 성암로 189, 1707-1호
전화 02-734-0981
팩스 02-333-0081
전자우편 sensio@sensiobook.com

ISBN 979-11-6657-142-8 13370

소중한 원고를 기다립니다. sensio@sensiobook.com